Marc Gassert

Alles ist schwer, bevor es leicht wird

MARC GASSERT

ALLES IST SCHWER BEVOR ES LEICHT WIRD

Mit dem Wissen der Shaolin
zu mehr Disziplin und Willenskraft

ARISTON

FSC
www.fsc.org
MIX
Papier aus verantwortungsvollen Quellen
FSC® C014496

Verlagsgruppe Random House FSC® N001967
Das für dieses Buch verwendete FSC®-zertifizierte Papier
EOS liefert Salzer Papier, St. Pölten, Austria.

Bibliografische Information der Deutschen Bibliothek

Die Deutsche Bibliothek verzeichnet diese Publikation
in der Deutschen Nationalbibliografie; detaillierte bibliografische Daten
sind im Internet unter http://dnb.ddb.de abrufbar.

3. Auflage

Umschlaggestaltung: Weiss Werkstatt München
unter Verwendung eines Motivs von Kay Blaschke
Satz: EDV-Fotosatz Huber/Verlagsservice G. Pfeifer, Germering
Druck und Bindung: GGP Media GmbH, Pößneck
Printed in Germany

ISBN 978-3-424-20093-5

INHALT

Dies ist ein Buch für alle, die wirklich tun wollen, was sie sich vorgenommen haben.

Gewidmet allen Meistern der Kampfkunst, allen voran meinem Sifu Baklayan.

DAS GEHEIMNIS DER SELBSTDISZIPLIN

»Meister, was ist Selbstdisziplin?« Ich blicke in gutmütige, mandelförmige Augen, die in einem Moment Erstaunen ausdrücken, im nächsten Augenblick voller Kraft und Ausdrucksstärke auf mir ruhen. Der Meister nimmt sich alle Zeit für eine Antwort. Dann greift seine Hand zum Bambuspinsel und führt diesen in die Tusche. Die andere Hand umfasst den Ärmel, damit dieser nicht durch die Farbe streift. Jede Bewegung des Meisters ist voller Anmut und Perfektion. In genau gemessenen Strichen entstehen auf dem Reispapier zwischen uns Schriftzeichen, ein Kunstwerk. Der Pinsel gleitet erst langsam, dann schnell, zaghaft und wild. Die Tusche bildet kleine Pfützen an genau den richtigen Stellen. Erst als der Pinsel wieder auf dem Block ruht, beuge ich mich vor, um auf das Blatt zu blicken. Ich sehe nicht das, was ich erwartet habe. Ich schaue auf das Blatt. Das erste Zeichen muss wohl Selbst bedeuten. Das zweite Zeichen ist das, das man allgemein für Kontrolle verwendet, und das dritte ist ganz eindeutig Herz. Meine Augen blicken ratlos. Dann spricht der Meister: »Ihr nennt es Selbstdisziplin, für uns ist es Moral.«

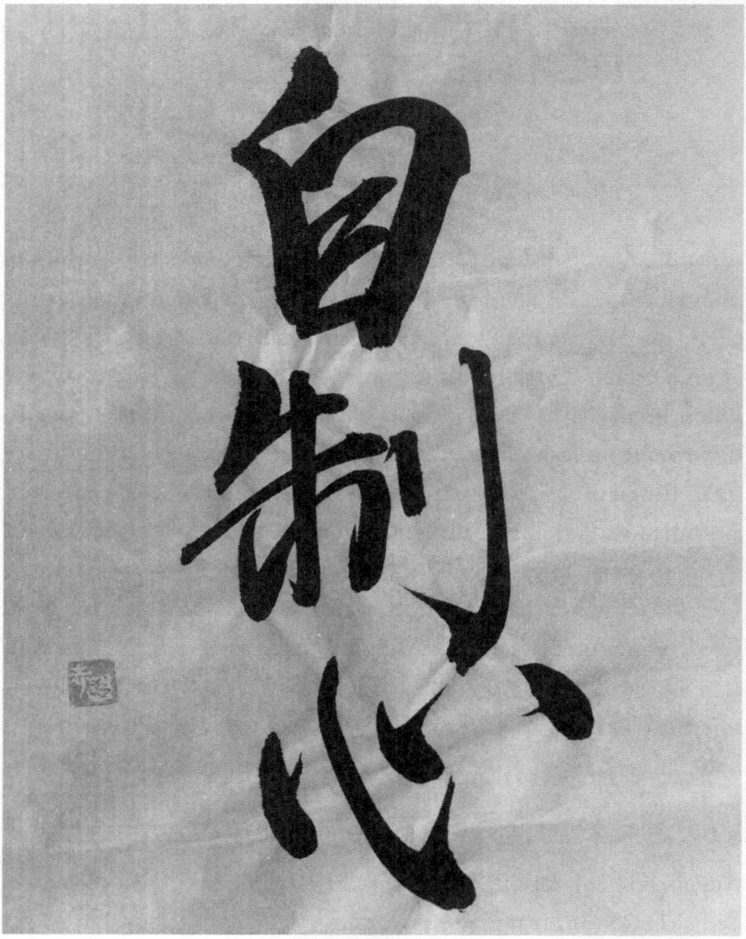
自制心

VON DEM, DER AUSZOG, DAS KÄMPFEN ZU LERNEN

Der Herrscher des Vorgartens

Was bringt einen Jungen deutscher Eltern mit bayrischen Wurzeln und blonden Haaren dazu, sich den Shaolin zuzuwenden? Unsicherheit. Aus für mich mysteriösen, beängstigenden und als Kind nicht nachvollziehbaren Gründen musste meine Familie ständig umziehen. Wechselnde neue Umgebungen, neue Häuser, meistens mit Sicherheitsvorkehrungen, aber glücklicherweise immer mit großem Garten. Ein unbestimmtes Gefühl von Gefahr lag ständig in der Luft. Die besorgten Augen meiner Mutter, die Herren mit den Sonnenbrillen, die Pistole in der Schublade …

All das gab es, weil mein Vater im Auftrag Deutschlands für Interpol arbeitete, also in meinen Augen so eine Art Polizist war. Meine Freunde von der deutschen Schule in Rom sagten, mein Vater sei ein Mafiajäger, und ich fand, das klang gut.

Während ich, stets ein wenig zu behütet, zum Herrscher unseres Vorgartens heranwuchs, fand vor unserem Gartentor das echte Leben statt. Und ich bekam davon nichts mit. Das änderte sich, als ich mein erstes Fahrrad bekam und wir aus der Via Ardeatina im Zentrum Roms an den Stadtrand, näher ans Meer zogen. Von dort aus konnte ich nun mit meinem kleinen Bonanza-BMX in die große Welt vorstoßen.

Ich durfte jeden Morgen die Brötchen holen, beim Fornaio, dem Bäcker. Es war berauschend, für das ganze Frühstück verantwortlich zu sein, die Bäckerei zu stürmen und wie ein siegreicher Imperator auf dem Streitwagen mit Stützrädern die Panini stolz am Lenker nach Hause zu fahren.

Als weißblonder Wuschelkopf war ich Attraktion und Außenseiter zugleich. »Biondo, Biondo, Biondino!«, riefen die Männer und Frauen und befühlten, sofern in Reichweite, die Qualität und Echtheit meines Haupthaares.

Schlimm war der erste Tag im Kindergarten, als alle Kinder mich auslachten, an meinen Haaren zogen und mich wie einen Aussätzigen behandelten. Klar war ich anders. Aussehen, Denken, Handeln, alles anders und zu deutsch. Vielleicht haben die Kinder auch nur das nachgeplappert, was die Eltern hinter vorgehaltener Hand geflüstert haben. Wie auch immer – es tat weh!

Als ich nach einem weiteren Umzug von meinen neuen Spielgefährten mit »Heil Hitler!« begrüßt wurde, war es um meine Selbstbeherrschung geschehen. Ich weiß nur noch, dass ich unter Tränen gestammelt habe: »Aber Mussolini war doch auch blöde.« Das hatte ich nämlich meinen Eltern nachgeplappert. Ach, wie gerne wollte ich ein schwarzhaariger, braun gebrannter Römer sein, akzeptiert werden und dazugehören.

Mein Vater schien von allen stets respektiert zu werden, obwohl er ein in meinen Ohren fürchterlich klingendes Bayrisch-Italienisch sprach. Wahrscheinlich war er so beliebt, weil er extra nach Italien gekommen war, um den Italienern zu helfen? Oder war es so, weil er eine Schusswaffe besaß?

Bei nächster Gelegenheit versuchte ich, mit meinem Vater anzugeben: »Hey, mein Vater hat fei eine echte Pistole in der Schublade«, prahlte ich. Die Reaktion der anderen Kinder war entwaffnend: »Na und? Meiner auch.«

Auf dem Bolzplatz konnte ich zumindest zeigen, dass ein Deutscher fair spielt, für sein Team durch dick und dünn geht, fleißig ist und tugendhaft. Fußball sollte aber nicht mein Weg werden, denn bald sollten wir Rom verlassen. Mein Vater musste nach Guatemala umsiedeln und schickte mich mit meiner Mutter nach Deutschland. Ich war damals gerade sieben Jahre alt und verstand die Welt nicht mehr. Die Anweisung an meine Mutter hatte ich mitbekommen. Es ging um meine Ausbildung: »A bayrisches Abitur und a Studium seiner Wahl, dann derf er machen, was er wui.« Die Anweisung an mich war schrecklich: »Und du passt auf'd Mama auf, gell!«

Was guckst du?

Und auf einmal war die Welt nicht mehr heil. Ich saß in einem grauen, kalten, unfreundlichen Deutschland, schrecklich einsam, ohne meinen Vater. Nun waren meine Mutter und ich nur noch zu zweit. Kein Haus mit Garten, kein Zaun, keine Kameras. Die Kätzchen der Nachbarn waren das einzig Herzerwärmende in einem Viertel, in dem die Menschen genauso wenig Deutsch sprechen wollten wie ich. In diesem Viertel war ich schon wieder Außenseiter.

Dieses Mal gab es allerdings kein Wuscheln durch die blonden Haare, dieses Mal gab es Stress. Angst auf dem Schulweg, Angst auf dem Schulhof, Angst vor der Angst. Auf einmal standen sie vor mir, zwei Jungs mit Flaum über der Oberlippe, buschigen Augenbrauen und bösartigem Funkeln in den schwarzen Augen. Sie versperrten mir den Weg und bauten sich vor mir auf. Hilfe suchend sah ich mich um, niemand da, allein im Englischen Garten, direkt am Eisbach, mitten im Winter.

Und nun kam er, der Satz: »Was guckst du?«

Ich war auf diese Frage nicht vorbereitet. Gab es eine logische Antwort? Etwas, das die Jungs veranlassen würde, ihres Weges zu ziehen? Ich hatte beide angeschaut – klar, das macht man doch so, und vielleicht war die Frage »Was guckst du?« gar nicht so unberechtigt. Wirklich uncool und vielleicht sogar wirklich dumm war meine vor Angst erstickte, hilflose Antwort: »Gar nichts.« Da war er, der unvermeidliche Konflikt: »Warum schaust du uns an? Willst du Probleme?« Irgendwie war mir klar, dass es nicht um Worte gehen würde. Egal was ich sagte, es würde falsch sein. Und tatsächlich bekam ich nach einigen Sekunden die erste Ohrfeige. Es tat gar nicht weh, aber Schreck, Angst und Demütigung standen mir so offensichtlich ins Gesicht geschrieben, dass die beiden vor Genugtuung über Ihren erfolgreichen Umgang mit mir grienten.

»Jetzt leg dich in den Fluss, ganz konkret auf dem Bauch!«, forderte der Kleinere der beiden.

Das war zu viel. Ich riss mich los, sprang durch das eiskalte Wasser und rannte, wie ich damals glaubte, um mein Leben.

An diesem Tag beschloss ich zu lernen, wie man sich verteidigt. Nie wieder wehrlos sein, nie wieder Kontrolle über die Situation verlieren und am allerwichtigsten: nie wieder die Kontrolle über mich selbst verlieren! Mein ganzes Leben war ich zu behütet aufgewachsen, abgeschirmt von der Welt, ohne ausreichendes Wissen über die Geschehnisse um mich herum. Allgegenwärtige Gefahr blieb für mich spürbar. Nun also wollte ich mich der Welt stellen und suchte nach einem Weg. Im Fernsehen hatte ich neben »Karate Kid« einige Eastern gesehen. Bruce Lee und andere Heroen der Kampfkünste schienen mir als Vorbilder geeignet, machten diese doch mit sämtlichen Gaunern und Ganoven kurzen Prozess.

Kurze Zeit später fand ich den Einstieg in die Welt der Kampfkünste. Ich war der, der auszog, um das Kämpfen zu lernen. Und was ich fand, war der Weg zur Selbstdisziplin. Tatsächlich war es die Disziplin, die mit dem täglichen Training in mein Leben kam, die begann, mich zu verändern. Ich »vergaß« das Zähneputzen nicht mehr, richtete nach dem Aufstehen den Frühstückstisch.

Und was meine Mutter am meisten freute: Meine schulischen Leistungen steigerten sich mit einem Schlag enorm. Dabei musste ich meiner Mutter mein Kampftraining verheimlichen. Sie versuchte, mich stets von einer Welt der Aggression fernzuhalten, und hätte nicht verstanden, dass die Kampfkunst keinen Schläger aus mir machen würde. Für meine Mutter war Kampf ein Zeichen von geistiger und seelischer Armut, geeignet für primitive Menschen von geringer sozialer Kompetenz. Für mich war es der entscheidende Schritt in mein eigenes Leben. Die Erkenntnis über die Notwendigkeit der Selbstverantwortung.

EINLEITUNG: DIE REISE BEGINNT

Nun beginnt unsere Reise zur Disziplin. Und sie geht mit vielen Fragen einher:

> Warum kämpfen wir überhaupt mit dem Thema Disziplin?
> Ist Disziplin eine Frage des Charakters?
> Ist Disziplin eine Frage der Erziehung?
> Kann man Disziplin lernen?
> Ist es vielleicht schon zu spät?
> Was erschöpft unsere Willenskraft, die die Basis der Disziplin ist?

Auf dem Weg zu den Antworten führt meine Geschichte zu verschiedenen Kampfkünsten und erzählt von unterschiedlichen Meistern. Sie berichtet von der Wiege der Kampfkunst, den Shaolin. Dabei gebe ich nicht allen Meistern einen Namen, sondern skizziere die Dialoge. Mein Anliegen ist es, damit eine universale Weisheit zu transportieren und das Geheimnis der Selbstdisziplin zu lüften.

Damit Sie mit den asiatischen Prinzipien vertraut werden, muss ich Ihnen den einen oder anderen Begriff aus dem Chinesischen, Japanischen oder Koreanischen erklären. Da alle Kampfkünste den gleichen Ursprung haben, erscheint es mir gerechtfertigt, Erkenntnisse aus Taekwondo und Karate dem Wissen der Shaolin zuzuführen. Dabei geht es mir nicht um die Unterschiede in den Kampftechniken, sondern um die grundlegende innere Haltung zur Kampfkunst und den Bezug zur Selbstdisziplin.

Zu Beginn des Buches geht es darum, die Grundlagen für die »Schätze der Shaolin« zu schaffen.

Anschließend wenden wir uns der »Kiste der Werkzeuge« zu, um intensiv und nachhaltig am Thema Disziplin und Willenskraft zu arbeiten. Es geht sowohl um Disziplin aus unserer Perspektive als Europäer als auch um meine persönlichen Erfahrungen aus zwei Jahrzehnten mit verschiedenen Kampfkunstmeistern – übersetzt in eine für uns Westler verständliche Sprache.

Ich möchte Sie mit diesem Buch auch dazu einladen, alles kritisch zu hinterfragen, was ich schreibe. Denn: Widersprüche sind das Salz in der Suppe und machen den Text erst lebendig.

Es geht mir auch um die Balance von Disziplin und Nichtdisziplin. Den Swing. Jede Tugend, auch die Disziplin, gerät zur Untugend, wenn sie zu einseitig gelebt wird. Diese Erkenntnis ist schwer verdaulich, aber wahr. Übertriebene Disziplin macht uns zwanghaft, kalt und traurig. Wir verlieren Herzenswärme, Empathie und Lebenslust. Gleichzeitig stürzt uns ein Mangel an Disziplin ins Chaos. Wir beschäftigen uns also unter anderem mit der angenehmen Kunst des Erholens. Wie lade ich den Akku wieder auf? Und wie begegne ich dieser verrückten Welt ein wenig gelassener? Ein gelassener Mensch ist für seine Umwelt wesentlich erträglicher als einer, der ständig mit der Welt abrechnet.

Gegen Ende des Buches verrate ich Ihnen einen Geheimtipp, sozusagen das »ultimative Rezept« für mehr Disziplin und Willenskraft. Wenn Sie also bis zum Ende durchhalten, dann haben Sie sich die Belohnung wirklich verdient. Übrigens: Der Geheimtipp steht nicht auf der letzten Seite, falls Sie jetzt nach hinten blättern wollten!

Zum tieferen Verständnis möchte ich auch über die Schattenseiten der Shaolin sprechen, über den Verlust von Kultur, über militärischen Drill und über den Preis, den man für ein Höchstmaß an Disziplin zu zahlen hat. Letztlich ist nicht alles Gold, was glänzt, und jede Medaille hat zwei Seiten.

Alles in allem möchte ich Ihnen praktische Hilfen an die Hand geben, damit Sie nach Lust, Laune, Können und Vermögen an der Entwicklung und Entfaltung Ihrer eigenen Selbstdisziplin arbeiten können. Dieses Buch soll auch auf einem vergnüglichen Weg zum Ziel führen. Ich möchte Sie anregen, einen Weg zu wählen, der auf Lebensfreude und auf der Verpflichtung sich selbst gegenüber beruht. Wenn Sie sich Ihr eigenes Wohlergehen zu Herzen nehmen, müssen Sie jeden Tag daran arbeiten. Sie sind also bereits während des Lesens auf dem Weg, Ihr eigener Kung-Fu-Meister zu werden.

Also frisch ans Werk und bleiben Sie dran!

師傅領進門 修行在個人

shī fu lĭng jìn mén, xiū xíng zài gè rén

Der Lehrer öffnet die Tür. Man tritt selbst hindurch.

DER WEG ZUR DISZIPLIN

Im Kloster der Shaolin in China habe ich folgenden Satz gelernt: »Der Fleißige schlägt stets den Talentierten.«

Eine Entsprechung in unserem Kulturkreis finden wir in Äsops wunderbarer Fabel vom Wettlauf zwischen Hase und Schildkröte. Sie kennen die Geschichte? Der talentierte Hase springt im Wettlauf los, er glaubt sich seines Sieges sicher und gönnt sich sodann auf halber Strecke ein Nickerchen. Er verschläft und wacht erst auf, als die untalentierte Schildkröte ihn nicht nur überholt hat, sondern bereits im Ziel ist.

In Japan lautet ein Sprichwort:

才子才に倒れる

saishi sai ni taoreru

Der Talentierte verliert aufgrund seines Talents.

Wenn wir die Augen öffnen, sehen wir den Beweis für dieses Sprichwort täglich in unserem Umfeld. Fleiß lohnt sich immer, vor allem langfristig.

Die Menschen in unserer Gesellschaft sind geschwächt durch den Mangel an Konzentrationsfähigkeit, Aufmerksamkeit, Durchhaltevermögen und zielgerichteter Selbststeuerung. Es fehlt ihnen an Selbstdisziplin und Ausdauer.

Zugegeben, das Wort »Disziplin« schreckt viele Menschen ab, klingt es doch nach Härte, preußischem Drill, Gehorsam, Zwang und Strafen. Das ist – mit Verlaub gesagt – Humbug! Disziplin ist etwas Erstrebenswertes, Großartiges, vielleicht die wichtigste Tugend im Leben. Disziplin hilft Ihnen, Ihre Ziele zu erreichen, sei es privat oder beruflich, und zwar mit dauerhaftem Erfolg. Die schönste Definition liefert der Duden: »Disziplin ist das Beherrschen des eigenen Willens, der eigenen Gefühle und Neigungen, um etwas zu erreichen.«

Wenn ich mein Leben betrachte, stelle ich fest, dass ich in vielen Lebensbereichen äußerst diszipliniert sein kann, während ich in anderen weit hinter meinen Ansprüchen agiere und folglich zurückbleibe.

Es lohnt sich, besonders diese defizitären Bereiche genauer zu betrachten. Warum fällt es mir so schwer, Strafzettel zu überweisen, behördliche Schreiben zu öffnen oder Päckchen zur Post zu bringen? Wohingegen es mir wie ein Kinderspiel vorkommt, jeden Morgen um 5.30 Uhr aufzustehen und konsequent meinen Morgenlauf zurückzulegen, ganz egal wie die Witterung ist. Für die defizitären Bereiche habe ich in der Wiege der Kampfkünste nach »Rezepten« gesucht, nach einer Toolbox, nach Tricks und Werkzeugen, die mir den täglichen Kampf mit mir selbst erleichtern. Wo sonst, wenn nicht bei den Shaolin, würde ich das Geheimnis sagenumwobener Selbstdisziplin erlernen können? Wer bei den Shaolin lernt, so glaubte ich, der würde selbst mit dem stärksten Gegner fertigwerden. Und eines ist klar: Der härteste Gegner ist man selbst.

Was für mich funktioniert hat, das verrate ich auf den folgenden Seiten. Ich erkläre Ihnen, wie Sie Selbstdisziplin erlernen können und dadurch endlich in die Lage versetzt werden, die Dinge zu erledigen, die Sie tun wollen und müssen. Ich zeige Ihnen auch, wie Sie ausdauernd arbeiten und konzentriert bei der Sache bleiben können. Es geht dabei um die Disziplin, die nicht von außen gefordert und kontrolliert wird, sondern um das Disziplinieren des eigenen Denkens und Handelns aus eigenem, freiem Willen heraus.

Sie dürfen sich auf die Schatzkiste in diesem Buch freuen, mit – wie der Name schon sagt – Schätzen, Werkzeugen, Rezepten und Gedächtnisstützen, mit denen jeder etwas anfangen kann, sobald er deren Funktionsweise erkannt und geübt hat.

Die von mir sorgfältig ausgewählten Werkzeuge stammen hauptsächlich aus dem Gedankengut des asiatischen Kulturkreises und ich ergänze sie in diesem Buch durch Erkenntnisse der westlichen Wissenschaften und durch praktische Übungen. So erhalten Sie ein kompaktes Einmaleins an Wissen und Anregungen, um zu mehr Disziplin und Willenskraft zu gelangen.

Nun fragen Sie sich vielleicht, ob Disziplin und Willenskraft nicht dasselbe sind? Willenskraft kann für jeden etwas anderes bedeuten. Der Duden formuliert kryptisch:

»Willenskraft ist die Fähigkeit eines Menschen zur Willensanspannung.«

Ich würde Willenskraft wie folgt beschreiben:

Willenskraft ist die für Disziplin benötigte Energie. Willenskraft wird genährt von Lebenskraft und Vitalkraft. Genau damit werden wir uns noch eingehender auseinandersetzen.

Disziplin ist der Kampf mit mir selbst

Sie benötigen zum Lesen dieses Buches keinerlei Vorkenntnisse in der Kampfkunst. Sie müssen nicht lernen, wie man mit Handkanten Ziegelsteine zerbricht, an der eigenen Kehle stählerne Speerspitzen verbiegt oder dem lästigen Zeitgenossen an der Bar den Hintern versohlen kann. Allerdings werden Sie kämpfen müssen.

Mit allem, was Sie haben. Körper und Geist, List und Tücke, Gewalt und Glauben. Sie treten in den Ring, gegen einen Gegner, der mit allen Wassern gewaschen ist, der Ihnen ebenbürtig ist, der all Ihre Schwächen kennt und schonungslos ausnutzt. Ein übermächtiger Gegner. Sie stehen im Ring mit sich selbst! Es geht um jenen Teil in Ihnen, der bald sagen wird: »Das weiß ich doch alles schon – weg mit dem Buch!«

Was Sie vielleicht überraschen wird: Sie müssen in diesem Kampf nicht siegen. Wenn Sie es schaffen, Ihren Gegner zu einem Verbündeten zu machen, waren Sie bereits erfolgreich. Wie das funktioniert? Ganz einfach! Fragen Sie sich selbst, ob Sie wirklich dazu bereit sind, selbst Ihr eigener Sparringspartner zu sein. Ich verspreche Ihnen, wenn Ihre Antwort »Ja« lautet, haben Sie in sich selbst den besten Übungspartner Ihres Lebens gefunden!

Wie gesagt: Sie müssen keine Kampfkunst erlernen – es sei denn, Sie möchten das gerne.

Mich hat das traditionelle Taekwondo zu den Kampfkünsten gebracht und damit auch zur Disziplin. Schon bald stand ich mit mir selbst im Ring. Mein Training hatte sofort Auswirkungen auf alle meine Lebensbereiche. Heute bin ich geneigt zu sagen, dass mir das Training zu Selbstbewusstsein und Selbstachtung verholfen hat.

Ich traute mir immer mehr zu und stellte mich infolgedessen ständig neuen Herausforderungen.

Eine besondere Herausforderung war für mich, mein Studium der Kommunikationswissenschaften in Japan (Tokio) fortzusetzen. Dort habe ich gelernt, dass Disziplin viel mehr ist als das Durchhalten beim Sport oder das Erledigen einer ungeliebten Aufgabe. Ich entdeckte, dass Taekwondo in Japan verpönt ist, da es eine koreanische Kampfkunst ist. Ich entschied, meinen schwarzen

Gürtel in Taekwondo an den Nagel zu hängen und mit Karate zu beginnen. Dies schenkte mir Zugang zur japanischen Kultur. Ich fühlte mich im Karate sehr schnell wohl und gewann tiefere Einblicke in die Natur der Kampfkunst, ihre Philosophie und ihren künstlerischen Aspekt.

Ich erlebte, dass Disziplin ein fester Bestandteil der japanischen Kultur und untrennbar mit japanischer Ethik und Moral verbunden ist. Wer das wirklich verstehen will, muss sich intensiv mit diesem Land befassen. In Japan habe ich gelernt, dass Kampfkunst auch ein Ausdruck von Lebensfreude sein kann, in dem es stets um das Miteinander, niemals um das Gegeneinander geht.

Nachdem ich mich tiefer mit diesen zwei Kampfkünsten, Taekwondo und Karate, beschäftigt hatte, erkannte ich, dass beide einen gemeinsamen Ursprung haben: die Shaolin-Kampfkunst. Es erschien mir daher logisch, den Weg zu dieser »Quelle« der Kampfkunst zu gehen und direkt von den Shaolin zu lernen.

So kam es, dass ich im Shaolin-Kloster im Herzen Chinas Shaolin Quan (nördliches Shaolin-Kung-Fu) lernte und trainierte. In Alan Baklayan fand ich meinen Sifu, einen Meister und Lehrer, eine väterliche Leitfigur. Er unterwies mich in einem der ältesten Stile des Shaolin-Kung-Fu: Hung Gar Kuen (südliches Shaolin-Kung-Fu). Er ist bis heute mein Sifu geblieben.

Alan Baklayan ist ein seriöser Meister. Seine Schüler nennen ihn »Meister« oder »Sifu« (im Mandarin wird das »Schryfu« gesprochen, auf Kantonesisch heißt es »Shifu«). Einen solchen Lehrer zu finden, ist unglaublich schwierig. Der seriöse Meister lässt eine tiefgründige persönliche Auseinandersetzung mit der Tradition erkennen, er behandelt die Angelegenheiten seines Lebens und der Schule auf sowohl pragmatische als auch spirituelle Weise. Jeder Schüler, der die Bekanntschaft eines solchen Meisters macht, kann sich glücklich schätzen. Von meinem Sifu lernte ich die wichtigsten Lektionen in Sachen Disziplin. Seither bedeutet Disziplin für mich in erster Linie, sich den Dingen, die das Leben mit sich bringt, zu stellen.

Kung Fu (man spricht es eigentlich Gong Fu aus) ist im traditionellen chinesischen Sprachgebrauch keine Bezeichnung für die Kampfkünste im Speziellen. Der Begriff »Kung Fu« ist durch den Action-Star Bruce Lee in die westliche Welt gekommen und hat sich fälschlicherweise als Oberbegriff für sämtliche, aus China stammenden Kampfkunststile durchgesetzt. Im eigentlichen Sinne bezeichnet Kung Fu jedwede Fertigkeit, die man sich durch harte Anstrengung erarbeitet hat. Dies kann sich auf die Kampfkünste, aber auch auf alle anderen Fähigkeiten beziehen. Für mich ist das wahre Kung Fu der Wille, sich dem Leben zu stellen. Damit verschmelzen für mich die Begriffe »Disziplin« und »Kung Fu« zu einer Einheit.

Im Training wie im täglichen Leben gibt es genau dafür viele Beispiele:

- Im Kampf ist es der Moment, in dem ein Gegner vor Ihnen steht und Sie wissen, gleich wird er auf Sie losstürmen und versuchen, Sie zu erledigen.
- Im Alltag ist es der Moment, in dem Sie zum Training gehen müssen, aber ausgerechnet heute überhaupt keine Zeit oder keine Lust haben.
- Es ist der Moment, in dem Sie wissen, dass andere die nächste Übung viel besser als Sie hinbekommen werden.
- Es ist der Moment, in dem Sie bei der Prüfung vor Ihrem Lehrer stehen und plötzlich alles vergessen, was Sie jemals gelernt haben.

Momente wie diese kennen wir alle. Meistens neigen wir dazu, solchen Situationen mehr oder weniger aus dem Weg zu gehen.

Wir nutzen eher die Ausrede, erklären uns und anderen, warum uns dies und das gerade nicht möglich ist. Im Kung Fu aber lernen Sie, dass Sie sich dem Augenblick, dem Leben, nicht entziehen können. Sie entdecken, dass die Welt nicht untergeht, wenn Sie sich einer unangenehmen Situation stellen. Im Gegenteil: Sie erfahren, dass Sie solche Situationen meistern können, dass jede unangenehme Situation Ihr Lehrmeister sein kann und Sie an ihr wachsen können. Wer einmal mit Kung Fu angefangen hat, der begreift schnell, dass er es hier mit einer Übung in Willenskraft und Disziplin zu tun hat, für deren Investition es lange Zeit keine Rendite geben wird. Aber wenn die Belohnung dann eines Tages »ausgezahlt« wird, ist sie wahrhaft unbezahlbar.

Ich habe als eines meiner Lebensmottos den Leitsatz gewählt: »Nicht das Anfangen wird belohnt, sondern das Durchhalten.« Dieses Motto beziehe ich übrigens auf alle Lebensbereiche.

Am Anfang fing ich Fliegen

Wie fast alle Menschen im Westen wollte ich das Geheimnis der Kampfkunst zunächst mit dem Kopf verstehen. Genauer gesagt: Ich wollte durch die Lektüre verschiedener Bücher die für mich geeignetste Kampfkunst herausfiltern. Ich begann mit Literatur über die Shaolin. Der Legende nach waren und sind die Shaolin die großartigsten Kämpfer – der Sache wollte ich auf den Grund gehen. Wie schnell man durch das Lesen von Büchern zu einem Experten wird, ohne einen Funken Praxiserfahrung zu besitzen! Wissen um die Essenz von Kung Fu war mir zunächst völlig egal. Meine einzige Frage war: Was muss ich tun, damit ich wie ein Shaolin kämpfen kann? Körper und Geist trainieren? Klar, mache ich! Dabei habe ich selbstverständlich fast ausschließlich an Körperübungen gedacht. Wie werde ich stark und ausdauernd und mit welcher Technik verteidige ich mich am besten? Voller Eifer stürzte ich mich in Bücherberge über Kampfkünste. Während des Lesens sah ich mich vor meinem inneren Auge Saltos schlagen und drei Gegner mit einem einzigen Roundhouse*-Tritt erledigen (*Roundhouse ist der Oberbegriff für kreisförmig ausgeführte Fußtechniken). Ich trainierte, verschlang Seite um Seite der Theorie und spielte Szenen aus Kung-Fu-Filmen nach.

Zufällig stolperte ich über eine Geschichte, die mich bis unter die Haarspitzen motivierte. Eine wahre Geschichte. Wahre Geschichten sind immer besonders motivierend. Es handelte sich um die bekannte Geschichte von den »drei Schwertkämpfern«. Die Geschichte wird auf den berühmten Kensai (Schwertheiligen) Miyamoto Musashi zurückgeführt. Er ist der Protagonist in dem Gleichnis vom Schwertheiligen:

> Es saßen einst drei Schwertkämpfer in einem überfüllten japanischen Wirtshaus. Am Tisch nebenan saß der berühmte Meister Miyamoto Musashi. Die drei benahmen sich derb daneben und versuchten, durch Beleidigungen und Spott den Meister zu einem Kampf zu verführen. Meister Musashi, der größte Schwertkämpfer Japans schien aber von den dreien keine Notiz zu nehmen. Als die Kommentare an Frechheit zunahmen, ergriff der Meister mit ruhiger Hand seine Essstäbchen und vollführte mit ihnen vier schnelle Bewegungen durch die Luft. Anscheinend mühelos hatte er mit jeder Bewegung seiner Essstäbchen eine Fliege aus der Luft gegriffen. Er legte alle vier Fliegen auf den Tisch und wandte sich den Störenfrieden zu. Diese verließen eiligst den Raum und flohen über alle Berge.

Fälschlicherweise dachte ich damals, dass ein echter Großmeister tatsächlich das Fangen von Fliegen üben sollte. Infolgedessen wurde ich Fliegenfänger. Bei jeder passenden und unpassenden Gelegenheit versuchte ich, Fliegen zu fangen. Nicht mit den Essstäbchen, sondern mit den Händen. Ich dachte, dieses Training würde mich schneller, besser, meisterlicher machen. Anders herum wird ein Schuh daraus! Wer wie der Meister aus dem Gleichnis beiläufig Fliegen fangen kann, präsentiert damit das Ergebnis und Zeugnis von Kung Fu auf allerhöchstem Niveau. Wer Körper und Geist so in Einklang bringen kann, dass er mit Essstäbchen Fliegen fängt, ist ohne Zweifel ein Kämpfer über dem Niveau der drei Schwertkämpfer. Der wahre Kung-Fu-Meister drückt sein Kung Fu in jeder seiner Handlungen aus.

Ich verstand damals nicht, dass es auf so unendlich viel mehr ankommt, als mit schnellen Reflexen körperlich zu agieren.

Die Geschichte der drei Schwertkämpfer hat eine große Bedeutung, denn sowohl in Japan als auch in China wird sie oft und gerne erzählt. Es ist ursprünglich eine japanische Geschichte.

Wenn ich mich einiger Geschichten aus Japan bediene, werden Sie sich vielleicht fragen: Was hat das mit den Shaolin zu tun? Die Antwort ist philosophisch und entspringt einer buddhistischen Redewendung: Alle Lehren haben denselben Ursprung. Egal ob Sie sich mit Musik, Kampfkunst, Gartenarbeit oder Malerei beschäftigen. Es gibt nur ein Ziel: Ihr Herz zu finden. In der buddhistischen Welt symbolisiert das Herz eine erstrebenswerte Geisteshaltung. Die angestrebte Perfektion hingegen wird stattdessen als Eitelkeit bezeichnet.

Ohne die Arbeit, ohne die Praxis wäre die Lehre nur eine Theorie ohne Sinn. Theorie und Praxis, Körper und Geist – alles ist untrennbar miteinander verbunden.

Hegen Sie nach dieser Schilderung den geheimen Wunsch, Kung Fu zu erlernen, um Körper und Geist – und auch Ihre Disziplin und Willenskraft – zu trainieren? Sobald Sie sich entscheiden, sind Sie auf dem Weg und – mit entsprechender Übungszeit und etwas Disziplin – wird Ihr Kung Fu richtig gut. Mit Kung Fu erwerben Sie sich eine Basiskraft, die Ihnen in jeder Lebenssituation weiterhilft. Es ist eine gute Methode, um zu Ihrer persönlichen Quelle vorzudringen. Aber: Es geht um weitaus mehr als um reine Körperlichkeit. Meister Alan Baklayan hat zu uns Schülern gesagt: »Es ist nicht unser Hauptlebenszweck auf dieser Welt, gute Kämpfer zu werden, sondern uns zu guten Menschen zu entwickeln.«

Das Dasein als Meister

Bitte lassen Sie mich beteuern: Ich maße mir nicht an, Ihr Meister sein zu wollen. Ich bin lediglich ein Schüler, der Ihnen von seinen eigenen Erfahrungen berichten möchte. Vielleicht bin ich Ihnen mit meiner Tollpatschigkeit um das eine oder andere Fettnäpfchen voraus. In diesem Sinne bin ich Ihr persönliches »gutes-schlechtes« Beispiel. Außerdem gebietet der Anstand, Ihnen mitzuteilen, dass ich zwar einige Meistergrade in Form von schwarzen Gürteln gesammelt habe, aber mich trotzdem nicht als »Meister von eigenen Gnaden«, »Mönch der unkeuschen Shaolin«, »Guru der großen Einsicht« aufspielen werde.

In China kann man auf vier Arten ein offizieller Meister werden:

1. Man nennt sich einfach so. In diesem Falle muss man einen neuen Stil begründen und sich von seinem Sifu lossagen.
2. Man kauft sich eine Meisterurkunde. Das kennen wir ja auch von Doktortiteln.
3. Man übernimmt die Schule seines Meisters.
4. Man eröffnet mit Erlaubnis seines Meisters eine eigene Schule.

Bislang habe ich keine der vier Möglichkeiten in Erwägung gezogen. Ich bitte darum, dass Sie mich vielmehr nach meinem Kung Fu beurteilen.

Ein guter Meister verschleudert sein Wissen nicht, denn verschleudertes Wissen würde beim Schüler nicht ankommen. Einer chinesischen Redensart entsprechend macht ein guter Meister lediglich die Tür auf und lädt den Schüler dazu ein, selbst hindurchzuschreiten.

Das Lehrer-Schüler-Verhältnis ist in allen Kampfkünsten so angelegt, dass der Schüler seine Lektionen selbst erfahren muss. Warum das so ist? Lesen Sie den Sinnspruch von Konfuzius:

ERZÄHLE es mir – und ich werde es VERGESSEN.
ZEIGE es mir – und ich werde mich ERINNERN.
Lass es mich TUN – und ich werde es BEHALTEN!

Außerdem weiß ein guter Meister, dass es gefährlich ist, seinem Gegenüber das eigene Wissen aufzudrängen, selbst wenn dieser darum bittet.

Dazu gibt es eine berühmte Filmszene mit Bruce Lee, die dem japanischen Kulturkreis entliehen ist: Bruce Lee hält zwei Gläser in den Händen, die randvoll mit Wasser gefüllt sind. Er sagt: »In einem Glas befindet sich all dein Wissen und in dem anderen Glas befindet sich das, was ich dir an Wissen zu bieten habe.« Wie kann nun der Schüler das Wissen des Meisters seinem Wissen hinzufügen, ohne dass sein eigenes Glas überläuft? Des Rätsels Lösung ist: Der Schüler muss zunächst seinen Becher leeren, dann kann er das Wissen des Meisters aufnehmen.

Damals, im Alter von zwölf Jahren, hatte ich große Ehrfurcht vor der poetischen Kraft dieser Metapher. Heute halte ich diese Aufforderung für schlichtweg unmöglich. Wir können das »Gefäß« nicht »leeren«, um dann gänzlich unreflektiert die »Weisheit« eines anderen aufzunehmen, und wir sollten das auch nicht tun.

Aber Bruce Lee wollte es so. Bruce Lee war ein Suchender. Noch heute gilt Bruce Lee als Sinnbild für eiserne Disziplin, als Archetyp des unbesiegbaren Kämpfers und als Philosoph. Er war auf der Suche nach dem perfekten Kampfsystem, der ultimativen Weisheit, der Erleuchtung, dem richtigen Weg. Das bedeutet, dass er alles infrage gestellt und selbst nichts blind und gedankenlos aufgenommen hat. Weder Kampftechniken noch Philosophie. Beidem hat er sich mit all seinem Herzblut gewidmet. Vom Suchenden, getragen von der Überzeugung des Wertes der eigenen Erkenntnis, wandelte sich Bruce Lee im Laufe der Jahre zu einem Mann, der dogmatisch von seinen Schülern verlangte, seine Lehre widerspruchslos zu akzeptieren und zu übernehmen. Bruce Lee setzte seinen Schülern einen klaren Rahmen, innerhalb dessen er sie zum disziplinierten Arbeiten mit sich selbst bringen konnte.

Viele Menschen brauchen tatsächlich einen starken »Führer«, der ihnen die Richtung weist. Sie ziehen es vor zu akzeptieren, zu gehorchen und zu folgen. Auf diese Weise gelingt es ihnen, diszipliniert zu sein. Man mag sich fragen, warum diese Menschen diese Vorgehensweise bevorzugen. Ist es vielleicht ein Zeichen von Trägheit oder Gleichgültigkeit? Das Phänomen scheint nicht nur auf die Kampfkünste zuzutreffen, sondern auch auf so vieles mehr, auf die Gesellschaft, die Arbeit, die Politik.

Ich möchte Sie dazu anregen, selbst herauszufinden, wie Sie ticken, welche Motoren Sie antreiben, welche Vermeidungsstrategien Sie entwickelt haben und an welchen Stellen Sie Ihr eigener innerer Gegner sind. Es geht zunächst darum herauszufinden, wie Sie ticken. Dann darum, was zu tun ist. Und schließlich was Sie tun müssen, wenn auf dem Weg zur Disziplin Ihre Motivation verloren geht. Das ist die Suche nach Wahrheit. Auf der Suche nach Wahrheit gibt es weder Meister noch Schüler.

Der beste Kampf

Das koreanische Taekwondo (der Weg des Fußes und der Hand) war mein Einstieg in die Welt der Kampfkunst. Die asiatische Kampfkunst wird in Europa oft mit dem chinesischen Wu Shu oder dem japanischen Wort »Budo« beschrieben. Diese Wörter sind in ihrem Ursprung erstaunlich »kampfesfeindlich«. Betrachten wir in aller Ruhe die Begrifflichkeiten:

Wu Shu: 武 術
Budo: 武道

Wu Shu und Budo sind Überbegriffe aller asiatischen Kampfkünste. Wu Shu ist chinesisch, Budo japanisch. Die Zeichen der Vorsilben Bu und Wu sind absolut identisch, werden aber in der jeweiligen Landessprache anders ausgesprochen. Wie noch immer ganz wenigen Menschen, selbst innerhalb der Kampfkunst-Gemeinde bekannt ist, setzt sich das Schriftzeichen 武 (Wu beziehungsweise Bu) eigentlich aus mehreren Zeichen zusammen.

Wu 武 bedeutet »militärisch«, »kämpferisch«, es verweist auf den Kampf. Aber Wu besitzt auch noch eine feinsinnigere, tiefer gehende Bedeutung. Es besteht nämlich aus zwei weiteren Zeichen. Das erste heißt Zhi 止 und bedeutet »aufhören«, »eine Sache stoppen« oder »beenden«. Das zweite Zeichen, Ge 戈 bezeichnet eine alte Kriegswaffe. Sie sieht ein wenig aus wie eine mittelalterliche Hellebarde. Diese Waffe steht symbolisch für Krieg. Die Kernaussage ist also: Hören Sie auf, die Hellebarde zu benutzen, beenden Sie deren Einsatz – Schluss mit Krieg!

Das ist die tiefere Bedeutung von Wu.

Der zweite Teil des Wortes, Shu, wird durch dieses Zeichen 術 dargestellt. Das bedeutet Kunstfertigkeit im Sinne von reinem Können. Shu verweist auf eine künstlerische, teils auf Kreativität und Können basierende, teils auf Eleganz und Schönheit bedachte

Anwendung. Das ist wiederum die Essenz der japanischen Kampfkunstbegriffe Jutsu 術 und Do 道.

Genau wie Bu und Wu aus dem gleichen Zeichen bestehen, benutzen auch Shu und Jutsu das Zeichen 術. Während Shu 術 die Technik beschreibt, ist Do 道 der Weg, also das dahinterstehende philosophische Prinzip.

Die Erkenntnis ist: Der beste Kampf ist der, der nicht gekämpft wird – weil man die Nachteile eines Kampfes genau kennt oder weil man vielleicht ohnehin gewinnen würde. Dieser Zustand, diese Erkenntnis kann als Ziel des Erlernens von Kampfkunst gesehen werden.

Die Shaolin verschmelzen Buddhismus mit Chan beziehungsweise Zen, Konfuzianismus und Taoismus zu einem sehr komplexen Geflecht.

Ich versuche, auf diese schwierigen Begriffe so einzugehen, dass sie auch für Menschen unseres Kulturkreises zu fassen sind.

- Budo ist ein ständiger Prozess. Der Weg zur Perfektion der Technik, des Handelns und letztlich des Charakters ist nie zu Ende, weil wahre Perfektion niemals vollständig erreicht werden kann (Do).
- Perfektion ist flüchtig, so wie der erlebbare Moment des Augenblicks (Zen).
- Der Weg ist gekennzeichnet durch die Dynamik von Yin und Yang, dem Pendeln zwischen den Extremen (Taoismus).
- Ziel ist es, den goldenen Weg der Mitte zu finden (Buddhismus), die Dualität der Welt zu überwinden (Taoismus) und sein eigenes Herz zu erreichen.
- Dies kann nur geschehen, indem man das Ego aufgibt, die Flüchtigkeit des Materiellen erkennt und sich als Teil des großen Ganzen identifiziert (Zen).
- Die Einordnung in das große Ganze birgt das konfuzianis-

tische Dogma, dass jeder seinen festen Platz in der gesellschaftlichen Ordnung finden und ausfüllen, seine Aufgabe im Kosmos (Taoismus) erfüllen sowie dem Ganzen dienen muss.

- Zudem ist der Weg (Do) derjenige, der zur Natürlichkeit führt. Er ist die ewige Suche nach der natürlichen, aufrechten Haltung von Körper und Geist.

Wenn Sie diesen Passus bereits jetzt verstanden haben, ziehe ich meinen Hut. Wenn dem noch nicht so ist, geben Sie nicht auf, lesen Sie weiter. Ihre Aufmerksamkeit ist auf jeden Fall in die richtige Richtung gelenkt. In Richtung Do – Sie sind auf dem Weg.

Nicht umsonst fragen sich mehr und mehr abendländische Sinnsucher, ob das Licht der Weisheit im Osten aufgeht – ex oriente lux? Vielleicht. Oder warum sind es gerade Daoismus und Chan beziehungsweise (Zen-)Buddhismus, die im Westen zunehmend Konjunktur haben?

Vielleicht erfasst uns eine Strömung der Renaissance. Immerhin ist Konfuzius älter als Seneca. Oder befinden wir uns in einer Welle rückwärtsgewandter Naturromantik? Zurück zur Natur?

Was auch immer der Grund für die Popularität dieser Themen ist, es ist auf jeden Fall gut, manchmal in den Rückspiegel zu sehen, um voranzukommen. Rücksicht und Vorsicht gehören zusammen. Das ist ganz im Sinne von Yin und Yang.

清苦修行樣身

xiuxing yangshen

Den Charakter korrigieren, den Körper nähren,
pflegen, kultivieren.

DIE SHAOLIN – MEISTER DER DISZIPLIN

Warum sind wir Menschen so undiszipliniert? Es liegt nicht an fehlendem Wissen, nicht an Unvermögen, meist nicht einmal an fehlender Motivation. Es fehlt uns an Treibstoff für diszipliniertes Verhalten, der Willenskraft. Hier sind wir bereits am Kasus knaxus, dem eigentlichen Grund, weshalb viele herkömmlichen Methoden, sich diszipliniertes Verhalten anzueignen, letztlich scheitern. Mit herkömmlichen Methoden kommen wir oft nicht ans Ziel, selbst wenn unsere Planung perfekt scheint.

Wenn wir aber davon ausgehen, dass Willenskraft wie ein Muskel funktioniert, der bei Gebrauch gestärkt wird, aber bei Überbeanspruchung schlappmacht, dann sind wir dem Geheimnis auf der Spur. Wir müssen herausfinden, was diesem »Muskel« im Verlauf eines Tages die Kraft absaugt, und wir müssen herausfinden, wie wir ihn wieder fit bekommen.

In den kommenden Kapiteln möchte ich die uns bekannten Methoden aus einem asiatischen Blickwinkel betrachten. Das uns bekannte Zielen, Planen, Motivieren und Belohnen bringt nichts, wenn der Muskel zu ermattet ist, zu schwach ist, um seine Tätigkeit auszuführen.

Genau hier kommen die Shaolin ins Spiel. Sie sind die Meister der Willenskraft, die Vorbilder der Tugend und die Heroen einer der Menschlichkeit verpflichteten Ethik.

Die legendären Shaolin-Mönche erreichen mit ihrer sagenumwobenen Willenskraft und mit eiserner Disziplin Dinge, die wir als nahezu übermenschlich und ehrfurchtsgebietend empfinden. Wer würde nicht gerne in perfektem Einklang von Körper und Geist leben, dabei tugendhaft und fröhlich jeden Tag angehen und alle anstehenden Verpflichtungen mit Eifer und Elan bewältigen?

Ja, das will ich auch, werden Sie jetzt vielleicht denken. Die Shaolin haben ganze Lebenszeiten aufgewendet, um zu dieser Haltung zu kommen. Sie bauen auf einer jahrhundertealten Tradition auf.

Eine kurze Geschichte der Shaolin

Im Jahr 495 nach Christus ließ der chinesische Kaiser Xiaowen am Fuß des heiligen Berges Song Shan ein Kloster für den indischen Mönch Ba Tuo errichten. Die ursprüngliche chinesische Bezeichnung für das Shaolin-Kloster, das am Fuße des Berges Shaosi liegt, ist 少林寺 (shao lin si). Das Schriftzeichen shào 少 bedeutet auf deutsch »jung« und steht auch für den Namen des Berges Shaosi, lín 林 wird übersetzt mit »Wald« und si 寺 heißt »Tempel«. Die Bedeutung der Bezeichnung »Shaolin« ist im Deutschen demnach also »Tempel im jungen Wald« oder auch »Tempel im Wald am Berg shào«.

Ein indischer Mönch namens Bodhidharma reiste nach China, um im Shaolin-Kloster der heutigen Provinz Henan die hohe Kunst der Meditation zu lehren. Dieser indische Priester machte die Shaolin-Mönche mit dem Prinzip der Atemkontrolle und mit mentalen Übungen vertraut. Bodhidharma wollte seinen Schülern die Einheit zwischen Körper, Seele und Geist näherbringen. Da aber die jungen Adepten ständig beim Meditieren einschliefen, entwickelte er Bewegungsformen, die seine kraftlosen Schüler nach langen Meditationsphasen wieder mit neuer Energie versorgten. Über Generationen hinweg wurden diese Bewegungen erweitert, bis sich daraus schließlich Partnerübungen und Kampftechniken zur Selbstverteidigung entwickelten. Auch die Entwicklung der fünf Tierstile (wuquan) wird Bodhidharma zugeschrieben, auch wenn die Quellen keinen direkten Bezug zwischen ihm und der Kampfkunst herstellen.

Diese umfassen:

1. Drache (long) – Techniken zur geistigen Entwicklung (eine Art »Mentaltraining«).
2. Schlange (she) – Dehnungstechniken.
3. Tiger (hu) – Techniken zur Stärkung von Knochen und Muskeln.
4. Leopard (pao) – Training von Schnelligkeit, Koordination und Ausdauer.
5. Kranich (he) – Techniken zur allgemeinen Kräftigung und Vitalitätssteigerung.

Die Entstehung der Shaolin-Kampfkunst Bodhidharma zuzuschreiben, ist von Kampfkunst-Historikern immer wieder als historisch nicht belegbar bezeichnet worden.

Im Laufe der Jahrhunderte entstanden viele verschiedene Unterstile des Shaolin-Kung-Fu. Eine der populärsten Shaolin-Kung-Fu Stilrichtungen in Hongkong und Südchina ist das Hung Gar Kung Fu.

Die Geschichte der Shaolin ist sagenumwoben. Historische Quellen sind Mangelware und die wenigen Informationen, die es gibt, sind widersprüchlich. Abgesehen davon, dass man nicht genau weiß, wer welchen Stil zu welcher Zeit erfunden hat, verstehe ich ein grundlegendes Paradoxon nicht. Warum konnte das Element des Kämpfens für die Shaolin von solcher Bedeutung werden? Jemand hat den Mönchen beigebracht, dass Leibesübungen gut für den Körper sind. Aber warum lernen buddhistische Mönche, deren innerste Überzeugung es ist, niemandem Leid zuzufügen, das Kämpfen? Warum erhalten diejenigen, die nicht töten dürfen, eine Ausbildung, die sie in leistungsfähige, unermüdliche, schmerzresistente Kampfmaschinen verwandelt? Die allgemein übliche Antwort ist: Um sich vor wilden Tieren und bösen Räubern schützen zu können.

Shaolin ist vom Chan (japanisch für Zen), der in China entstandenen eigentümlichen Verschmelzung von Buddhismus, Konfuzianismus und Taoismus (auch Daoismus geschrieben), geprägt und verlangt ein Bewusstsein vom Wesen dessen, was einen Kämpfer und Krieger ausmacht.

Was macht ein Shaolin, der einen Raub oder eine Vergewaltigung beobachtet? Geht er hin und macht ein Ende? Oder wendet er sich ab und lässt den Dingen seinen Lauf? Die Grundlagen für solche Entscheidungen, die Ethik, findet der Shaolin im Wǔ Dé. Bodhidharma brachte, so habe ich es oft erzählt bekommen, neben dem Chan-Buddhismus, dem Kung Fu und einigen Qigong-Übungen auch das Wǔ Dé in das Shaolin-Kloster. Die Regeln des Wǔ Dé waren und sind noch heute eine wichtige Grundvoraussetzung, um Kung Fu und einen verantwortungsvollen Umgang mit den Kampfkünsten zu lernen. Sie sichern das Kontrollieren und Bestehen eines reinen Herzens, ohne dass man in den Kampfkünsten nicht voranschreiten kann. Sich mit dem Wǔ Dé auseinanderzusetzen, gibt uns die Grundlagen für die Schätze der Shaolin und die Arbeit an der Disziplin. In China wird dies mit »Xiuxing yangshen« oder »Wǔ Dé Wǔ Dé xiuyang« zum Ausdruck gebracht. Wörtlich bedeutet das: »Den Charakter korrigieren, den Körper nähren, pflegen, kultivieren.« Oder: »Mithilfe der Kampfkunsttugend korrigieren und kultivieren.« Dieser Ausdruck verrät bereits, dass man sich immer ändern kann, dass man Disziplin erlernen und sogar seinen Charakter korrigieren kann. Es ist niemals zu spät dafür, man muss es lediglich wollen.

武德 Wŭ Dé
Die zwölf Tugenden der Shaolin

Der chinesische Begriff »Wŭ Dé« bezeichnet die Kampfkunsttugend. Er setzt sich zusammen aus den beiden Wörtern Wŭ, »Kampf«, und Dé, das meist mit »Tugend« oder »Moral« übersetzt wird.

Im Laufe der Geschichte interpretierten die Shaolin die Forderung nach moralischer Integrität und fassten diese in Listen zusammen, die die konfuzianischen Kardinaltugenden wiederholen:

Der Katalog der Shaolin-Kampfkunsttugenden

Ren: Mitmenschlichkeit, Liebe und Nächstenliebe
Yi: Rechtschaffenheit, Gerechtigkeit, Urteilen mit dem Herzen
Li: Ritual, Umgangsformen, Respekt, Höflichkeit
Zhi: Wissen, Verstand, Bildung und Weiterbildung
Xin: Vertrauen, Ehrlichkeit und Offenheit, aufrichtiger Glaube, Halten von Versprechen, Standfestigkeit und Einsatzbereitschaft
Yong: Mut, Tapferkeit und Einstehen für eine Sache

In der praktischen Umsetzung erfordern die »Tugenden« das optimale Zusammenspiel von Lehrer und Schüler. Das Wissen eines Lehrers, der die Wǔ-Dé-Prinzipien verinnerlicht hat, kann demnach nur bei Schülern fruchten, die bereit sind, an ihrem Charakter zu feilen und auf ihren Körper zu achten. Gemäß der Wu-Shu-Traditionen war in China kein wahrer Meister bereit, Schüler in seiner Kampfkunst zu unterweisen, wenn sie nicht gewillt waren, zuerst die Kampfkunsttugenden zu verinnerlichen, mochten sie auch noch so talentiert sein und fleißig trainieren. Dies wird durch den Spruch »xue quan yi Wǔ Dé Wǔ Dé wei xian« ausgedrückt: »Beim Üben der Faust lerne man zuerst die Tugend der Kampfkunst.«

Ich würde es so formulieren: Beim Üben von Selbstdisziplin lerne man zuerst die Tugenden der Kampfkunst!

Die Tugenden bilden das Gerüst für Disziplin. Nicht zuletzt, weil diese Sie zwingen, schonungslos ehrlich mit sich selbst zu sein.

1. 慈悲 Cí Bēi – Barmherzigkeit

Bei den Buddhisten steht der Begriff Barmherzigkeit für Mitgefühl und gilt als eine der Haupttugenden des menschlichen Charakters. Sie resultiert aus meditativer Einsicht. Ein barmherziger, mitfühlender Mensch hat ein offenes Herz für die Nöte Fremder. Nur, wer das Leben achtet, kann auch Achtung gegenüber seinen Mitmenschen empfinden. Daher ist Cí Bēi eine der wichtigsten buddhistischen Tugenden und Verpflichtungen ebenso wie das Wǔ Dé. Beides gilt es zu kultivieren.

Der wahrhaftige Kämpfer hat also, obwohl er seinen trainierten Körper als gefährliche Waffe einsetzen kann, ein barmherziges und friedvolles Herz.

Ich erinnere mich an eine Szene, die sich ereignete, als ich 18 Jahre alt war und die ich nie vergessen werde. Für mich ist diese folgende Geschichte eine Lektion in Sachen Wǔ Dé.

Es war Silvester und obwohl kein Schnee lag, war es bitterkalt. Es herrschte nicht die trockene Kälte, die sich gut ertragen lässt, wenn man sich viel bewegt, sondern die feuchte Kälte, die schneidend unter jede Kleidung kriecht. Ich war auf dem Weg zu einer Silvesterparty. Neben mir gab mein Freund Björn, in seinen Daunenmantel gehüllt, mit schnellen Schritten die Richtung und das Tempo vor. Wir sahen einen Obdachlosen, der von Passanten sehr fordernd Spenden verlangte. Der Typ sah schrecklich aus. Zerzaust, mit Zahnlücken und schwarzen Zähnen, er war zerlumpt und stank nach Alkohol. Er krallte sich bei den Passanten ein und nötigte sie zu einer Spende. Ich war nicht besonders achtsam, mitfühlend oder gar barmherzig, war in meiner eigenen Gedankenwelt gefangen und wollte nur rasch an diesem »menschlichen Hindernis« vorbei. Als der Obdachlose aber nach mir griff, ging ich reflexartig in Kampfstellung und spulte im Kopf automatisch mein Arsenal an Verteidigungs- und Kontermanövern ab. Ich gebe zu, dass ich neben Widerwillen und Zorn ob der Nötigung auch ein wenig Angst vor dem »Animalischen«, »Unberechenbaren«, »Wilden« hatte, das ich in die Erscheinung des Bettlers hineininterpretierte. Während ich also zum Aggressor (Angreifer) wurde, bereit, mein Recht und mein Eigentum mit Gewalt zu verteidigen, zog Björn seine Daunenjacke aus und schenkte sie dem Mann. Die ganze Aktion hat nicht einmal eine Minute gedauert. Sie wird für immer in mir nachhallen. Björn hatte schlicht und ergreifend die Not des Mannes erkannt und voller Barmherzigkeit reagiert – ich nicht! Meine exakten Gedanken weiß ich nicht mehr. Was ich allerdings ausgedrückt habe, war Überheblichkeit in Reinform. »Trau dich, mich anzufassen, du Wurm, und ich werde dich zertreten!« Wie böse, wie bitter! Eine gute Lektion.

2. 自制 Zì Zhì – Selbstbeherrschung

Wer Kampfkunst erlernt, für den ist sie unverzichtbar: Selbstbeherrschung ist die Grundvoraussetzung, die Kampfkünste zu meistern. Kampfkunstschüler brauchen Selbstbeherrschung, um sich nicht zu überflüssigen Kämpfen hinreißen zu lassen, um unumgängliche Kämpfe gewinnen zu können und um die Grenze der Selbstverteidigung niemals zu übertreten. Wenn Sie den Duden aufschlagen, werden Sie als Synonym für Selbstbeherrschung »Selbstdisziplin« vorfinden. Selbstdisziplin wiederum ist keinesfalls mit Zì Zhì gleichzusetzen. Da ich kein Sinologe bin, habe ich den Vorsteher des Shaolin-Tempels Shi Yong Chuan im März 2013 um ein Gespräch zur genauen Begriffsbestimmung gebeten.

Shi Yong Chuan formulierte zu Zì Zhì (Selbstdisziplin): »Nur mit strenger Zucht und Ordnung gegen uns selbst können wir das Beste aus uns herausholen und das höchste Ziel erreichen.«

Zucht und Ordnung – damit verbinden wir ungute Gefühle. Seit meinem ersten Besuch in Asien glaube ich fest daran, dass zumindest Ordnung einer der wesentlichen Bausteine für Selbstdisziplin ist. Das Problem allerdings ist hier der Begriff in seinem kulturellen Zusammenhang. Zucht und Ordnung wurden lange Zeit verwendet, um die gesellschaftliche Ordnung zu stabilisieren. Leider sehr oft eine Ordnung, die die Menschen unmündig machte, zu willenlosen Untertanen, wie wir Deutsche das leidvoll in unserer Geschichte erfahren mussten.

Heute wollen wir keine Untertanen sein, wir wollen in erster Linie Freiheit und Selbstbestimmung. Wir weigern uns, das Produkt elterlicher oder gesellschaftlicher Forderungen zu werden, stattdessen wollen wir uns nach unserem Können und Vermögen frei entfalten. Wir wollen zu uns selbst finden, wir selbst sein dürfen. Das ist nach Auffassung der Shaolin richtig und falsch zugleich. Obwohl Freiheit unser größtes Ideal sein mag, geht es nicht gänzlich ohne Zucht und Ordnung. Disziplin und Freiheit sind keine Gegensätze. Disziplin macht Freiheit erst möglich. Genau genommen den wunderbar nutzbringenden Effekt von Freiheit. Kurz gesagt, wir benötigen Disziplin, um uns Freiräume zu schaffen, und wir benötigen Disziplin, um diese Freiräume wiederum nach unseren Vorstellungen zu gestalten. Man muss allerdings ganz klar hinzufügen: Wer über Freiheit verfügt, der trägt auch Verantwortung. Denn Verantwortung ist die Schwester der Freiheit. Freiheit ohne Verantwortungsgefühl führt sehr schnell zu Missbrauch. Wo wir Spielräume haben, sind wir verpflichtet zu deren Gestaltung. Manchmal müssen wir dabei Verantwortung für andere übernehmen. Aber selbst wenn es um unsere eigenen Bedürfnisse geht – wir sind zumindest immer uns selbst verpflichtet. Wer seine Bedürfnisse befriedigen möchte, muss etwas dafür tun. Darum setzt Bedürfnisbefriedigung Disziplin voraus. Disziplin ist es auch, die uns dabei helfen kann, den Manipulationsversuchen und Verführungskünsten der Umwelt zu widerstehen.

In meinem Gespräch mit Shi Yong Chuan kamen wir auf zwei unterschiedliche Schriftzeichen für das Wort »Disziplin« zu sprechen. Shi Yong Chuan erklärt mir Ji Lü und Zi Lü:

Ji Lü 纪律

Ji Lü bedeutet »Disziplin«. Allerdings eher im Sinne von Regel oder Ordnung. Der zweite Teil des Schriftzeichens verweist auf das Gesetz oder Recht. Ji Lü wird also von »außen« vom Individuum gefordert. Shi Yong Chuan erklärt, dass diese Form von Disziplin dem Menschen wie ein Treppengeländer zur Seite steht. Es sei Stütze, Hilfe und Richtungsweiser gleichzeitig! Ji Lü gibt Ordnung und Struktur.

Zi Lü 自律

Zi Lü bedeutet ebenfalls Disziplin, allerdings ist hier eher die Bedeutung von Selbstdisziplin gemeint. Shi Yong Chuan lächelte, als er mir das Wort erklärte. Zi Lü, sagte er, sei die individuelle Umsetzung von Ji Lü aus der Erkenntnis der Klarheit. Zum Beispiel beim Rauchen: Ji Lü gibt die Regel »Hier ist Rauchen verboten« vor. Wir haben keine Wahl, sondern müssen uns der Regel fügen. Die Erkenntnis allerdings, dass uns Rauchen wirklich schädigt, ermöglicht uns Zi Lü, die aus dem Selbst generierte Entscheidung: Ich rauche nicht! Es tut mir nicht gut!

Shi Yong Chuan machte mit einer Geste das Rauchen vor, klopfte sich dann ans Köpfchen und strich sich mit dem Daumen horizontal über die Gurgel, während er über das ganze Gesicht strahlte. Offensichtlich machte ihm das Thema großen Spaß.

»Im Winter«, erklärte er mir, »stehen vor dem Shaolin-Tempel Schilder mit der Aufschrift ›Vorsicht Glätte!‹. Das ist Ji Lü. Sie ermahnen die Autofahrer, aufzupassen und langsam zu fahren. Ich aber …«, sagt Shi Yong Chuan und deutet auf seine Nasenspitze, »… erkenne die Gefahr und stehe jeden Tag früh auf, um vor dem Tempel zu räumen und zu streuen. Das tue ich, damit niemand ausrutscht und sich verletzt.«

Disziplin schafft Freiheit. Heute tue ich das, wozu andere nicht bereit sind, damit ich morgen das tun kann, was die anderen nicht können. Die richtige Einstellung führt zur richtigen Handlung. Niemand zwingt mich, das ist Zi Lü.

Ji Lü und Zi Lü fordern von uns zweierlei:
Zum einen hilft uns Disziplin, ein verantwortungsvolles Mitglied der Gesellschaft zu werden. Dafür müssen wir natürlich zunächst die Regeln der Gesellschaft lernen und uns in deren Ordnung einfügen. Dann haben wir die Möglichkeit, diese selbst aktiv mitzugestalten.

Zum anderen hilft Zi Lü dabei, sich selbst zu beherrschen. Wer sich beherrscht, muss von niemand anderem beherrscht werden. In diesem Sinne ist Selbstbeherrschung eine Befreiung von der Herrschaft anderer und vor allen Dingen von den eigenen Trieben. Wer dazu in der Lage ist, kann souveräne Entscheidungen treffen. Er reguliert sein Verhalten aufgrund der von ihm getroffenen Entscheidungen.

Shi Yong Chuan beendete unser Gespräch mit einem Satz von Laotse: »Wer andere beherrscht, ist stark, wer sich selbst beherrscht, ist mächtig«.

3. 謙 Qiān Xū – Bescheidenheit

Eine weitere wichtige Tugend der Kampfkunstschüler des Shaolin-Tempels ist die Bescheidenheit. Prahlen und Angeben sind verpöhnt. Stattdessen nehmen die Schüler ihren Lehrern und der Tempelleitung gegenüber eine respektvolle Haltung ein und ordnen sich in der Tempelhierarchie unter. Sie führen ihre Aufgaben bestmöglich und mit ganzem Herzen aus. Die Bescheidenheit befähigt sie, weder ihre Gegner zu unterschätzen noch sich selbst zu überschätzen. So oder ähnlich steht es im Wǔ-Dé -Regelwerk.

Ich muss zugeben, dass ich unsicher bin, was ich von dieser Tugend halten soll. Manchmal glaube ich, dieses ganze Bescheidenheitsgetue ist nichts anderes als Angeberei. Wenn ein chinesischer Shaolin-Schüler behauptet, sein Kung Fu sei »nicht so gut«, ist das so, als würde ein Tiroler sagen, er fahre nur leidlich Ski. Das ist keine Bescheidenheit, sondern eine Untertreibung – oder eben versteckte Angeberei. Frei nach dem Motto »Äh, ich bin verwirrt, wie heißt das noch mal, wenn man nicht zugeben will, wie toll man sich findet?«.

In Japan gebietet es die Bescheidenheit, jedes Lob abzuwiegeln und scheinbar beschämt ein Kompliment zu erwidern. Bescheidenheit ist es demnach zu wissen, dass man etwas gut kann, aber vorzugeben, dass man es nicht kann. Ich finde das anstrengend.

Was ich dagegen wirklich gut finde, ist eine selbstkritische Einschätzung der eigenen Fähigkeiten.

In Deutschland habe ich sehr häufig gehört: »Bescheidenheit ist eine Zier, doch weiter kommt man ohne ihr.« Dieses Sprichwort hat sich uns eingeprägt und macht deutlich, dass das Bild, das wir von der Tugend der Bescheidenheit haben, doppeldeutig ist. Bescheidenheit ist zwar gut und schön, aber wenn man wirklich erfolgreich sein will, dann nutzt sie einem nichts. Für den erfolgsorientierten Menschen ist es demnach besser, auf diese »Zier« zu verzichten und mehr Aufmerksamkeit auf eine wirksame Selbstdarstellung zu legen.

4. 謙 Qiān Xū – Demut

Der größte Kontrahent der Demut ist der Stolz. Demut bedeutet, den eigenen Stolz zu überwinden und zu kontrollieren und die eigenen Wünsche und Bedürfnisse nicht über alles andere zu stellen.

Mit der Tugend der Demut habe ich von Kindesbeinen an Probleme. Ich gebe es offen zu. Sie ist eine Lebenshaltung. Wenn das Leben Demut fordert, werde ich trotzig wie ein Vierjähriger. Immerhin erkenne ich das inzwischen oft genug und kann dann über mich selbst lachen.

Im Kung-Fu-Unterricht fällt es mir besonders schwer, demütig zu sein. Sobald ich glaube, einen Bewegungsablauf verstanden zu haben, wünsche ich mir, dass unser Sifu mir die nächste Bewegung zeigt. Früher ist er lächelnd an mir vorbeigeschlendert, hat meinen fragenden Blick mit einem süffisanten Grinsen quittiert und mir ein »Etwas mehr Demut!« zugeraunt. Mittlerweile prüft er mich härter. Ich habe im gesamten vergangenen Jahr keine einzige neue Form mehr lernen dürfen. Er weiß genau, wie sehr sich mein Ego wünscht, schnellstmöglich weiterzukommen. Allerdings bestimmt der Meister den Zeitpunkt und den Inhalt des Lernens. Somit bekomme ich derzeit keinen Unterricht in neuen Kampfformen, sondern Unterricht in Demut. Es geht bei dieser Übung nicht um Geduld – auch wenn das auf den ersten Blick so wirken mag. Geduld ist die Eigenschaft abzuwarten, bis ich an der Reihe bin. Demut ist die Eigenschaft, es auszuhalten, nicht an die Reihe zu kommen.

5. 尊敬 Zūn Jìng – Achtung

Achtung ist die Grundvoraussetzung jeder Beziehung, und zwar zwischen allen Lebewesen. Darin miteinbezogen ist auch die Selbstachtung.

Kein Mensch hat das Recht, sich über einen anderen zu erheben. Kein Mensch darf sich einbilden, im Besitz von Recht oder Wahrheit zu sein. Wir sind alle Suchende, machen Fehler und sind verletzlich. Die einzig richtige Art, miteinander umzugehen, liegt in gegenseitigem Wohlwollen und Respekt. Leider gelingt uns das im Alltag nicht immer.

Ich erinnere mich an dieser Stelle an meine Pubertät zurück, als ich Mitschüler als Schleimer und Streber hänselte, bloß weil sie im Gegensatz zu mir gut vorbereitet in den Unterricht kamen. Ich weiß auch noch, wie ich selbst ausgeschlossen wurde, weil ich Gaijin (Ausländer) war. Die Liste ist lang, denn auf Geringschätzung anderer stößt man überall. Mein Lieblingsbeispiel ist der Autofahrer, der keine Situation auslässt, andere Verkehrsteilnehmer als Volltrottel zu beschimpfen, und dabei selbst rüpelhaft fährt.

Ein anderes Erlebnis: Mein Vater hat mich einmal am Flughafen in Nassau abgeholt. Ich hatte ihn Jahre nicht gesehen, denn er war für eine bestimmte Zeit in den Anden unterwegs gewesen. Wir organisierten rasch einen Mietwagen und fuhren los. Wir waren beide tief in unser Gespräch versunken und mit der Konzentration nicht beim Straßenverkehr. Dreimal hätten wir deswegen beinahe einen Unfall gebaut. Letztlich riss meinem Vater der Geduldsfaden und er fluchte auf bayrisch: »Herrgottsacklzement, was ist denn hier mit den Negern los?! San denn die alle scho bsuffa???« Bitte vergeben Sie mir das wörtliche Zitat mit all seiner Political Incorrectness. Ich lege für meinen Vater die Hand ins Feuer, er ist kein Rassist. Bitte stellen Sie sich die Situation vor. Wir hatten drei sehr dunkle Männer wild gestikulierend mit weit aufgerissenen Augen wirklich fast in den Straßengraben befördert und schoben das auf deren Genuss von Rum. Mein Vater schimpfte wie ein Rohrspatz. In Wahrheit waren wir in alter Gewohnheit auf der rechten Straßenseite gefahren, während auf den Bahamas Linksverkehr gilt …

Wenn wir diese Geschichte auf die globalisierte Welt übertragen, müssen wir uns eingestehen, dass wir schnell in Teufels Küche kommen werden, wenn es uns nicht gelingt, verschiedene kulturelle Einflüsse und unterschiedliche Lebensmodelle gelten zu lassen. Damit meine ich ausschließlich meinen Vater und mich. Denn wer die eigene Art zu leben und zu denken für die einzig richtige hält, der wird nicht nur intolerant, sondern bringt sich auch um die einzigartige Chance, von anderen zu lernen.

Im Umgang mit allen Dingen soll ein Schüler Respekt zeigen. Wer keinen Respekt zeigt gegenüber den Lehren und der Leitung des Shaolin-Tempels, wird von ihnen auch nicht weiter in den Künsten vorangebracht werden.

Achtung zeigt sich auch in der Einhaltung der Regeln und der Etikette. Das ist die Basis, auf der die Gemeinschaft des Shaolin-Tempels funktioniert.

6. 正 Zhèng Yì – Rechtschaffenheit

Mit Rechtschaffenheit ist die Haltung gemeint, nur das zu tun, was man für richtig hält, und auf das, was man für falsch hält, zu verzichten. Wie das Wort »Rechtschaffenheit« ja bereits erahnen lässt, geht es primär um Gesetzestreue. Allerdings sind Gesetze von Ort zu Ort, von Kultur zu Kultur unterschiedlich.

Ich denke, man darf den Begriff ein wenig modifizieren. Kulturelle und gesellschaftliche Maßstäbe sind meiner Meinung nach nicht so entscheidend wie der Respekt vor allen Menschen und Wesen und ein ausgeprägtes Verantwortungsbewusstsein. Verantwortung für die eigenen Handlungen zu übernehmen, wird von jedem Shaolin-Schüler erwartet.

7. 信用 Xìn Yòng – Vertrauen

Vertrauen ist meiner Meinung nach die wichtigste Tugend. Ohne Vertrauen ist keine zwischenmenschliche Beziehung möglich. Vertrauen bedeutet Vertrauen in sich selbst und auch ein vertrauenswürdiges Verhalten anderen gegenüber. Alle Schüler des Shaolin-Tempels sollten einen zuverlässigen Charakter entwickeln. Und sich das Vertrauen verdienen durch die hier aufgeführten Tugenden der Wǔ Dé.

Ich selbst übe mich darin, jedem Lebewesen mit maximalem Vertrauen zu begegnen – von der ersten Begegnung an. Allerdings nur so lange, wie dieses »Vorschussvertrauen« nicht missbraucht wird.

Vertrauen ist auch die Basis der Gemeinschaft des Shaolin-Tempels. Die Schüler sollen ihren Lehrern und Meistern und der Leitung des Tempels vertrauen, und die Leitung des Tempels und die Meister müssen den Schülern vertrauen können.

8. 忠誠 Zhōng Chéng – Loyalität

In der Liste der Tugenden des Shaolin-Tempels wird Loyalität als die Basis von Vertrauen beschrieben. Außerdem als Basis jeder Beziehung innerhalb der Gemeinschaft des Shaolin-Tempels. In der Tat, ich habe oft gehört, dass Loyalität für viele Chinesen die wichtigste aller Tugenden ist.

Ich selbst sehe das aber anders. Meiner Meinung nach erwächst aus dem Vertrauen die Loyalität, nicht umgekehrt. Wer mein Vertrauen missbraucht, der verspielt auch meine Loyalität. Allerdings bewege ich mich hier auf dünnem Eis, denn Werte und moralische Vorstellungen entwickeln sich in verschiedenen Kulturen unterschiedlich.

Loyalität bedeutet, sich zu den Werten des Shaolin-Tempels zu bekennen und diese nach bestem Wissen und Gewissen weiterzugeben. Für mich persönlich ist Loyalität eine innere Selbstverpflichtung, für die ich mich im Interesse eines höheren, gemeinsamen Zieles bewusst entscheide. Problematisch wird Loyalität allerdings dann, wenn sie von außen gefordert wird.

9. 忍耐 Rěn Nài – Ausdauer

»Übung macht den Meister« lautet ein gängiges Sprichwort. Genau das ist mit Ausdauer gemeint. Regelmäßiges und beharrliches Training – geistig und körperlich, wie die Shaolin-Schüler.

Der erste Teil des Schriftzeichens Rěn bedeutet Mitmenschlichkeit, Toleranz, Nachsicht.

Aus der Herkunft des Schriftzeichens 忍 lässt sich ableiten, dass im alten China »Dulden, Ertragen, Toleranz, Nachsicht« als Stärke gesehen wurden, nicht als Schwäche. Das heutige Schriftzeichen 忍 besteht im unteren Teil aus dem Ideogramm 心 (xin), welches das »Herz« symbolisiert. Erdulden, Toleranz und Nachsicht sind somit innere Angelegenheiten des Menschen, die von Herzen kommen. Sie erfordern Offenherzigkeit und viel Selbstbeherrschung und Selbstkontrolle.

Das obere Ideogramm 刃 bedeutet »die Schneide, die Klinge und auch die Schärfe eines Messers«. Das Schriftzeichen 忍 bedeutet folglich, dass das Herz eines Menschen auf Messers Schneide steht. Beherrscht man sich in einer schwierigen Situation nicht, kann es zu einem Streit kommen. In diesem Fall wird das Messer ins Herz gerammt. Der Aufbau von 忍 verdeutlicht, wie viel Selbstbeherrschung man zur Toleranz benötigt.

Das Zeichen Nài 耐 bedeutet schlicht »aushalten, ausharren, erdulden«. Sie erkennen, wie komplex und verwirrend diese Zeichen sein können. Die schlichte Übersetzung ist »Ausdauer«. Mir gefällt die blumige Umschreibung »mit vollem Herzen erdulden«. Ausdauer ist notwendig, um sich in der Kunst und in allen Dingen zu verbessern. Ein Angehöriger des Shaolin-Tempels hört niemals auf, mit Ausdauer an sich zu arbeiten.

10. 毅力 Yì Lì – Beharrlichkeit

Beharrlich zu sein heißt, unbeirrt an einem bestimmten, einmal gesetzten Ziel dranzubleiben und bereit zu sein, alles für seine Erfüllung zu tun. Dazu gehört auch der eiserne Wille, aus Fehlern zu lernen und das Erlernte regelmäßig auf neue Fehlerquellen hin zu überprüfen. Shaolin-Schüler beweisen große Beharrlichkeit, indem sie das Training durchziehen, um sich weiter zu verbessern.

11. 耐心 Nài Xīn – Geduld

Nur durch die Gabe der Geduld kann der Schüler auch dann in seinem Tun fortfahren, obwohl er noch nicht genau weiß, auf welches Ziel es hinauslaufen wird, und es ihm auch unerreichbar vorkommt. Die Tugend der Geduld veranlasst ihn dazu, beständig am noch nicht erkennbaren Fortschritt zu arbeiten, und so lange weiterzutrainieren, bis er wirkliche Perfektion erreicht hat. Wenn der Schüler richtig und korrekt lernen soll, muss er unbedingt geduldig sein. Auch der Lehrer benötigt Geduld, um seinen Schülern den Weg zu weisen und ihnen sein Können sorgsam weiterzugeben.

In Japan habe ich den Satz gehört: »Geduld ist erst dann Geduld, wenn sie unmöglich scheint.«

12. 勇敢 Yǒng Gǎn – Mut

Nur, wer Mut hat, kann die Kampfkünste erlernen und in prekärer Lage angemessen reagieren. Wer Schüler im Shaolin-Tempel ist, arbeitet fortwährend an seinem Mut. Man darf diesen Mut nicht mit blindem Mut verwechseln, der unkontrollierten Emotionen, Dummheit oder Angst entwächst. Nicht dadurch, dass man von Anfang an keine Angst hat, zeigt man Mut, sondern im Überwinden der Angst.

Die letzten fünf der hier aufgelisteten zwölf Tugenden werden in der Shaolin-Kultur auch »die Tugenden des Geistes« genannt. Ursprünglich waren es nur vier. Sie wurden um eine fünfte Tugend, den Mut, erweitert. Ich war geneigt, diese fünf Tugenden zusammenzuschmelzen und mit einem einzigen Wort auszudrücken – Disziplin. Allerdings ist es durchaus sinnvoll, die einzelnen Tugenden isoliert zu betrachten und selbstbezogen zu reflektieren. So wissen wir genau, worin wir bereits gut sind und an welcher Tugend wir noch feilen müssen. Außerdem macht das den Begriff »Selbstdisziplin« beziehungsweise »Disziplin« weniger groß, weniger nebulös.

Diese vom Shaolin-Tempel verlangten Tugenden bilden die Basis für Selbstdisziplin. Neben den Tugenden der Shaolin beziehungsweise der Kampfkünste gibt es auch noch die 36 Strategeme (siehe Seite 57f.), die in China bereits jedes Kind lernt. Die 36 Strategeme sind Kriegslisten – aber eben auch Tugenden. Da geht es allerdings vorrangig darum, sein Gegenüber zu übervorteilen, auszutricksen und zu überlisten. (Das ist für uns im Westen ein Widerspruch – nach östlichem Selbstverständnis jedoch keineswegs. Wir werden uns mit den Strategemen noch beschäftigen.) Einige dieser Strategeme durfte ich am eigenen Leibe erfahren.

In der multikulturellen Informationsgesellschaft, in der wir leben, die sich zu allem Überfluss auch noch ständig wandelt, wird es immer schwieriger, an Gewissheiten (Wahrheiten) festzuhalten. Das gilt selbstverständlich auch für die Tugenden, für Moral, Werte und Ethik. Unsere Möglichkeiten, Erfahrungen zu machen, haben sich innerhalb der letzten beiden Generationen vervielfältigt. Was heute noch gilt, kann bereits morgen obsolet sein. Woran wir heute glauben, kann sich morgen als falsch herausstellen. Sehr viele Wahrheiten haben für mich deshalb nur noch den Charakter der Vorläufigkeit. Die Werte sind im Wandel.

Manchmal ist das auch ganz angenehm, denn es lässt mich hoffen, weil somit Unangenehmes auch nur noch den Charakter von Vorläufigkeit besitzt. Andererseits müssen wir lernen, mit der Ungewissheit zu leben. Wir müssen ständig in Bewegung bleiben, den Zweifel an unseren Wahrheiten zulassen können – dann, wenn die Zeiten sich ändern, und dann, wenn wir an einen neuen, anderen Ort reisen. Das ist kein leichtes Unterfangen. Weder meine Reisen durch Europa noch meine Besuche anderer Kontinente oder meine Zeit in Japan haben mich in die Lage versetzt, auf China vorbereitet zu sein.

Der chinesische Drache ist erwacht

Um sich dem Begriff der Disziplin zu nähern, macht es Sinn, sich mit China auseinanderzusetzen. China ist aufgewacht aus einem lange währenden Dornröschenschlaf. Angestachelt vom Wohlstand des Westens sind die Chinesen bereit, Leistung zu bringen. Ein fleißiges Volk, das sich durch ungeheure Anstrengungen nach oben arbeiten will. Wer es sich leisten kann, fährt dort Auto, wer es sich nicht leisten kann, fährt Elektromotorrad. Schicke Chinesinnen schnurren auf rosafarbenen Ein-PS-Scootern herum, in Stöckelschuhen und mit Smartphone. Die günstigsten Roller kosten rund 300 Euro – in ganz China sollen bereits 120 Millionen fahren, jährlich kommen 20 Millionen dazu. Der Elektro-Trend, der in Europa zaghaft beginnt, hat dort bereits die Massen erfasst. Wer noch Fahrrad fährt, passt nicht in die Zeit – ein Anachronismus. Dahinter steckt ein unbedingter Wille, getragen von Disziplin als wesentlicher Triebfeder für die Bereitschaft zu Entbehrungen.

Entbehrungen sind das Letzte, was wir Deutschen wollen. Bequemlichkeit und eingefahrene Strukturen erlauben es uns Deutschen nicht, mit China mitzuhalten. Wenn es den Menschen gut geht, werden sie träge. Das ist normal. Der Mensch beginnt zu genießen, sobald er die Schwelle des Wohlstandes überschritten hat. Aber den Chinesen geht es noch nicht so gut. Das fleißige Volk hat mit seiner Bereitschaft zu unbedingter Disziplin eine epochale Aufholjagd gestartet.

Die wenigsten Menschen machen sich eine Vorstellung von der wahren Dimension der chinesischen Leistungsbereitschaft. Die chinesischen Arbeiter fragen nicht nach einer 38-Stunden-Woche. In China sind 60 Stunden völlig normal. China ist heute der größte Produzent von fast allen Verbrauchsgütern dieser Welt. Mittlerweile sind es aber keine Billigprodukte mehr. Sie bauen den Transrapid und den Airbus. Die Chinesen haben Deutschland nicht nur aus dem Photovoltaik-Geschäft verdrängt, ganz Europa wird von Photovoltaik-Anlagen aus China überschwemmt.

Auf der anderen Seite des Globus entsteht eine Großmacht mit bester Ausgangssituation: 1,3 Milliarden Menschen, die den Wohlstand des Westens vor Augen haben. Menschen, die an jedem Tag der Woche 15 Stunden gerne arbeiten. Laut Bill Gates ist Microsoft in China die produktivste von allen Niederlassungen in der ganzen Welt. Die Angestellten arbeiten freiwillig ohne Wochenendpause. Sie erfüllen sich damit einen Traum, fühlen sich als Elite des Landes, schenken ihren Eltern und ihrem Land Ehre.

Dadurch hat China es geschafft, uns in wesentlichen Bereichen zu überholen. Jedes Jahr verlassen eine halbe Million ausgebildeter Ingenieure und Naturwissenschaftler die Universitäten Chinas, während wir zunehmend mehr Studienabbrüche zu beklagen haben. Die Wissbegierde der jungen Chinesen scheint keine Grenzen zu kennen. Da Eltern nur ein Kind haben dürfen, tun sie alles, damit dieses eine Kind Erfolg hat.

Wir in Deutschland arbeiten, denken und handeln nach einem völlig anderen Wertesystem als unsere Mitmenschen in China. Das, was wir als tugendhaft betrachten, wird in China bisweilen für schlichte Dummheit gehalten. Für einen Chinesen hat zum Beispiel das Wort »List« eine völlig andere Bedeutung, es ist positiv belegt. List und Übervorteilung von Dummen sind in China Teile eines ganzheitlichen Weltverständnisses. Das Anwenden und Durchschauen von List wird in China hoch geachtet und gepflegt. Bereits die Kinder lernen in der Schule die 36 Strategeme. Die

Strategeme haben blumige Namen wie »Den Tiger vom Berg locken«, »Mit dem Messer eines anderen töten«, »Hinter dem Lächeln den Dolch verbergen« und »Für die Rückkehr der Seele einen Leichnam ausleihen«. Jedes dieser Strategeme hat die Funktion, den Gegner hinters Licht zu führen.

Sie fragen sich, warum die Chinesen kein Unrechtsbewusstsein haben, wenn sie uns Langnasen austricksen? Für die Chinesen ist das nichts Verwerfliches. Im Gegenteil, ein solches Verhalten verdient in China größte Hochachtung. Die Chinesen lachen sich über die naiven Europäer kaputt. Wir europäischen Einfaltspinsel fallen auf jede List herein und jammern über die himmelschreiende Ungerechtigkeit. Ganz offensichtlich gelten weder unser westlicher Kodex noch unser westliches Geschäftsgebaren uneingeschränkt für alle Völker dieser Erde. Warum sollte ausgerechnet unser Wertesystem für alle gelten? Ist das nicht ein wenig arrogant?

Außerdem waren es schließlich wir, die sich einst das geistige Eigentum der Chinesen »geborgt« haben, ohne im Geringsten auf eventuelle Patente Rücksicht zu nehmen. War da nicht dieser Marco Polo, der Schießpulver, Kompass, Nudeln und Klopapier in China einpackte und auf unsere Märkte brachte?

Nun hat sich der Spieß umgedreht. Das Verrückte ist, dass wir zu dieser beschleunigten Entwicklung auch noch beitragen. Wir verschenken unreflektiert im Rahmen von Joint Ventures unser Wissen nach China und bilden so unsere eigene Konkurrenz aus. Dazu kommt, dass die meisten Politiker in China Ingenieure und Naturwissenschaftler sind. Sie kommen fast alle aus der Wirtschaft und sind somit sehr pragmatisch. Sie setzen im Alleingang genau die Vorhaben um, die maximalen Erfolg versprechen.

Die Politik in China kann sehr schnell auch gänzlich unpopuläre Maßnahmen durchsetzen. In China erfolgen Ziel, Plan und Ausführung mit legendärer Disziplin und in atemberaubendem Tempo. Das liegt zum einen an der zentralen Steuerung, zum anderen aber an der Umsetzungsorientiertheit des chinesischen Volkes.

Wir scheinbar disziplinierten Deutschen übertölpeln uns dagegen ständig selbst. Ist es deutsche Gründlichkeit, Lethargie, Melancholie oder Unfähigkeit, die für die enorme Langsamkeit der deutschen Mühlen verantwortlich ist? Landebahn in München? Flughafen in Berlin? Stuttgart 21? Sobald irgendjemandem oder irgendetwas nicht passt: Demo! Baustopp! Schlichtung! Verhandlungen!

Und wie sieht es in China aus? Neuer Flughafen? Wird gebaut! Das einzig geltende Kriterium für China ist, was den Staat in den nächsten Jahren voranbringen wird. In China muss jeder Einzelne sehen, wie er klarkommt. Wenn er nicht klarkommt, ist das sein Problem. Das chinesische Volk ist deswegen keineswegs hartherzig. Es kennt das Phänomen des Individuums einfach nicht. Die Gruppe ist immer wichtiger als das Ich, als der Einzelne. Der Staat fördert ein maximal-kapitalistisches System ohne Kündigungsschutz, ohne Sicherung für das Individuum.

Wir sollten ein vitales Interesse daran haben, die Chinesen besser verstehen zu lernen, uns mit Ihnen auf Augenhöhe auszutauschen und partnerschaftlich zu arbeiten. Sollte es zu einem Verteilungskampf der Ressourcen kommen, wäre es gut, seinen Gegner zu kennen.

Ich schlage hiermit nicht vor, es den Chinesen gleichzutun. Die Art und Weise, wie der chinesische Staat sein Volk »zwangsdiszipliniert«, sollte uns im Westen als Anregung für kontroverse Diskussion dienen.

Dennoch stecken in der chinesischen Kultur viele Schätze voll tiefgründiger Weisheit. In Bezug auf Disziplin sollten wir den Chinesen einiges nachmachen.

拳無拳意無意無拳無意是真意

quan wu quan, yi wu yi, wu quan wu yi shi zhen yi

Faust ohne Faust, Sinn ohne Sinn –

ohne Faust, ohne Sinn – ist der wirkliche Sinn.

DIE MACHT DES WILLENS

Die Macht des Willens verdeutlicht folgende Geschichte aus dem Meiji-Zeitalter sehr schön:

In den frühen Tagen der Meiji-Zeit lebte ein bekannter Ringer namens O-nami (Große Wellen). O-nami war ungeheuer stark und er beherrschte die Kunst des Ringens. In seinen privaten Kämpfen schlug er sogar seinen Lehrer. Aber in der Öffentlichkeit war er so schüchtern, dass seine eigenen Schüler ihn besiegten. O-nami fühlte, dass er sich an einen Zen-Meister wenden musste, um Hilfe zu erhalten. Hakuju, ein wandernder Lehrer, hatte in einem nahen Tempel Rast gemacht, um ihn zu treffen. »Große Wellen ist dein Name«, sagte der Zen-Meister. »Bleib heute Nacht in diesem Tempel. Stelle dir vor, dass du diese Wellen bist. Du bist nicht länger ein Ringer, der sich fürchtet. Du bist diese mächtigen Wogen, die alles vor sich her wälzen, die alles verschlingen, was sich in ihrem Weg befindet. Tu das, und du wirst der größte Ringer im Lande sein.« Der Meister zog sich zurück.

O-nami setzte sich zur Meditation nieder und versuchte, sich selbst als Wogen zu fühlen. Er dachte an viele verschiedene Dinge. Dann verwandelte sich sein Gefühl stufenweise mehr und mehr in das von Wellen. Am Morgen fand der Meister O-nami in Meditation, mit einem zaghaften Lächeln auf dem Gesicht. Er schlug dem Ringer auf die Schulter. »Jetzt kann dich nichts mehr erschüttern«, sagte er. »Du bist diese Wellen. Du wirst alles vor dir her wälzen.«

Am selben Tag nahm O-nami an einem Ringer-Wettstreit teil und gewann. Von diesem Tag an war niemand mehr in der Lage, O-nami zu besiegen.

Was lernen wir aus dieser Geschichte? Der Wille kontrolliert den Körper. Dieser Satz läuft Gefahr, eine Plattitüde zu werden, und doch ist dieser Satz eine der wichtigsten Erkenntnisse, zu dem ein Mensch gelangen kann. Jeder Mensch weiß, dass er positiv motiviert leistungsfähiger ist. Jeder kennt den Satz »Du schaffst das schon!« oder »Nur noch ein bisschen!«. Wir alle haben uns und andere mit diesen Sätzen motiviert oder in Bewegung gehalten. Aber Vorsicht. Bitte unterscheiden Sie genau zwischen Willenskraft, mit der Sie sich leistungsfähiger machen, und Gedankengaukelei, mit der Sie sich betrügen.

Sie können sich darauf trainieren, zu allem eine positive Einstellung einzunehmen. In der amerikanischen Kultur hat sich der Glaube an die »richtige Einstellung«, die »Attitude« (nicht zu verwechseln mit der »Attitüde«) zum regelrechten Kult entwickelt. Man könne alles erreichen, man müsse nur daran glauben! Sei positiv, glaube an dich, es wird alles gut – das sind die Schlagwörter der Generation »Yes, you can!«.

Achte auf deine Gedanken, denn sie werden zu Worten.
Achte auf deine Worte, denn sie werden zu Handlungen.
Achte auf deine Handlungen, denn sie werden zu Gewohnheiten.
Achte auf deine Gewohnheiten, denn sie werden dein Charakter.
Achte auf deinen Charakter, denn er wird dein Schicksal.

Chinesisches Sprichwort

Ich möchte »positive thinking« differenziert betrachten: Wie oft in meinem Leben bin ich mit absolut positiver Einstellung und im festen Glauben an mich an einer Aufgabe gescheitert, habe einen Kampf verloren oder ein Ziel nicht erreicht. Besteht wirklich ein Kausalzusammenhang zwischen meinen positiven Gedanken und meinen Zielen? Wenn ich mich auf einen Job bewerbe, den 1.000 andere auch haben wollen, bekomme ich ihn tatsächlich, wenn ich nur fest daran glaube? Nein, so funktioniert es nicht. Es ist so, dass Sie ausschließlich sich selbst durch Ihre Gedanken beeinflussen können, nicht aber das Jobangebot, den Lottogewinn oder den Parkplatz.

Schon lange gibt es verschiedene Methoden, die die Sammlung des Geistes beziehungsweise des Willens zum Ziel haben. So, wie wir eine große Menge Energie sammeln, indem wir Lichtstrahlen bündeln – wie zum Beispiel mit einer Lupe, einem Laser oder Scheinwerfern – und auf einen Punkt fokussieren, entsteht entsprechend große Energie, wenn wir unseren Geist konzentrieren. Du tust, was du denkst! Innere Bilder und Gedanken steuern auf positive und negative Art und Weise unsere Überlegungen, Handlungen und Reaktionen.

Viele Kampfkunstmeister lehren, dass wir Handlungen generieren können, indem wir uns die mit ihnen verbundenen Handlungseffekte vorstellen. Die tatsächliche Aktivierung der Körpermuskulatur erfolgt dann mehr oder weniger automatisch, und zwar durch die Verbindung von gespeicherten Sinneseindrücken mit vorherigen motorischen Bewegungen. Dies zeigt sich in der kurzen Meditationsphase vor zum Beispiel einer Bruchtest-Demonstration. Der Kampfkünstler geht hier in voller Konzentration den Bewegungsablauf im Kopf durch.

Die westliche psychologische Forschung war lange Zeit von der Idee der Kraft der Gedanken nicht sonderlich angetan, weil ein solches Phänomen nicht mit herkömmlichen Methoden messbar ist. Qigong bedeutet Energiearbeit. »Hartes Qigong« ist die Demonstration von körperlichen Übungen, die demonstrieren, dass Menschen tatsächlich nahezu Übermenschliches erreichen können. Dabei ist immer wieder die Rede davon, mit dem reinen Willen das Qi, also die Lebenskraft, zu bündeln, zu konservieren und dann nach Bedarf explosionsartig zur Wirkung zu bringen. Man kann sich weder physisch noch physikalisch eine genaue Vorstellung von diesem Energiefluss machen.

Ich bin überzeugt, dass ein schlichter Satz es auf den Punkt bringt: Energie folgt der Aufmerksamkeit.

Mit anderen Worten: Das, worauf Sie Ihr Augenmerk richten, dorthin senden Sie Ihre Energie. Je besser Sie sich fokussieren und konzentrieren können, desto punktgenauer können Sie mit Ihrer Aufmerksamkeit arbeiten. Menschen, die bedeutende Aufgaben vollbringen, sind immer solche, die durch ihre Fähigkeit, sich zu konzentrieren, hervorstechen.

Nebenbei bemerkt: Man muss aber auch nicht immer alles positiv sehen. An manchen Dingen ist nichts positiv – und damit basta. Offen gestanden ist es auch gut so. Ich bin in meinem Leben schon so tief in die – verzeihen Sie den Ausdruck – »Kacke« getreten, dass es nicht zum Aushalten war. Genau darin liegt das große Potenzial für Veränderung! Wenn Sie buchstäblich »in der Scheiße sitzen« und Ihnen Ihr Leben stinkt, bitte betrügen Sie sich nicht mit Durchhalteparolen wie: »Es wird schon für etwas gut sein«, sondern verändern Sie etwas. Nutzen Sie Ihren Unmut, Ihren Ärger, konzentrieren Sie Ihre Fähigkeiten und Gedanken und legen Sie los.

Der legendäre Kieselstein-Bruchtest

Die Fähigkeit, sich zu konzentrieren, verlangt Übung. Der legendäre Kieselstein-Bruchtest von Großmeister Kwon ist ein Beispiel dafür. Großmeister Kwon, Jae-Hwa ist wohl eine der bekanntesten Persönlichkeiten im Taekwondo und hat vor rund 35 Jahren das Taekwondo nach Europa gebracht. Beim Kieselstein-Bruchtest wird ein Flusskieselstein mit der Innenkante der Hand zerschmettert. Es ist eine Herausforderung, diesen relativ unscheinbaren, ausgewaschenen, rund geschliffenen Flusskieselstein zu zerschlagen. Um die Größe dieser Leistung von Großmeister Kwon einem Laienpublikum verständlich zu machen und um die wissenschaftlichen Eckdaten zu erfassen, hat sich Großmeister Kwon bei einem wissenschaftlichen Experiment zur Verfügung gestellt. Man wollte die Aufprallgeschwindigkeit der Innenhandkante von Meister Kwon auf dem Stein messen und suchte nach einem geeigneten Ort zur Durchführung, Messung und Datenerfassung. Auf diese Weise gelangte Großmeister Kwon zur BMW AG nach München, in genau die Abteilung der Karosserieentwicklung, in der Stabilität und Sicherheit getestet werden. Auf einer Messplatte justierte Großmeister Kwon im Versuchsaufbau seinen Flusskieselstein für den Bruchtest. Die mit Messinstrumenten versehene Platte kann Aufpralleffekte von bis zu 100.000 Newton, sprich 10 Tonnen messen. Sie ist also extrem genau. Zusätzlich wurde das Geschehen mit einer Hochgeschwindigkeitskamera aufgenommen.

Nun die Überraschung: Die größte Energie entwickelte der Großmeister aus Korea bei einem missglückten Versuch. Dabei wirkten 1,5 Millisekunden nach dem Aufprall über 10.000 Newton, 1 Tonne – also 1.000 Kilogramm –, auf den Stein. Als es dem Großmeister gelang, den Stein zu zerschlagen, wurden lediglich 6.000 Newton (600 Kilogramm) gemessen. Das für mich absolut Unerklärliche an dieser Geschichte ist, dass die Hand den misslungenen Versuch überlebt hat!

Für Sie zum Vergleich: Ein Schwergewichts-Profi-Boxer bringt durchschnittlich eine Schlagkraft von etwa 300 Kilogramm mit einem Punch auf die Waage. Den Schlagkraft-Rekord hält derzeit Mike Tyson mit 590 Kilogramm.

Das Gemeine an der Physik ist das Folgende: Wenn es mir gelingt, mit einer Schlagkraft von 300 Kilogramm auf einen Stein zu schlagen, dann wirken auf diesen Stein punktuell 300 Kilogramm. Wenn der Stein bricht, ist alles gut. Wenn er aber nicht bricht, dann wirken 300 Kilogramm gegen meine Hand. Es ist quasi so, als würde der Stein zurückschlagen, mit genau der Energie, die ich aufgebracht habe. Im Falle von Großmeister Kwon war es also so, als hätte jemand eine Tonne Gewicht auf seine Hand fallen lassen. Dazu kommt, dass die Hand kein robuster Knochen ist, wie zum Beispiel der Oberschenkelknochen, sondern vielmehr aus 27 kleinen Knochen besteht. Warum wurde also die Hand des Großmeisters nicht zermatscht?

Die Shaolin führen eine Reihe von Demonstrationen vor, die sie »hartes Qigong« (harte Energiearbeit) nennen. Diese zeigen augenscheinlich, dass man Qi in verschiedenen Körperteilen bündeln kann, um diese leistungs- und widerstandsfähiger werden zu lassen. Einige dieser Techniken sind Taschenspielertricks, andere sind echt. Das Qi von Großmeister Kwon jedenfalls ist unbestreitbar echt. Er ist der lebende Beweis dafür, dass man mit Konzentration, Fokus, Willenskraft, Qigong und Aktion tatsächlich unvorstellbare Dinge erreichen kann. Das Großartige ist, dass er ein ganz normaler Mensch ist. Was er kann, können wir im Grunde auch. Ich persönlich würde meine Anstrengungen allerdings lieber auf etwas anderes als einen Kieselstein richten.

Achten Sie auf Ihre Gedanken, Sie stehen am Anfang eines selbstdisziplinierten Verhaltens. Die Art und Weise, die Macht der Gedanken zu trainieren, bezeichnet man bei uns im Westen als mentales Training.

Mentales Training: Visualisieren

Mentales Training durch Visualisieren heißt, Sie stellen sich eine bestimmte Situation und Ihre Reaktion vor. Wie möchten Sie in dem Moment denken, fühlen, handeln? Diese Vorstellungsübung kann eingefahrenen Mustern entgegenwirken. Was passiert, wenn Sie sich ein unerfreuliches und unangenehmes Ereignis ins Gedächtnis rufen? Ganz einfach: Sie üben sich darin, pessimistische Gedanken zu haben, und halten dadurch die damit verbundenen negativen Gefühle wach. Immer wenn Sie sich etwas Schlimmes für die Zukunft ausmalen und sich Sorgen machen, stellen Sie sich das automatisch vor. Dadurch erleben Sie in diesem Moment genau dieselben Gefühle, als würden Sie das Schlimme tatsächlich gerade erleben. Ihr Gehirn bemerkt den Unterschied nicht, ob Sie sich etwas nur einbilden oder ob Sie etwas tatsächlich erleben.

Lassen Sie uns dazu ein kleines Experiment machen, mit dem Sie die Kraft mentaler Bilder selbst erfahren können. Stellen Sie sich bitte – so bildhaft wie möglich – vor, Sie halten eine frische, glatte und gelb glänzende Zitrone in der Hand. Fühlen Sie die Schale auf ihrer Haut. Riechen Sie jetzt in Gedanken an der Zitrone. Stellen Sie sich den leicht säuerlichen, typischen Zitronengeruch vor. Schneiden Sie nun diese saftige Zitrone gedanklich in zwei Hälften. Halten Sie eine davon an Ihre Nase und riechen Sie an dem aufgeschnittenen Fruchtfleisch. Nun duftet es nur noch deutlicher und intensiver. Beißen Sie jetzt herzhaft in die angeschnittene Zitronenhälfte. Zuerst breitet sich eine leichte Säurewelle in ihrer Mundhöhle aus, die in Bitterkeit übergeht und am Ende eine unnachahmliche Frische hinterlässt.

Mit größter Wahrscheinlichkeit hat Ihre Vorstellung einen erheblichen Speichelfluss in Ihrem Mund ausgelöst. Sie haben also gerade erlebt, wie Ihre Vorstellung physische Reaktionen auslöst. Sie haben körperlich erfahren, dass Ihr Gehirn nicht zwischen der Vorstellung einer Zitrone und einer tatsächlich vorhandenen Zitrone unterscheiden kann. Sie selbst können das – Ihr Gehirn nicht.

Wenn Sie, lieber Leser, nicht mehr zwischen Vorstellung und Realität unterscheiden können, sind Sie schizophren, also krank. Suchen Sie bitte sofort einen Arzt auf!

Für alle anderen geht das Experiment mit der Zitrone weiter. Es funktioniert allerdings nur bei Menschen, die bereits eigene Erfahrungen mit Zitronen gemacht haben.

Was bedeutet es für Sie, dass Ihr Gehirn zwischen Vorstellung und Wirklichkeit nicht unterscheiden kann? Nutzen Sie das Wissen zu Ihrem Vorteil. Speichern Sie es nicht lediglich in Ihrem Gehirn ab.

Vielleicht erlauben Sie sich ein spaßiges Experiment mit Lausbubencharakter: Nehmen Sie zu Ihrem nächsten Konzertbesuch eine echte Zitrone. Am besten eignet sich ein klassisches Konzert mit vielen Blechbläsern. Setzen Sie sich in die erste Reihe und während der Trompeter sein Solo bläst, stehen Sie auf und beißen herzhaft in Ihre Zitrone. Genießen Sie die gurgelnden Töne, die er daraufhin hervorbringen wird, und applaudieren Sie großzügig.

Die fünf Bereiche der Selbstkontrolle

Haben Sie sich schon einmal gefragt, in welchen Bereichen sie Selbstdisziplin benötigen? Wenn Sie sich darin üben wollen, sich mit Ihrem Geist zu disziplinieren, müssen Sie die Bereiche kennenlernen, die es dabei zu meistern gilt. Ich meine damit nicht Beruf, Freizeit, Beziehung oder Familie. Das sind Lebensbereiche oder Situationen. Ich meine die Bereiche, die Sie nur in sich selbst finden. Gedanken, Gefühle, Bedürfnisse, Impulse. Es erfordert zum Beispiel sehr viel Selbstdisziplin, die ständige Gedankenflut im Gehirn abzustellen. Auch lohnt sich ein Blick auf die Leistungskontrolle. Das ist der Bereich in Ihnen, der ständig analysiert, wie gut Sie sich selbst »managen«. Wenn Sie mithilfe Ihrer Selbstdisziplin diese Punkte bewusster steuern, bringen Sie mehr Disziplin in jeden Ihrer Lebensbereiche.

1. Die Kontrolle der eigenen Gedanken

Haben Sie bereits einmal versucht, Ihre Gedanken in den Griff zu bekommen? Schon einmal meditiert? Menschen, die zum ersten Mal meditieren, sind schockiert, wie viele Gedanken Sie die ganze Zeit denken, selbst wenn Sie alles tun, um sich zu konzentrieren und an nichts zu denken. An nichts zu denken ist sehr schwierig.

In einem ersten Schritt hilft es, wenn man versucht, sich nur auf seine Nasenspitze zu konzentrieren oder auf das Atmen. Meist ist es so: Je ehrgeiziger Sie versuchen, nichts zu denken, desto weniger gelingt es. Den eigenen Willen bewusst einzusetzen ist leichter gesagt als getan. Die Geschichte vom weißen Bären, die manchmal dem russischen Schriftsteller Fjodor Michailowitsch Dostojewski zugeschrieben wird, belegt das sehr anschaulich. In dieser Anekdote wettete Dostojewski mit seinem Bruder, dass dieser es keine fünf Minuten aushalten würde, ohne an einen Eisbären zu denken. Prompt dachte der Bruder an einen Eisbären und verlor die Wette. Solche Geschichten gibt es viele. Vielleicht kennen Sie auch den Ausspruch: »Denken Sie nicht an einen rosa Elefanten!« – und natürlich ist genau dieser rosafarbene Elefant auf einmal vor Ihrem inneren Auge. Sie sind diesem Impuls ausgeliefert. Vielleicht wäre es somit angemessen, von einer lediglich eingeschränkten Kontrolle über unsere Gedanken zu sprechen. Denn Sie können sofort Gegenmaßnahmen ergreifen und den Elefant oder Eisbär mittels Ihrer Fantasie zum Beispiel lila färben … Und, welche Farbe hat der Elefant in Ihrem Kopf nun? Habe ich Sie mit meinen Worten manipuliert? Denken Sie nun auf einmal tatsächlich an einen lila Elefanten?

Ein weiteres Beispiel ist die klassische Konditionierung nach Iwan Pawlow: Ein Schlüsselreiz kann einen bestimmten Gedanken, eine Handlung oder sogar eine körperliche Reaktion (in Pawlows Experiment Speichelfluss) auslösen.

Unsere Gedanken können wir nicht immer beherrschen. Es scheint, als könnten wir sie mit Tricks und Ablenkungsmanövern eine Zeit lang in Schach halten, aber irgendwann machen sie sich doch selbstständig und verändern unser Bewusstsein.

Falls Sie nicht ganz überzeugt sind, versuchen Sie es einmal mit folgendem Experiment. Es geht dabei darum, mit Ihren Gedanken die Kontrolle über Ihre Motorik aufrechtzuhalten:

Während Sie das Buch auf dem Tisch oder auf dem Schoß liegen haben, lassen Sie Ihren rechten Fuß im Uhrzeigersinn kreisen. Können Sie das und gleichzeitig weiterlesen? Sehr gut! Bitte lassen Sie den Fuß weiter im Uhrzeigersinn kreisen und malen nun mit dem rechten Zeigefinger gleichzeitig abwechselnd eine Sechs und eine Acht in die Luft. In welcher Richtung kreist Ihr Fuß jetzt? Sehen Sie!

Zu viele Gedanken gleichzeitig? Nein! Diese Übung zeigt lediglich, wie sich Gedanken sofort auf den Körper auswirken können. Für das Malen der Sechs oder Acht ist eine Richtungsänderung notwendig. Ihr Fuß macht diese automatisch mit. Jetzt haben Sie erlebt, was ich mit eingeschränkter Kontrolle über Ihre Gedanken meine!

2. Die Kontrolle der eigenen Gefühle

Ich muss gestehen, dass mir die Idee, meine Gefühle kontrollieren zu können, gefällt. Sie löst eine großartige Vorstellung in mir aus. Zum Beispiel wie schön es wäre, immer fröhlich zu sein. Ich wäre dann auch in der Lage, all die wunderbaren Emotionen aus dem letzten Urlaub zu konservieren. Könnte diesen Idioten von Kollegen mögen und mich aufrichtig über den Besuch von Onkel, Tante oder Schwiegereltern freuen. Ich würde Trauer und Zorn sofort wandeln und wäre – mit einem Wort – frei. Die Grundproblematik ist, dass kaum ein Mensch in der Lage ist, seine Stimmung durch den bloßen Willen zu verändern. Zumindest nicht sofort und nicht auf Knopfdruck. In Angelegenheiten, die uns nicht wichtig sind, können wir abstrahieren, eine objektive Distanz einnehmen, die Rolle eines Beobachters. Dann gelingt es uns auch leicht, unsere Emotionen zu kontrollieren, zu verändern, anders zu gewichten. Sobald es aber ans Eingemachte geht, also sobald uns eine Angelegenheit wirklich wichtig ist, wird es nahezu unendlich schwer.

Die erste Reaktion auf unangenehme Emotionen ist natürlich Ablehnung. Ich will nichts Negatives spüren. Die Person, die verantwortlich dafür ist, dass ich mich schlecht fühle, wird schnell zum Feind. Hier allerdings liegt der Fehler bereits im Gedankenaufbau. Wenn mir bewusst wird, dass der Fehler eigentlich bei mir liegt, kann ich mich schneller beruhigen und mich wieder unter Kontrolle bringen.

Während ich dieses Kapitel schreibe, sitze ich im Flughafen-Terminal und mein Flug nach Singapur wird gecancelt. Die Durchsage lautet: »The aircraft has been struck by lightning.« Ins Flugzeug hat demnach der Blitz eingeschlagen. Da der nächste Flieger erst morgen startet, werde ich meinen Vortrag in Singapur nicht halten können. Die Situation noch verschlimmernd, schleicht sich in meinem Hinterkopf der Verdacht ein, dass die Geschichte vom

Blitzschlag fingiert ist. Es ist nämlich nirgendwo ein Gewitter auf dem Regenradar meines Smartphones zu sehen! Ein Blitzschlag wäre »höhere Gewalt« und würde die Fluggesellschaft von der Verpflichtung zu Regress befreien. Klar, dass so eine Ausrede probat ist. Ich kann nicht verhindern, dass das Kreisen meiner Gedanken meine Gefühlswelt beeinflusst. Ich bin sauer. Es kostet mich Willenskraft, höflich zu bleiben und die Situation als unabänderlich zu akzeptieren.

Dabei realisiere ich: Offensichtlich ist in mir ein Schalter eingebaut, der mich auf eine bestimmte Art und Weise funktionieren oder reagieren lässt. »Fight or Flight.« Wie ein Programm. Beim Kämpfen spüre ich solche Schalter auch manchmal. Eine Kleinigkeit, und ich explodiere. Wie schaffe ich es, einen emotionalen Outburst zu verhindern? Diese Art von Schalter hat eine lange Geschichte. Sie sind so etwas wie ein roher Nerv oder ein Trauma aus der Vergangenheit. Sie lösen diese »Fight or Flight«-Einstellung aus.

Hier kommt eine kleine Übung dazu für Sie:

- Wann immer Sie einen Impuls spüren, der Emotionen in Ihnen zur Wallung bringt, müssen Sie lernen innezuhalten. Sagen Sie sich: STOPP! Schaffen Sie durch Innehalten eine Art heilige Pause.
- Atmen Sie – der nächste Schritt führt Sie zum bewussten Atmen. Dadurch verlängern Sie die Pause und geben sich Zeit, ein wenig zu entspannen.
- Wahrnehmen – schneller Check: Wie fühlt sich das in meinem Körper an? Richten Sie Ihre Aufmerksamkeit auf den gesamten Körper. Kommt Hitze, kribbeln die Nerven, läuft es kalt den Rücken herunter? Welche Emotionen tauchen auf und wie fühlt sich das im Körper an? – No judging! Urteilen und bewerten Sie nicht! Achten Sie nur auf Ihre körperlichen Gefühle.

- Reflektieren Sie – woher kommt die Emotion, gibt es eine Geschichte? Wenn eine andere Person an der Situation beteiligt ist, versuchen Sie sich in diese Person einzufühlen. Was will die andere Person? Machen Sie einen Perspektivenwechsel, ganz ohne zu werten.
- Respond – wie reagieren Sie? Auf die netteste Art? Vielleicht müssen Sie gar nicht auf eine nette Art reagieren! Fragen Sie sich: Wie kann ich die Situation sonst noch entschärfen? Sie kennen mehr als eine mögliche Variante, mit der Sie die Situation bestmöglich entschärfen könnten. Welche Variante wählen Sie?

Natürlich kann man in den seltensten Fällen all diese Fragen klären, während man sich in der Situation befindet. In der Retrospektive allerdings kann man sie aufklären und sich für das nächste Mal vorbereiten. So können Sie langsam solche Impulse aushöhlen.

Offen gestanden ist das vielleicht auch eine Frage des Temperaments. Es gibt viele Menschen, deren Zunge schneller spricht, als die Zensur des Hirns eingreifen kann. Leider bin ich nur allzu oft einer dieser undisziplinierten heißblütigen Dampfkessel. So oft ich das erkenne, stoppe ich mich in der Raserei und nehme drei tiefe Atemzüge, um meinen Puls wieder herunterzuregeln. Ganz selten kann ich mich auch aus der Situation stehlen, indem ich eine Toilettenpause einlege und mir damit ein größeres Zeitfenster zum Reflektieren verschaffe. Am zielsichersten funktioniert bei mir Humor. Wenn ich es schaffe, über mich selbst zu lachen, kann ich jede Situation entschärfen. Bis zu einem gewissen Grad ist es mir auch eine riesige Hilfe, wenn die Person mir gegenüber in schallendes Gelächter ausbricht. Allerdings muss es wertschätzend sein, sonst erzielt das Lachen einen gegenteiligen Effekt.

3. Die Kontrolle der eigenen Bedürfnisse

Unsere körperlichen Bedürfnisse sind stark und stehen an erster Stelle. Das Bedürfnis nach Essen, Trinken, Schlafen oder nach Sex. Wahrscheinlich unterdrücken derzeit viele Menschen ihr Bedürfnis nach einer Auszeit, nach einer Runde Müßiggang, nach Abschalten. Ich habe das Gefühl, dass viele Menschen kein Problem damit haben, Bedürfnisse aufzuschieben. Auf Schlaf verzichtet man, wenn der Druck steigt. Ebenso auf Essen, Trinken und die Lust. Allerdings nur für eine bestimmt Zeit. Irgendwann gebietet auch dem eisernsten Willen der Überlebenstrieb Einhalt und wir müssen Versäumtes nachholen. Daraus resultiert die Erkenntnis, dass wir auch in diesem Bereich mit unseren Gedanken lediglich eine eingeschränkte Selbstkontrolle ausüben können.

4. Die Kontrolle von Impulsen

Die Impulskontrolle ist das, was die meisten Menschen als die Essenz von Selbstdisziplin bezeichnen würden. Verzicht auf Schokolade und Alkohol. Der Impuls, auf der Couch zu bleiben und den lieben Gott einen guten Mann sein zu lassen. Der Impuls, den Wecker zu überhören oder gar auszuschalten und sich noch einmal rumzudrehen. Wir müssen uns eingestehen, dass wir diese Impulse niemals werden kontrollieren können. Wohl aber unsere Reaktion auf den Impuls. Wir können dem Impuls nachgeben, ihn ignorieren oder eine Vermeidungsstrategie benutzen, um uns abzulenken. Vielleicht können wir auch unser Umfeld so gestalten, dass sich die Anzahl der Impulse filtern lässt. Um ein konkretes Beispiel zu schaffen: Gerade hat mein Telefon vibriert. Ich könnte dem Impuls nachgehen und meine gerade eingetroffene WhatsApp-Nachricht lesen – einer jener elektronischen Impulse, die zu Sozialstress führen. Wie unterscheiden wir, was wichtig und was unwichtig ist?

Ich könnte mein Telefon auch ausmachen, um weiteren Störimpulsen vorzubeugen. Die Selbstdisziplin besteht hier jedoch nicht in der Kontrolle über den Impuls (das Handyvibrieren), sondern in der Kontrolle über meine Reaktion auf den Impuls (schaue ich sofort oder erst später auf mein Handy?).

Im Vergleich zu dem herkulischen Kraftaufwand, unsere Gedanken, Gefühle und Bedürfnisse zu kontrollieren, ist die Impulskontrolle ein Kinderspiel. Das ist gut zu wissen, denn viele von uns glauben tatsächlich, die Impulskontrolle erfordere die meiste Willenskraft.

5. Die Kontrolle der eigenen Leistung

Die Leistungskontrolle beschreibt nun den eigentlichen Vorgang von selbstdiszipliniertem Verhalten. Wir wählen ein Ziel aus und entwickeln eine Strategie, um es zu erreichen. Anschließend konzentrieren wir uns auf die Aufgabe und bleiben selbst dann am Ball, wenn die Motivation nachlässt und wir keine Lust mehr haben. Die Kontrolle der eigenen Leistung verläuft sowohl bewusst als auch unbewusst. Unbewusst meldet sich die Leistungskontrolle oft in Form des schlechten Gewissens und gibt Ihnen den neuen Impuls, sich wieder Ihrer Aufgabe zu widmen.

Jetzt haben Sie die Bereiche kennengelernt, die es im Auge zu behalten gilt. Nun geht es ans »Eingemachte«. Haben Sie sich nicht auch schon gefragt, warum Sie es wieder nicht geschafft haben, Ihre guten Vorsätze für das neue Jahr einzuhalten?

Falls Sie sich diese Frage gestellt haben sollten – welche Antwort haben Sie sich gegeben? Ganz ehrlich: »Ich hatte einfach nicht die Willenskraft«? Damit hätten Sie sich selbst bereits die richtige Antwort gegeben.

空手は湯の如く絶えず熱を
与えざれば元の水に返る

karate wa yu no gotoku taezu netsu o
ataezareba moto no mizu ni kaeru

Karate ist wie heißes Wasser, das abkühlt,
wenn du es nicht ständig warm hältst.

DER VERLUST VON WILLENSKRAFT

Willenskraft ist wie ein Muskel. Sie betätigen den Muskel über den ganzen Tag mit verschiedenen Aufgaben. Wenn der Muskel erschöpft ist, ist auch Ihre Willenskraft erschöpft. Die Willenskraft aber ist Treibstoff und Energiequelle für Disziplin. Bei Überlastung dieses »Muskels« haben Sie also demnach auch keine Disziplin mehr.

Daraus folgt zunächst: Unsere Willenskraft und Disziplin sind endlich. Egal wie gut unsere Vorsätze, unsere Zielsetzung und unser Schlachtplan auch sein mögen. Wenn der Muskel erschöpft ist, kommen wir unseren Zielen keinen Schritt näher.

Ich habe in meinen vielen Gesprächen mit Meistern und Großmeistern herausgehört, dass Willenskraft nach asiatischem Verständnis ein Teil von Qi (Lebensenergie) ist. Leider ist das, was in den Kampfkünsten als Qi bezeichnet wird, für unsere westlich ausgerichtete Wissenschaft nicht messbar. Willenskraft, so wie der Begriff es bereits sagt, ist die Kraft des Willens. Es ist die Kraft, die notwendig ist, um unseren alltäglichen Autopiloten auszuschalten und somit Gewohnheitsmuster zu durchbrechen und zur Disziplin zu gelangen. Willenskraft wird mit bewussten Anstrengungen verbunden. Für ebendiese bewussten Anstrengungen und Aktivitäten ist der präfrontale Kortex im menschlichen Gehirn zuständig. Dieser Teil liegt in der vorderen Hirnrinde.

Aber es gibt auch eine Form von Willenskraft, die unbewusst angezapft wird. Ich finde, es ist in Ordnung, hier nicht zu differenzieren. Willenskraft ist Willenskraft! Wir müssen uns nur merken, dass wir sie bewusst und unbewusst einsetzen – je nach Situation.

Der Psychologe Prof. Dr. Roy Baumeister ist einer der weltweit führenden Forscher in diesem Bereich und hat bereits zahlreiche Publikationen veröffentlicht. Er unterstützt die These, dass die Willenskraft tatsächlich wie ein Muskel funktioniert. Somit decken sich hier sowohl die Resultate meiner eigenen Recherchen als auch die Metaphern meiner Meister mit den Ergebnissen der Wissenschaft. Willenskraft erschöpft sich demnach bei Beanspruchung. Prof. Baumeister bezeichnet den Vorgang des Willenskraftverlustes als »Ego-Depletion«, also als »Selbsterschöpfung«. Anhand seiner Forschung kommt Baumeister zu folgenden Aussagen:

- Unsere Willenskraft hat Grenzen und wird bei Benutzung geschwächt.
- Wir benutzen dieselbe Willenskraft für alle möglichen Aufgaben.

Durch das Training mit den Shaolin habe ich gelernt, dass man einen Muskel völlig verausgaben kann. Wenn man über einen längeren Zeitraum zehn Stunden am Tag trainiert, merkt man, dass der Muskel irgendwann »zumacht«. Dann geht gar nichts mehr. Ich habe mich gefragt, ob das nicht auf den Willenskraft-Muskel auch zutrifft, und nach Faktoren gesucht, die den Willenskraft-Muskel erschöpfen. Im Folgenden präsentiere ich Ihnen die Resultate.

Wie acht »Maulwürfe« Ihre Willenskraft aushöhlen

1. Entscheidungen

Entscheidungen zehren an unserer Willenskraft. Das trifft für bewusste und unbewusste Entscheidungen sowie getroffene und aufgeschobene zu. Es gilt die Faustregel »Jede Entscheidung kostet uns Kraft«. Allerdings kosten uns Entscheidungen, die wir für andere treffen, deutlich weniger Kraft als Entscheidungen, die wir für uns selbst treffen müssen.

In meinen Vorträgen erzähle ich gerne vom berühmten Autoverkäufertrick. Ein fähiger Autoverkäufer lässt Sie möglichst viele Entscheidungen innerhalb kürzester Zeit treffen und wendet dann einen großartigen Trick an. Stellen Sie sich vor, Sie wollen sich einen neuen 3er-BMW zulegen. Der junge, dynamische und äußerst sympathische Verkäufer beginnt mit einigen Fragen zur Sonderausstattung. Sie müssen entscheiden. Zunächst sind diese Entscheidungen leicht zu treffen. Es geht ja nur um die Ausstattung. Die einzelnen Komponenten sind nicht besonders teuer, und die Entscheidung ist uns nicht besonders wichtig. Wünschen Sie eine Park-Distance-Control oder nicht? Soll die Lenksäulenverstellung elektrisch sein oder besser mechanisch? Wollen Sie automatisch abblendende Innenspiegel? Wie wäre es mit einer Wirbelsäulenstütze im Sitz? Oder einem Durchladesystem? Brauchen Sie eine Speed-Limit-Info? Was ist mit einem Head-up-Display? Bevorzugen Sie die neuen Systeme Spurwechselwarnung, aktive Geschwindigkeitsregelung und Night-Vision mit Personenerkennung?

Sie merken bereits, dass es viele Entscheidungen zu treffen gilt. Von manchen Features haben Sie vielleicht noch nie etwas gehört und müssen nun zusätzlich eine Erklärung von dem netten Verkäufer erbitten. Wenn dieser ein Profi ist, wird er an dem irritierten Flackern in Ihren Augen sehen, wann der günstige Zeitpunkt gekommen ist, um mit den teuren Features einzusteigen. Ansonsten wartet er auf die Frage »Ja, was würden Sie mir denn empfehlen?« In diesem Augenblick, weiß der Verkäufer, dass Sie langsam willenlos werden. Er wird nun die »wichtigen« beziehungsweise »hochpreisigen« Fragen stellen und darauf hoffen, dass Sie zu erschöpft sind, um seinen Suggestionen Widerstand zu leisten. In diesem Falle werden Sie bereitwillig Systemkomponenten abnicken, nur damit irgendwann endlich Ruhe ist.

In China nennt sich diese beliebte Kriegslist »Einen Ziegelstein gegen einen Diamanten eintauschen«. Sie gehört zu den 36 Strategemen der Kriegsführung. Spätestens in diesem Augenblick also verkauft Ihnen der gerissene Verkäufer den Fernlichtassistenten, die Integral-Aktivlenkung, die LED-Scheinwerfer, die Kühlbox im Fond sowie das Bang & Olufsen-High-End-Surround-Sound-System. Vielleicht verkauft er Ihnen auch gleich einen 7er-BMW on top.

Das Beispiel des Autoverkäufers beschreibt allerdings nur einen Bereich. In Wirklichkeit ist das Problem mit den Entscheidungen deutlich komplexer. Wir leben eben in einer Welt der unbegrenzten Möglichkeiten. Abgesehen von unseren Pflichten sind wir völlig frei. Wir können alles haben und alles machen – allerdings nicht gleichzeitig. Nur weil alles zu haben ist, heißt das nicht, dass wir wirklich alles haben können. Selbst wenn wir Milliardäre wären. Gerade weil wir alles haben oder tun könnten, ist es unglaublich schmerzhaft, sich zu entscheiden und damit zu beschränken. Wenn wir uns entschieden haben, sehen wir eindeutig, auf was wir alles verzichten, was uns alles entgeht. Wir haben die Tendenz, das, was uns entgeht, als Verlust zu werten – und Verlust tut weh. Entscheidung fordert bewussten Verzicht. Wir Menschen wollen aber nicht verzichten. Wir scheinen aus biologischen Gründen eher unersättlich zu sein. Wir wollen mehr und mehr und mehr. Wir möchten alles haben, tun, genießen, erleben. Wenn wir uns festlegen, verpassen wir etwas anderes.

Das Mittel der Wahl ist die Erhöhung der Erlebnisdichte pro Zeiteinheit. Aufgrund dieser Beschleunigung sind wir heute sehr auf den Spaß fixiert. Aber man muss Spaß und Freude unterscheiden. Wenn der Spaß vorbei ist, muss ich schnell woandershin. Freude dagegen ist ein durchgängiges Lebensgefühl. Spaß und Freude sind wie Verliebtsein und Liebe. Spaß ist der kurze Kick. Es müsste also das Ziel sein, Freude an Selbstdisziplin zu erzeugen.

Konsequent mit Entscheidungen zu leben, kostet ungeheuer viel Willenskraft. Nicht jeden Tag, aber in ständig wiederkehrenden Wellen. Wir brauchen zwei Fähigkeiten, um mit dem Problem des Entscheidens klarzukommen:

Erstens: Wir müssen in der Lage sein herauszufinden, was wir wirklich wollen, und uns dann entscheiden. Eine gute Freundin hat mir einmal eine Facebook-Nachricht gesendet: »Discipline is just choosing between what you want now and what you want most.«

Zweitens: Wir müssen lernen, uns im Verzicht zu üben und es darüber hinaus auszuhalten, dass wir nicht alles haben oder machen können. Wir müssen entscheiden und lernen, mit unseren Entscheidungen zu leben. Man könnte nun der Versuchung erliegen, keine Entscheidung zu treffen, um sich Willenskraft zu sparen. Das klingt zunächst ganz logisch, ist aber eine Falle. Auch eine nicht getroffene Entscheidung gilt es nämlich auszuhalten. Es ist ein latentes, kräftezehrendes »Schuldgefühl«.

Sich die »Entscheidungen »offenhalten« ist tückisch. Wenn ich eine Entscheidung verschiebe, erhalte ich mir sämtliche Optionen: alle möglichen Berufe, alle möglichen Lebenspartner, alle Hobbys, Urlaube, Freundschaften. Und der Faktor Zeit wird immer enger.

Ein Beispiel: Heute Abend ist ein Theaterstück, zu dem bereits viele Ihrer Freunde unterwegs sind. Sie sind noch unentschlossen, ob Sie auch mitgehen, und haben nur noch wenig Zeit, eine Entscheidung zu treffen. Wenn Sie sich nicht entscheiden, wird der Faktor Zeit entscheiden. Im Nachhinein erfinden Sie Gründe, warum es eigentlich gut war, zu Hause zu bleiben. Allerdings gibt es auch einen Teil in Ihnen, der gute Gründe anführt, warum Sie wirklich etwas verpasst haben. Zu spät! Jetzt kommt die Reue ins Spiel. Mit der Reue sinkt Ihre Selbstachtung. Und mit dem sinkenden Respekt verschwindet langsam auch das Selbstvertrauen, Ihr eigenes Leben zu gestalten. In drei kurzen Worten: Unentschlossenheit kostet Selbstachtung!

2. Widersprüchliche Ziele

Stellen Sie sich vor, jemand sagt zu Ihnen: Machen Sie 200 Liegestütze, aber bleiben Sie ganz entspannt. Das ist nicht möglich, denn Sie brauchen die Spannung für die Übung. Ein Widerspruch! Mein Zahnarzt sagt vor jeder Zahnreinigung: »Es wird nicht sonderlich wehtun. Beißen Sie einfach die Zähne zusammen und machen Sie den Mund ganz weit auf!« Es ist ein klassisches Paradoxon, das mich immer zum Schmunzeln bringt.

Die Sozialwissenschaft spricht von einem Dilemma, wenn eine Person zeitgleich mehrere sich teils widersprechende Ziele erreichen möchte oder muss. Auf gut Deutsch: eine Zwickmühle. In Japan nennt man es 板挟み Itabasami (zwischen einem Stein und etwas Hartem eingeklemmt werden). Ein klassisches Dilemma ist die viel diskutierte Vereinbarkeit von Familie und Beruf. Wer Karriere machen möchte, kann dieses Dilemma nur bedingt lösen. Denn egal, wie viel Unterstützung der Arbeitgeber oder der Staat gewähren, Fakt bleibt: Jemand, der viel Geld verdienen will, muss meistens auch viel dafür tun. Und wer beruflich bedingt viel unterwegs ist – zum Beispiel auf Dienstreisen –, der kann logischerweise nicht immer abends zu Hause bei der Familie sein.

Zielkonflikte haben jedoch nicht nur Lebewesen. Auch Ihr Unternehmen kann in den Spagat eines Dilemmas rutschen. Stellen Sie sich vor, Sie müssen für Ihr Unternehmen folgende (Doppelverpflichtungen) gewährleisten:

- Investieren und zugleich die Liquidität sichern
- Umstrukturieren und das Alltagsgeschäft am Laufen halten
- Den Service verbessern und die Kosten im Griff behalten
- Vertrieb, Marketing und Entwicklung vereinen

In solchen Zielkonflikten befinden sich Unternehmen stets. Jeder von uns ist davon betroffen und hat außerdem, sozusagen als Bonus, seine eigenen Zielkonflikte. In nahezu allen Lebensbereichen. Häufig sind uns diese Konflikte nicht einmal bewusst. Im Unbewussten spüren wir es jedoch manchmal nagen. Kennen Sie das Gefühl, das in Ihnen entsteht, wenn Sie Ihre wirtschaftlichen Interessen über Ihre moralischen Interessen stellen? Oder was ist, wenn Sie ethische Überzeugungen über Bord werfen, um eine Situation zu Ihren Gunsten zu entscheiden? Wenn sozusagen in Ihnen Gesinnungsethik mit Erfolgsethik streitet?

Egal ob bewusst oder unbewusst. Wenn Sie Ihre Ziele nicht in Einklang bringen können, werden Sie sich auf der Handlungsebene selbst sabotieren. Sie werden nicht mit aller Energie und Konsequenz in eine Richtung steuern, sondern sich im Kreis drehen, sowohl in Ihrem Privat- als auch in Ihrem Berufsleben.

3. Sorgen

Sorgen sind pessimistische Grübeleien über etwaige zukünftige Ereignisse. Manchmal sind es auch ungelöste Dilemmata, die noch in Ihrem Kopf stecken. Je mehr widersprüchliche Anforderungen in Ihren Hirnwindungen herumspuken, desto mehr Zeit verbringen Sie damit, darüber nachzudenken, zu grübeln und sich in der stets wiederkehrenden Gedankenmühle zu verlieren. Sorgen, Zweifel, Ungewissheit sind schreckliche Energiefresser, die sowohl Willenskraft kosten als auch zum ständigen Denken zwingen. Irgendwann verlieren Sie sogar völlig die Kontrolle über Ihren Gedankenstrom und ein Gefühl der Verzweiflung macht sich breit. In so einem Zustand werden Sie weinerlich, kraftlos und Ihre Willenskraft löst sich förmlich in nichts auf.

Die gute Nachricht ist: Das liegt im Grunde gar nicht in der menschlichen Natur, sondern es ist vielmehr angelerntes Verhalten. Eine Angewohnheit. Sich Sorgen zu machen ist etwas anderes als besorgt zu sein. Wenn Sie besorgt sind, versucht Ihnen Ihr Unterbewusstsein etwas mitzuteilen. Es geht darum, Sie auf etwas, was Ihre Handlung oder Aufmerksamkeit erfordert, aufmerksam zu machen. Besorgnis kann nützlich sein – in Form von gesunder Vorsicht, wenn Sie sie dafür nutzen, vorausschauend zu planen und sich auf etwaige Komplikationen vorzubereiten. Indem Sie mögliche Probleme im Vorfeld gedanklich durchspielen, können Sie sich bereits Lösungen überlegen, falls sie tatsächlich eintreten, und die Besorgnis erfüllt ihren Zweck.

Die schlechte Nachricht ist: Gesunde Besorgnis verwandelt sich jedoch leider oft in ungesunde Sorgen. Sich zu sorgen ist wie im Fitnessstudio auf dem Laufband zu laufen. Man tut etwas, tritt aber auf der Stelle. Man kommt nicht voran. Gut, man trainiert die Ausdauer, verbrennt Kalorien – und Willenskraft! Die Angewohnheit, sich ständig zu sorgen, entsteht meist, wenn wir uns generell hilflos fühlen. Haben Sie Vertrauen in sich selbst? Oder erleben Sie jeden Tag als unvorhersehbares gefährliches Abenteuer? Es gibt viele Menschen, die das so empfinden und daher glauben, sie seien den »Gefahren« hilflos ausgeliefert. Sie machen sich Sorgen, denn diese geben das Gefühl, die Kontrolle zu haben.

Ich erinnere mich an folgendes Erlebnis: Meine Japanisch-Lehrerin Abe San sitzt neben mir. Wir schweigen. Bis sie mich fragt, ob ich ein trauriger oder ein glücklicher Mensch sei.

»Das kommt darauf an«, antworte ich. »Manchmal bin ich traurig, manchmal glücklich. Die meiste Zeit mache ich mir Sorgen.«

»Sorgen? Worüber denn?«

»Ich weiß es nicht – eigentlich über alles. Hauptsächlich darüber, dass ich hinter meinen eigenen Ansprüchen zurückbleibe.«

»Wie sonderbar. Man erzählt sich, dass du viel arbeitest!?«

»Hm, ich tue gerne Dinge. Dann habe ich keine Zeit, mir Sorgen zu machen.«

»Das verstehe ich nicht. Du bist frei, du reist in der ganzen Welt herum, du kannst Dinge sehen, die sich die meisten von uns nicht einmal vorstellen können. Wenn du nicht glücklich bist, bist du bakka (blöde)! Außerdem ist es für uns wichtig, dass du glücklich bist.«

»Warum?«

»An der Uni nennen Sie dich ぱつき Patsukin (Blondschopf) oder Tschetan. Du bringst alle zum Lachen, vollführst manchmal Zaubertricks und machst andere Menschen ständig glücklich. Das ist sehr selten. Du solltest glücklich bleiben, denn damit machst du traurige Menschen glücklich.«

Auf meine Frage, ob sie denn traurig oder glücklich sei, antwortete Sie:

»Ich habe nicht so viele Gründe, glücklich zu sein, wie du. Aber Vergleichen ist ein guter Weg, um unglücklich zu sein.«

Die Lösung für die Sorgen ist, dass wir bei den Dingen ansetzen, die wir verändern können, und dass wir lernen, die Dinge zu akzeptieren, die wir nicht ändern oder verhindern können. Und das möglichst schnell, bevor unsere Kräfte schwinden. Ziel ist es, Sorgen als Antrieb zum Handeln zu nutzen und für einen eventuellen Ernstfall vorzusorgen. Anstatt sich dazu hinreißen zu lassen, »den Kopf in den Sand zu stecken«. Oder sich völlig sorgenlos und naiv in die Situation zu stürzen, was Sie Zeit, Geld oder das Leben kosten könnte.

An dieser Stelle möchte ich gern ein paar Zeilen eines Bekannten wiedergeben, die er mir nach der Lektüre des Buches »Jetzt! Die Kraft der Gegenwart« von Eckhart Tolle in einem Brief schrieb: »Viel zu oft betrachtet man die Gegenwart aus der Sicht der Vergangenheit. Das verzerrt die Sicht völlig. Du bist im Hier und Jetzt, während dein Verstand in der Zukunft ist. Dadurch entsteht eine Lücke, die sich mit Angst und Sorge füllt. Diese Ängste und Sorgen leben von der Vergangenheit und von der Sorge um die Zukunft. Wir wissen aber auch, dass über 90 Prozent aller Ängste und Sorgen nicht eintreten. Also sollten wir doch vielmehr die Gegenwart genießen, denn damit kommen wir gut zurecht. Mache den Moment zu deinem Freund!«

4. Stress

Wenn ich Stress in einem Satz definieren müsste, würde ich sagen: Jetzt auch das noch! Das Wort Stress hat seinen Ursprung eigentlich in der Physik und bezeichnet dort einen Druck oder Zug auf ein Material. Inzwischen steht dieser physikalische Begriff in erster Linie für ein psychologisches und gesellschaftliches Phänomen. Mensch und Tier begegnen ihrem direkten Umfeld mit allen Sinnen – dem Hören, Sehen, Schmecken, Riechen und Tasten. Stufen diese einen anderen oder eine Situation als gefährlich oder lebensbedrohlich ein, schlagen sie Alarm und lösen sofort eine körperliche Reaktion aus. Der Körper schüttet dann Stresshormone aus (Adrenalin und Cortisol), um auf die vermeintliche Bedrohung schnell und effektiv reagieren zu können. Das sicherte uns Menschen früher, als wir noch Jäger und Sammler waren, das Überleben. Stress ist auch heute noch lebenswichtig für uns, um uns bei Gefahren zu unterstützen und schützen. Denn er macht uns physisch leistungsfähiger, mobilisiert Energiereserven, kurbelt den Stoffwechsel an und löst Flucht- oder auch Angriffsreaktionen aus.

Entscheidend für unsere Lebensqualität und Gesundheit ist besonders auch die Zeitspanne, während der wir Stress ausgesetzt sind. Wer langfristig zu viel negativen Stress hat, fühlt sich zunächst überfordert. Auf Dauer folgen zudem körperliche Symptome – Krankheiten oder eine labile Psyche.

Die Auslöser von Stress werden im Fachjargon als »Stressoren« bezeichnet. Diese können sowohl physiologisch als auch psychologisch sein.

Physiologische Stressoren für den Körper: Kälte, Hitze, Lärm, Schlaflosigkeit, Hunger.

Psychologische Stressoren: Überforderung. Das Gefühl, dem Alltag nicht mehr gewachsen zu sein. Alles ist zu viel.

Man sollte meinen, dass Menschen, die viel über ihre Ziele nachdenken, auch viel tun, um diese zu erreichen. Tatsache ist aber, dass sie Zeit verschwenden, indem sie zu viel nachdenken. Ein klares Ziel ist schnell angegangen. Im Stress allerdings sind die Ziele nicht mehr klar und einfach. Ein Ziel mit Hindernissen, Ungewissheit, Sorgen und noch dazu unter Zeitdruck erweist sich als schier unüberwindbar. Entsprechend wird Ihre Willenskraft exponentiell schnell aufgebraucht.

Die Fachbegriffe für positiven und negativen Stress stammen aus dem Griechischen: Eustress und Distress. Es ist abhängig von der Psyche und Konstitution jedes Einzelnen, ob und was er als Eu- oder Distress empfindet. Für manche Menschen ist es Stress pur, auf einer Bühne stehen und vor Publikum frei sprechen zu müssen. Sie haben Angst, sich zu blamieren, und empfinden diese unangenehme Situation als negativen Stress, Distress. Andere wiederum gehen mit diesem »Stress« ganz locker um. Sie bewerten ihn nicht als bedrohlich, sondern eher als positiv herausfordernd und somit anregend – als Eustress.

Dauert die Phase, in der wir negativem Stress ausgesetzt sind, zu lange an, raubt er uns jegliche Energie und verbraucht unsere Leistungskraft. Verschärfend kommt dann hinzu, dass wir unsere Lage verschlimmern, indem wir uns mit zusätzlichen Giften körperlich noch weiter belasten: mit Alkohol, Drogen oder übermäßiger Nikotinzufuhr. Wir meinen, das helfe uns zur Entspannung, aber in Wahrheit schwächen wir unseren Körper damit noch mehr.

Stressprophylaxe hat sehr viel mit Selbstdisziplin zu tun. Besonders wichtig ist es, dem wechselnden Rhythmus zwischen Anspannung und Entspannung Beachtung zu schenken, immer wieder in seinen Körper hineinzuhorchen.

Stressigen Phasen sollten immer ausreichend Auszeiten zum Auftanken, Erholen und Entspannen folgen. Ihre menschlichen Grundbedürfnisse, wie zum Beispiel ausreichend Schlaf, gesunde Ernährung und genügend Bewegung, sollten Sie stets im Auge behalten.

Innehalten, entspannen, in sich hineinhören – manche können es besser durch Sport, andere am besten durch Meditation. Wichtig ist Achtsamkeit und eine gewisse Ausgewogenheit in der Lebensführung. Hören Sie darauf, was Ihr eigener Organismus verlangt, sonst riskieren Sie, früher oder später krank zu werden.

5. Konflikte

Mein Meister hat mir einmal gesagt: Ein Konflikt ist immer ein Kampf. Deswegen sind wir Kämpfer besonders gut darin, Konflikte zu meistern.

Jedes Zusammenleben birgt Konfliktpotenzial. Unterschiedliche Ansichten oder Handlungen lösen häufig zwischenmenschliche Konflikte aus, die bei den Beteiligten zu einer »Kampfhaltung« führen. Nicht selten entfaltet sich so eine Dynamik, durch die eine lösungsorientierte, friedliche und gewaltfreie Einigung unmöglich wird. Kommunikationswissenschaftler unterscheiden zwischen verschiedenen Konfliktarten: zum Beispiel dem bereits besprochenen Zielkonflikt oder dem Wertekonflikt. Letzterer lässt sich nochmals in mehrere Ebenen unterteilen: Macht-, Verteilungs-, Identitäts- oder Beziehungskonflikte. Allen gemeinsam ist der Auslöser, meistens ein Interessensgegensatz. Die Forscher differenzieren außerdem noch zwischen intrapersonellen Konflikten (in mir selbst, wenn ich beispielsweise Gewissensbisse habe) und interpersonellen Konflikten (zwischen zwei oder mehreren Personen, wenn zum Beispiel zwei Gruppen gleichzeitig ein Lokal betreten und es nur noch einen einzigen freien Tisch gibt). Zwangsläufig werden sich alle Beteiligten mit der Situation auseinandersetzen müssen. Mir fallen als weitere Beispiele sofort ethische Konflikte mit hoher gesellschaftlicher Relevanz ein. Oft werden sie politisch diskutiert und werfen gleichzeitig religiöse, wirtschaftliche und soziale Fragen auf. Aktuelle Beispiele sind: Sterbehilfe, Abtreibung, Stammzellentherapie, Folter.

Ungelöste Konflikte sorgen dafür, dass die Gesundheit leidet. Menschen mit widersprüchlichen Zielen, Ängsten und Sorgen fallen in tiefe emotionale Löcher, die zu Depressionen führen können. Psychosomatische Krankheiten sind dann keine Seltenheit. Die inneren Konflikte können wir aber erst lösen, wenn wir wissen, welche Ziele die besten für uns sind und wie wir diese erreichen. Vage gute Absichten helfen uns gar nicht.

Zweischneidige Schwerter – Perfektionismus, Aggression, Angst

Perfektionismus, Aggression und Angst bedingen sich und können sowohl Willenskraft aufbauen als auch absaugen. Deswegen sind sie wie zweischneidige Schwerter sehr delikat. Man muss mit ihnen besonders achtsam sein.

6. Perfektionismus

Natürlich kann es sehr anspornen, immer der oder die Beste zu sein. Öfter aber führt ein solches Bestreben in einen Teufelskreis, denn immer kann man sich weiter verbessern, ganz egal, wie viel Mühe man sich gemacht hat. Die Jagd nach Perfektion ist eine ewige Plagerei und äußerst kräftezehrend. Weil das Erreichte nie als ausreichend gesehen wird, schwindet das Selbstvertrauen. Der Perfektionist nimmt die Welt verzerrt wahr und denkt teils unlogisch. Perfektionisten verfallen folgenden drei Denkfehlern:

- **Ganz-oder-gar-nicht**
  Perfektionisten neigen zum Ganz-oder-gar-nicht-Denken. Sie kennen nur schwarz und weiß. Für sie kann nur alles schlecht sein oder eitel Sonnenschein. Abstufungen gibt es für sie nicht. Ein perfektionistischer Schüler ist nur mit der Bestnote zufrieden. Schon wenn er ein wenig von der Höchstpunktezahl abweicht, verliert er jegliches Selbstvertrauen. Wer perfektionistisch denkt, leidet oft unter panischer Angst vor Fehlern und neigt dazu überzureagieren, wenn ihm Fehler unterlaufen.

- **Nie mache ich etwas richtig**
  Perfektionisten neigen dazu, radikal zu verallgemeinern. So unterliegen sie der Fehleinschätzung, ein schlimmes Erlebnis werde in Zukunft immer aufs Neue wiederkehren. Wenn sie einmal falsch liegen, gehen sie davon aus, auch in Zukunft nie wieder irgendetwas richtig zu machen. Wenn sie bei einem Menschen Ablehnung zu spüren glauben, meinen sie, auch der Rest der Menschheit verachte sie. Aufgrund ihres Hangs zur Pauschalisierung sehen sie sich in ihren Handlungsmöglichkeiten enorm eingeschränkt.

- **Ich sollte es besser wissen**
  Auch »Sollte«-Äußerungen sind typisch für den Perfektionisten. »Ich sollte es wirklich besser wissen!« – »Das sollte ich nicht tun!« – »Das sollte mir nicht noch einmal widerfahren!« Wer so denkt, verfährt sehr streng mit sich. Ständig richtet er sich selbst. Erreicht er ein selbstgesetztes Ziel nicht, will er wissen: »Was kann ich aus meinem Versagen lernen?« Tragisch ist das insofern, als der Betroffene trotz seiner Reue und guten Vorsätze seinen Fehler nicht mehr ablegt. Stattdessen stürzt er sich in ertraglose, selbstzerstörerische Grübeleien, denen sogar eine Depression folgen kann. Auf jeden Fall entsteht ein unrealistisches, düsteres Selbstbild.

Woher kommt Perfektionismus?

Perfektionismus lässt sich nicht ausschließlich auf eine bestimmte, manchen Menschen angeborene Veranlagung reduzieren, sondern ist auch Ergebnis von Erziehung und anderen Einflussfaktoren, denen Menschen ausgesetzt sind. Eltern, die ihr Kind bei besonderer Leistung mit Liebe und Respekt belohnen, bei Versagen jedoch ihre Sorge und Enttäuschung kundtun, begünstigen, dass sich der Nachwuchs zum Perfektionisten entwickelt. Wenn eine Mutter sich selbst als »schlechte Mutter« beschimpft, verstärkt sie dadurch den Druck auf ihr Kind. Dieses nimmt die ablehnende Haltung der Eltern als Strafe wahr und fühlt sich schuldig, wenn sie sich seinetwegen Vorwürfe machen. Immer größer wird seine Angst, es könne etwas falsch machen. Seine Abenteuerlust und sein Forscherdrang werden gedämpft und in der Angst, nicht genügen zu können, zieht sich das Kind immer mehr zurück und weist sich selbst in die Schranken. So verpasst es, den angemessenen Umgang mit dem Gefühl der Unsicherheit zu lernen. Stattdessen wird es zum Perfektionsten. Perfektionismus enwickelt sich häufig aus Versagensängsten. Nicht nur Veranlagung und Erziehung, sondern auch kulturelle Werte und Normen können eine Enwicklung zum Perfektionismus fördern. Überall lauern die Sirenen des Perfektionsmus mit ihren verführerischen Stimmen. Ihre trügerischen Versprechungen begegnen uns tagtäglich in Werbung und Zeitschriften. Diät- und Fitnessprogramme gaukeln uns vor, wir würden dadurch glücklich und zufrieden, dass wir uns den perfekten Körper, die perfekte Gesundheit, das perfekte Outfit, die perfekten Geldanlagen und das perfekte Heim verschafften.

Die Folgen von Perfektionismus

Natürlich haben Idealismus und Perfektionismus teils durchaus ihren Platz. Das zeigen die Beispiele jener perfektionistisch geprägten Menschen, die in der Wissenschaft und auf künstlerischem, musikalischem oder literarischem Gebiet Höchstleistungen erbracht haben. Doch darum soll es in diesem Kapitel nicht gehen, sondern vielmehr möchte ich der Frage nachgehen, wie Perfektionismus Energieressourcen vernichten kann. Perfektionistisches Bestreben verschafft dem Menschen nur oberflächlich betrachtet die Vorstellung, er könne damit vor sich und den anderen bestehen. Blickt man hinter die Fassade, so erweist sich der Perfektionist als Mensch, der starken Zwängen und einem großem Leistungsdruck ausgesetzt ist. Er spornt sich ständig zu Höchstleistungen an. Seinen Selbstwert bemisst er ausschließlich an seiner Produktivität und seiner Leistung. Das zieht schwerwiegende Folgen nach sich:

- Aufgaben werden nicht fertiggestellt, weil die eigene Erwartungshaltung viel zu hoch ist und man sich völlig überfordert. Aus Angst, die eigenen überhöhten Erwartungen nicht erfüllen zu können, schieben Perfektionisten eine Aufgabe oft lieber lange vor sich her.
- Das zwischenmenschliche Umfeld perfektionistisch geprägter Menschen ist oft kompliziert, da Perfektionisten die Fähigkeit zur realistischen Selbstsicht fehlt. Ihre überhöhten Anforderungen an sich selbst und an ihre Mitmenschen haben eine destruktive Wirkung.
- Perfektionismus hat sehr häufig negative Auswirkungen für die Gesundheit, etwa in Form von Rückenschmerzen, steifem Nacken, Kopfschmerzen, Nervosität, Migräne, Magenproblemen, Burn-out, Magersucht und Depressionen. Was natürlich bedeutet, dass die erwünschten überdurchschnittlichen Leistungen erst recht nicht erreicht werden.

Der übersteigerte Drang zum Perfektionismus kostet viel zu viel Kraft. Im Februar 2013 erhielt ich auf einem Karisma-Kongress die Chance, die mehrfache Olympiasiegerin und Goldmedaillengewinnerin Magdalena Neuer zum Thema Perfektionismus zu befragen. Sie meinte: »Perfektionismus und Aggression gehen Hand in Hand.« Dieser Satz veränderte sofort meine damals falsche Sicht des Themas und erlaubte uns weitere Schlussfolgerungen: Nicht nur kann Perfektionismus zu Aggression führen, sondern es können auch beide für sich die Willenskraft einschränken.

7. Aggression

Aus dem Lateinischen abgeleitet von »aggredere«: voranschreiten, angreifen. Aggression ist ein Verhaltensprogramm zur Bewältigung potenziell gefährlicher Situationen. Im Zusammenhang mit Disziplin ist die Aggression ein Phänomen. Einerseits wird emotionale Aggression durch negative Gefühle hervorgerufen, also als Reaktion zum Beispiel auf Frustration, Schmerz oder Furcht. Aggression bezeichnet einen Zustand höchster Anspannung. Sie kann sehr nützlich sein, um bestehende Grenzen zu verschieben, Neues zu etablieren und seine eigenen Ziele durchzusetzen. So kann Aggression einerseits Willenskraft dezimieren, andererseits aber generieren.

8. Angst

Ganz ähnlich ist es mit der Angst. Angst kann uns hemmen, sie kann uns in die Lethargie oder ins Phlegma treiben. Oder aber sie hilft uns, ungeahnte Ressourcen zu generieren. Angst und Aggression können in ihrer polaren Funktionsweise die stärksten Motoren für diszipliniertes Verhalten sein. Der amerikanische Physiologe Walter Cannon prägte 1915 den Begriff »Fight-or-Flight«, ein Begriff, der durchaus auch von den Shaolin kommen könnte. Es braucht nicht viel Vorstellungskraft, um sich ein Fight-or-Flight-Szenario auszudenken. Eine in Motivationsseminaren häufig verwendete Metapher erzählt von einem aus dem Zoo ausgebrochenen Tiger. Wenn der Tiger vor Ihnen steht, dann müssen Sie sich nicht zum Rennen motivieren, Sie brauchen keine Willenskraft für die Entscheidung, Sie brauchen keine Werkzeuge, Hilfsmittel, Pläne, Strategien, Sie laufen einfach los. Und wenn Sie müde werden, dann laufen Sie trotzdem weiter! Das wäre ein Flight-Szenario.

Ich bin mir nicht sicher, ob dieses Programm automatisch bei jedem von uns gleich ablaufen würde. Würden Sie wegrennen? Sie können fast sicher sein, dass der Tiger schneller ist als Sie. Wäre es nicht vielleicht besser zu kämpfen? Wenn Sie in einer Gruppe unterwegs sind, lassen Sie das Kämpfen, Sie müssen ja bekanntlich nur schneller sein als der Langsamste der Gruppe. Wenn die Gruppe allerdings aus Familienmitgliedern besteht, werden Sie diese vielleicht doch nicht im Stich lassen wollen.

Ich habe keine Erfahrung mit Tigern, aber dafür mit Kampf. Bereits zweimal habe ich mich in brenzligen Situationen befunden, die man als lebensgefährlich bezeichnen kann. In beiden Fällen war ich vor Angst wie paralysiert. Wie ein Kaninchen vor der Schlange. Erst als es für das Weglaufen zu spät war, hat mein Körper in den Fight-Modus geschaltet, sozusagen in Ermangelung einer besseren Alternative. Beide Kampfsituationen haben meine gesamte Willenskraft aufgebraucht. In einem Fall stellte ich mich einem mit einem Messer bewaffneten Angreifer. In dem anderen Fall war es ein auf mich gehetzter Dobermann.

In diesen beiden Fällen hat sich etwas in mir für den Kampf entschieden. Wenn allerdings im Boxtraining mein Sifu vor mir steht, möchte ich manchmal lieber weglaufen. Sein Blick kann so Furcht einflößend sein, dass man versucht ist, sein Heil in der Flucht zu suchen. Es ist verzwickt mit der Angst! Es lohnt sich jedenfalls, immer zwischen unbegründeter Angst und realer Furcht zu unterscheiden. Ich weiß, dass mich mein Meister nicht ernsthaft verletzen wird. Ich habe eher Angst davor, ausgeschimpft zu werden. Deswegen gebe ich mein Bestes. Sicherlich haben Sie auch nicht jeden Tag Angst davor, bei einer schlechten Leistung Ihren Job zu verlieren. Aber bevor Sie ausgeschimpft werden oder Kollegen hinter Ihrem Rücken über Sie lachen, stellen Sie sich Ihren kleinen Ängsten. In diesem Fall spielt die Angst die Rolle des Motivators. Sie kommen ins Tun, und das ist gut.

Trotzdem kostet Sie das ständige Angsthaben eine große Portion Ihrer Willenskraft.

Ergänzungen des Gelben Kaisers

Der Verlust von Willenskraft bis hin zur Krankheit – dieses Phänomen wird im »Klassiker des Gelben Kaisers zur Inneren Medizin« von Huangdi Neijing – dem wichtigsten Handbuch der TCM (Traditionelle Chinesische Medizin) – sehr blumig beschrieben.

Durch Ärger steigt das Qi nach oben, durch überschwängliche Freude wird das Qi bequem, durch Frustration wird sich das Qi selbst verschwenden, durch Furcht sinkt das Qi nach unten, durch Kälte wird sich das Qi zusammenziehen, durch Hitze wird sich das Qi ausdehnen, durch Schock wird das Qi ins Chaos gestürzt, durch harte Arbeit wird das Qi verbraucht, durch unangemessenes Grübeln verknotet sich das Qi.

Nach chinesischer Tradition führen also mentaler Stress und Verspannung zu einem Verschwenden der körperlichen und geistigen Spannkraft. Letztlich unterstreicht dieses 2.000 Jahre alte Buch die Erkenntnisse von Prof. Baumeister, dass der Willenskraft-Muskel müde wird. Langes Grübeln, zu viele Sorgen und überstarke Emotionen führen unser Bewusstsein in den Kopfbereich, was unsere Fähigkeit zum Entspannen aufhebt und uns zusehends versteifen und verhärten lässt. Sowohl geistig als auch körperlich. Diese Steifheit symbolisiert überstarke Yang-Kraft, die sich in Ruhelosigkeit und Nervosität zeigt, bis es zu Überanstrengung kommt.

In solchen Situationen akkumuliert nach chinesischer Vorstellung grübelndes Denken samt entsprechender Emotionen in unseren Köpfen. Diese Art eines angespannten Grübelns ohne längere Entspannungsphasen führt unweigerlich zu mentalem Druck, den die Chinesen in den Köpfen lokalisieren, während unser Gemüt mit Emotionen überlastet wird. Dadurch können wir nicht entspannen und verlieren unser ursprüngliches Gleichgewicht. So entstehen chronische Unruhe oder Schlaflosigkeit (Insomnia). Ein folgender Drogen- (Amphetamine) oder Medikamenten- (Schlaftabletten) Missbrauch ist in Südostasien nicht selten. Das ist bei uns im Westen nicht anders.

Mentaler Stress mit überbetontem Denken und Grübeln führt nach chinesischer Vorstellung aber auch zu einer negativen Leere im »Schwerkraftzentrum« des menschlichen Körpers, das Chinesen als Dantian bezeichnen. Die Köpfe werden schwer, die Füße zu leicht, und obwohl die äußerliche Erscheinung solcher Menschen kräftig erscheinen mag, sprechen Chinesen von einem Papiertiger, der in Bezug auf sein Qi gänzlich leer und kraftlos ist.

Wir verlieren in solchen Situationen mehr und mehr die Fähigkeit, uns zu konzentrieren. Wir verlieren unsere Mitte, die Fähigkeit, das Dantian zu zentralisieren, und unsere Persönlichkeit scheint ins Wanken zu geraten. Nach den Vorstellungen der Traditionellen Chinesischen Medizin (TCM) fließt dann unsere Lebenskraft im Körper aufwärts und verliert sich unkontrollierbar im Äußeren. Der so entstehende Teufelskreis schwächt die körperliche Konstitution immer weiter und öffnet Tür und Tor für andere Leiden beziehungsweise Krankheiten.

Wenn Menschen unter mentalen Frustrationen leiden, entwickeln sie normalerweise einen inneren Widerstand. Nicht selten versuchen sie, ihr gewohntes Leben einfach weiterzuführen und einen starken Willen zu entwickeln, um entstandene Hindernisse zu beseitigen. Eine Art von Willenskraft, die in diesem Falle hochgradig schädlich ist.

Nach der Vorstellung der Traditionellen Chinesischen Medizin wird dadurch das Yuanqi, das ursprüngliche Qi, geschädigt. Ist dieses Qi unzureichend, so kann die körperliche und geistige Spannkraft nicht erhalten werden, bis es schließlich schwieriger und schwieriger wird, die täglichen Herausforderungen anzunehmen. Letztlich wird also die Willenskraft (Yizhi) mehr und mehr abnehmen.

Wenn wir also einen ganzen Tag lang voller Konflikte, Entscheidungen, Frust und Stress verleben, ist es dann noch verwunderlich, wenn unsere Willenskraft abends so erschöpft ist, dass wir einfach nicht mehr an der Tafel Schokolade vorbeikommen?

Der Alltag im Kloster

Im Kloster der Shaolin wird Ihre Willenskraft geschont. Mittlerweile gibt es dort zwar Strom, fließend Wasser, Telefon und Computer, aber das Leben der Mönche ist einfach und sehr geordnet. Tatsächlich habe ich oft daran gedacht, mich ins Kloster der Shaolin zurückzuziehen, wenn mir Druck, Stress und Trubel unserer Welt über den Kopf stiegen. Diese Gedanken entspringen allerdings einem Bild von Shaolin, das es in dieser Form gar nicht mehr gibt. Das liegt zum einen an den Auswirkungen der Kulturrevolution durch Mao Zedong ab 1966 und zum anderen an der Kommerzialisierung des Klosters seit 1999.

Die Kulturrevolution betrachtete es als ihre Aufgabe, die alte Kultur der Vergangenheit radikal zu beseitigen und somit Platz für eine neue Kultur zu schaffen. In der Kulturrevolution in China wurden Kampfkunst-Institute geschlossen und Kampfkunst-Meister enteignet, entehrt und sogar deportiert. Kampfkunst-Schmieden galten als Keimzellen des Widerstands, der Insubordination (Ungehorsam gegenüber Vorgesetzten) und stellten eine Gefahr für den Sozialismus dar. Das Erbe der Shaolin drohte auszusterben.

Erst seit den 1980er-Jahren dürfen die Shaolin wieder offiziell in ihrem Kloster praktizieren. In der Folgezeit siedelten sich unzählige Kung-Fu-Schulen rund um das Kloster an, die sich mit dem Namen Shaolin schmückten. Dem Abt der Shaolin war das wiederum ein Dorn im Auge. Mit Unterstützung der Regierung ließ er 2001 die Betreiber der Kampfschulen enteignen. Was dann geschah, ist wie ein Spiegelbild zum Wiederaufstieg Chinas. Innerhalb weniger Jahre wurde aus dem Trümmerhaufen des Klosters ein globaler Unterhaltungskonzern mit eigener Film-Produktionsfirma, E-Commerce-Plattform und weltweiten Ablegern. Was man heute von den Shaolin-Kampfmönchen sieht, ist Kunstturnen und Showkampf. Die wahren Meister trifft man nur noch ganz selten und im Kloster der Shaolin letztlich gar nicht. Die Shaolin wurden kommerzialisiert, medial ausgeschlachtet, veruntreut. Was nach außen als innere Stärke verkauft wird, ist oftmals das Ergebnis grausamen militärischen Drills, der mehr schädigt als Kräfte verleiht. Und dennoch darf man das neue Shaolin in China nicht nur verteufeln. Es hat sich den Erfordernissen der Zeit angepasst und verändert. Das Geld der Touristen sichert ein geregeltes Einkommen für die ganze Provinz.

Und auch die ursprünglichen Techniken der Shaolin gibt es trotzdem noch. Sowohl in China als auch im Ausland kann man bei wenigen ausgesuchten Meistern diese Kunst erlernen. Das Kung-Fu mag vieler Elemente beraubt sein, trotzdem ist es unerreicht. Das Leben eines Athleten im chinesischen Henan ist ein Leistungskurs in Sachen Disziplin.

Ein Tag im Shaolin-Kloster

Lassen Sie mich einen Tag im Shaolin-Kloster beschreiben. Das Training erinnert an den Film »Und täglich grüßt das Murmeltier«. Manche Mönche verwenden sogar an jedem Tag zu jeder Zeit die gleichen Worte. In meiner Erinnerung bezogen sie sich immer auf die Ausübung der Kampftechniken. Die Worte waren: Tiefer (stehen)! Schneller (bewegen)! Mehr Power (kraftvoller)!

Um 5.30 Uhr ertönt aus jedem Lautsprecher ohrenbetäubendes Sirenengeheul. Ein gemütliches, zweites Dahinschlummern mit einer Schlummer-Funktion am Wecker ist unmöglich. Die Morgentoilette, Duschen, Rasieren, Zähneputzen, fällt aus, da man nach wenigen Minuten Training bereits zu schwitzen beginnt und die wenigsten Schüler ein Problem damit zu haben scheinen, ein wenig zu stinken. Verspätungen, Regelübertretungen und sogar mangelnder Trainingselan werden mit Liegestütze, Stockhieben oder Strafrunden geahndet. Ausländer müssen weniger leiden, weil man sie ohnehin als hoffnungslose Fälle betrachtet. Dafür müssen sie mehr zahlen. Heutzutage ist das Training wie beim Militär. Da wird gegrüßt, marschiert, in Reih und Glied gestanden.

Im morgendlichen Training bis 7.30 Uhr werden hauptsächlich Kondition und Schnellkraft trainiert. Zunächst wird die Muskulatur durch ein lockeres Laufen aufgewärmt. Dann kommen die obligatorischen kleineren bis mittleren Sprints, um die Schnellkraft zu trainieren. Danach geht es um Grundlagen: Ausdauer und Kondition. Ständig laufen Trainer oder Ausbilder mit und verteilen nach Gutdünken Hiebe mit dem Stock. Es ist nichts Persönliches, Schläge sind unvermeidlich und können jeden treffen. Nach 1 ¾ Stunden ist das morgendliche Training beendet. Meist wird in dieser Zeitspanne ein Halbmarathon zurückgelegt, also etwa 21 Kilometer. Die meisten Menschen haben nach so einer Distanz für ein paar Tage genug.

Nach der morgendlichen Ertüchtigung können die Schüler sich an einer Vielzahl kleiner Stände oder im Restaurant ihr Frühstück erwerben. Der Klassiker ist die Acht-Kostbarkeiten-Suppe. Es gibt auch Nudeln und Reis.

Nach dem Frühstück beginnt das nächste Training mit Warmup und Dehnen. Nicht nur Spagat-Training, sondern Laufen in der Brücke und andere artistische Dehnübungen stehen auf dem täglichen Programm, es werden außerdem die Grundlagen der Shaolin-Kampfkunst geübt. Hier geht es um Tritte, Schläge und Blocktechniken, die äußerste Präzision und Körperkontrolle erfordern.

Glücklicherweise ist das Vormittagstraining bereits um 11.30 Uhr vorbei und die Mittagspause beginnt. Wieder geht es hauptsächlich ums Essen – und darum, die Muskeln zur Entspannung zu massieren. Mittags gibt es zahlreiche Gerichte. Allerdings herrscht generelle Fleischarmut. Wer sich auf ein saftiges Steak oder Schnitzel gefreut hat, wird ebenso enttäuscht sein wie die Liebhaber von Kaffee oder Nutella.

Im Nachmittagstraining ab 14.00 Uhr werden die Grundlagentechniken trainiert und abgefragt sowie neue Faust- und Waffenformen gelehrt. Auch dieses Training beginnt mit einer Aufwärmeinheit, mit Dehnen und mit Grundlagentechniken. Letztere sind die unbedingte Voraussetzung für die Formen. Formen sind einstudierte Bewegungsabläufe, die aussehen, als würde man gegen einen oder mehrere unsichtbare Gegner kämpfen. Es gibt einige Hundert verschiedene Formen, die sich im Laufe der Jahre alle von Schule zu Schule ein wenig gewandelt haben.

Die erste Form, die jeder Schüler in Shaolin erlernt, ist die Wu Bu Quan. Diese Form besteht aus einer Abfolge von fünf verschiedenen Grundtechniken und ist relativ einfach zu erlernen. Mit jeder weiteren Form werden neue Stellungen, Techniken und auch akrobatische Elemente eingebaut. Die fortgeschrittenen Shaolin-Schüler erlernen den Salto vorwärts und rückwärts, den Flickflack, den gesprungenen Radschlag, die gesprungene Schraube und eine Vielzahl weiterer gesprungener Techniken. Das Training endet um 18.00 Uhr.

Nach diesem anstrengenden Tag lohnt es sich erst abends zum ersten Mal, sich etwas zu waschen. Und dann, Sie ahnen es bereits, wird wieder gegessen. Gegen 21.00 Uhr fallen die meisten Schüler todmüde ins Bett, denn am nächsten Morgen ertönt um 5.30 Uhr wieder erbarmungslos die Sirene.

Eine Vielzahl von Chinesen trainieren aber in der Zeit von 20.00 Uhr bis 21.30 Uhr freiwillig. Von Zeit zu Zeit sieht man auch größere Gruppen, die aufgrund schlechter Leistungen zu einem Extratraining antreten.

In regelmäßigen Abständen kommt eine Art »Schulaufsichtsbehörde« zum Inspizieren. Wenn einer dieser Herren eine schlechte Leistung moniert, bekommt der Trainer die Aufforderung, die Gruppe härter zu trainieren und zu bestrafen.

Das Training wird an sechs Tagen in der Woche durchgeführt. Jede Schule hat einen anderen freien Tag, ansonsten hätten 15.000 Schüler gleichzeitig frei. Die Zeiten des Trainings variieren von Schule zu Schule etwas und je nach Jahreszeit werden die Trainingszeiten angepasst. Man muss bedenken, dass das Training auf einem steinharten Boden im Freien durchgeführt wird – mit Ausnahme einiger weniger Chinesen und Ausländer. Alle akrobatischen Elemente werden auf dünnen Matten auf diesem Boden erlernt. Unfälle und Verstauchungen sind an der Tagesordnung. Allerdings ist es den Schülern nicht erlaubt, krank zu sein. Selbst absolut geschwächt oder humpelnd müssen sie am Training teilnehmen.

Viele Ausländer stehen dieses harte Training nicht durch. Innerhalb einer Woche rebelliert der Körper mit starken Krämpfen und Muskelverhärtungen. Es folgen Wochen, in denen die Krämpfe so stark sind, dass man nicht mehr in der Lage ist, Treppen zu steigen. Jeder Schritt ist eine Qual und erst langsam gewöhnt sich der Körper an diese extremen Belastungen. Der Biorhythmus ist gezwungen, sich an die Erfordernisse des Tagesablaufs anzupassen. Ob die Trainingspläne der Shaolin zu den Erkenntnissen der heutigen Sportwissenschaften passen, das wage ich zu bezweifeln. Tatsache ist allerdings, dass unser Körper in der Lage ist, sich an nahezu alles zu gewöhnen. Ich hätte wirklich niemals geglaubt, dass ich in der Lage sein würde, so ein Training zu absolvieren. Irgendwann hat der Geist entschieden, dass es weitergehen muss – und der Körper ist einfach mitgegangen. Den ganzen Weg, ohne Abkürzung.

Die Moral daraus? Entweder passen Sie den Tag Ihren Bedürfnissen an oder Sie erziehen sich und Ihren Körper, damit er leistungsfähig in einem vorgegebenen System operieren kann. Alles eine Frage der Disziplin.

Was machen wir nun damit?

Wir sind uns in diesem Kapitel bewusst geworden, dass acht Faktoren unsere Willenskraft absaugen. Wir haben einen Tag im Kloster erlebt und wir haben die Vor- und Nachteile militärischer Disziplin betrachtet. Was machen wir nun damit?

Mir hilft es oft, mir nach dem Bewusstwerden folgende Fragen zu stellen:

- Welche »Maulwürfe« kann ich für eine bestimmte Dauer abschalten?
- Mit welchen »Maulwürfen« kann ich besser umgehen als mit anderen?
- Welche von ihnen kann ich eliminieren?

Nun, da wir wissen, was uns Kraft aus dem Muskel saugt, darf ich Ihnen ankündigen: Im Kapitel »Die Schätze der Shaolin« ab Seite 107 geht es darum, mit Techniken den Willenskraft-Muskel zu trainieren.

得

藝

比

試

敵

ji dei yi, bi shi di

Die Kunst muss am Gegner erprobt werden.

KAMPF DER TRÄGHEIT, SIEG DES WILLENS

»Sifu, weshalb gibt es Momente, in denen ich es nicht schaffe, das zu tun, was gerade notwendig wäre? Ich weiß doch eigentlich ganz genau, was ich zu erledigen hätte und was ich besser bleiben lassen sollte. Trotzdem schaffe ich es nicht!«

Stille.

Die Antwort lässt lange auf sich warten. Die Räucherstäbchen sind bereits abgebrannt und die Unterrichtsstunde ist vorbei. Ich sitze mit meinem Meister auf der Bank vor dem großen Trainingsraum. Es ist spät. Als ich bereits nicht mehr damit rechne, höre ich die Stimme meines Meisters:

»Das liegt an deinem Irrherz. Das Irrherz will immer genau das nicht tun, was es gerade tun sollte.«

Irrherz?, denke ich. Was ist das schon wieder?

Zu diesem Zeitpunkt weiß ich bereits, dass unsere Ziele oft in Konkurrenz zueinander stehen und an unserer Willenskraft zehren. Nun gesellt sich zu meinem Wissen auch noch das Irrherz hinzu. Ich stelle es mir wie ein zweites Ich vor, das in mir lebt. Es ist eher ein Party-Ich, das von Verantwortung und Pflicht nichts wissen will. Es scheint keine Tugenden zu besitzen. Manchmal unterliege ich seinem Einfluss. Manchmal gelingt mir ein guter Handel mit ihm und manchmal siegt mein Wille.

Mir hilft es, mich bewusst für Ziele zu entscheiden, für die ich meinen Willen in Anspruch nehmen will. Grundlage für so eine Entscheidung sind unsere Motive. Leider können wir unsere Motive nicht bewusst steuern. Aus existenziellen Bedürfnissen wie Hunger, Durst, Schlaf, Sexualität und Wärme entstehen Motive, nach deren Erfüllung wir ständig streben. Sie generieren eine unbewusste Motivation, einen Handlungsantrieb, der unterbewusst unser Verhalten manipuliert. Da wir auf solch unbewusste Motive nur wenig Einfluss haben, müssen wir uns Ziele setzen, die zu unseren Bedürfnissen passen.

Neben den existenziellen Bedürfnissen gibt es noch eine Reihe sozialer Bedürfnisse, die als unbewusste Motive unser Handeln bestimmen. Man kann diese »sozialen Motive« in drei Bereiche unterteilen: Anschluss, Macht und Leistung. Im Bereich Anschluss geht es vorwiegend um Nähe, Geborgenheit, Freundschaft, Familie, Zuneigung. Im Bereich Macht streben wir nach Einfluss, Kontrolle, Dominanz, Status, Geld. Letztlich geht es im Bereich Leistung um die Motive Erfolg, Anerkennung, Entwicklung, Entfaltung, Erfüllung, Selbstverwirklichung.

Nur wenn unsere Ziele mit unseren Motiven übereinstimmen, können wir unsere volle Willenskraft einsetzen, um ein Ziel nachhaltig zu verfolgen. Motiviert-Sein strengt nicht an! Willenskraft einsetzen schon!

Im folgenden Kapitel geht es um das Trainieren von Willenskraft. Jeder Muskel wächst, wenn man ihn trainiert. Er wird stärker und leistungsfähiger. Prinzipiell ist also alles, was Ihnen schwerfällt, gutes Training. Allerdings sollte das Training ausgewogen sein und am besten zu Ihren Anlagen und Vorlieben passen. Was bringt Ihnen eine Trainingseinheit im Hürdenlauf, wenn Sie eigentlich ein Turmspringer sind? Mit der Physis eines Basketballers werden Sie es sicherlich als Bodenturner nicht einfach haben – also, wählen Sie, was zu Ihnen passt.

»Wenn du ein Schiff bauen willst, so trommle nicht Männer zusammen, um Holz zu beschaffen, Werkzeuge vorzubereiten, Aufgaben zu vergeben und die Arbeit einzuteilen, sondern lehre die Männer die Sehnsucht nach dem weiten, endlosen Meer.«

Antoine de Saint-Exupéry

Dieses Zitat weist uns den Weg …

Die Schätze der Shaolin: Toolbox mit 20 Werkzeugen

Wir sind nun bei der Shaolin-Toolbox angekommen, den ultimativen Werkzeugen für Ihre persönliche Weiterentwicklung! Freuen Sie sich auf das Shaolin-Bootcamp, das Trainingslager für Selbstdisziplin. Dies sind die Tools, die 20 Werkzeuge, die Sie dafür brauchen:

1. Eiserner Wille

Sobald in einem Menschen einmal der geistige Funke zu einem festen Ziel gezündet hat, sobald er in seinem Geist die Sehnsucht nach einer scharf umrissenen Vision verspürt, wird sein Wille stärker als Stahl. Stellen Sie sich vor, Sie würden sich ganz plötzlich für Shaolin-Kung-Fu interessieren. Sie werden sich wissensdurstig auf Bücher über Shaolin stürzen, sich gleichzeitig verschiedenes Wissen aus den Sportwissenschaften aneignen und versuchen, möglichst viel von diesem Wissen umzusetzen. Außerdem werden Sie beginnen, sich um Ihre Gesundheit zu sorgen und Ihre Ernährung umzustellen, um leistungsfähiger zu werden.

Der Schlüssel zu langfristigem Erfolg ist nun jedoch nicht von einem ganz speziellen Trainings- oder Ernährungsplan abhängig, sondern von Ihrer mentalen Stärke. Die Stärke Ihres Willens entscheidet, ob es Ihnen auch langfristig möglich sein wird, sich beständig auf das Erreichen Ihrer Ziele konzentrieren zu können. Wege gibt es nämlich viele und fast alle führen zum Ziel. Um jedoch wirklich Einfluss auf die Entwicklung unserer Ziele nehmen zu können, so sagen die Shaolin, dürfen wir nicht nur ab und zu an unsere Ziele denken. Wir müssen fest an sie glauben, um sie auch im Keller unseres Geistes, unserem Unterbewusstsein, fest verwurzeln zu können.

Mein Meister sagt, dass unser Wille nur dann stark ist und sein Potenzial entfalten kann, wenn wir auch inständig und unbeirrbar an seine Verwirklichung glauben. Erst dann wird der Mensch in seiner Einheit aus Körper und Geist in seiner Entwicklung auch seinem Ziel folgen.

Wenn es Ihnen gelingt, diesen starken Willen zu erschaffen und in den Tiefen Ihres Geistes zu verankern, dann sind Pläne und Systeme nicht mehr so wichtig. Sehr schnell werden Sie gewisse Prinzipien entdecken, auf die es wirklich ankommt, und wenn Sie diese beachten und beständig weiterentwickeln, dann wird der Fortschritt nicht lange auf sich warten lassen. Mit Prinzipien meine ich Techniken, die Sie in diesem Buch finden, die Sie selbst erfinden oder die Sie vom Leben geschenkt bekommen. Es gibt kein Patentrezept, da jeder ein wenig anders tickt. In der hier vorliegenden Toolbox beziehungsweise »Schatzkiste der Shaolin« werden Sie mit meinen Prinzipien vertraut.

Erst wenn Sie an der Stärke Ihres eigenen Willens arbeiten und diesen auch auf das Unterbewusstsein zu übertragen wissen, wird sich die Brücke zwischen Ihrem Geist und Ihrem Körper verstärken und weiterentwickeln.

So, wie man eine Hantel einsetzen kann, um damit den Bizeps zu trainieren, kann man sich in Selbstdisziplin mit reiner Willenskraft üben. Anregungen und Beispiele gibt es unendlich viele.

Wann immer wir etwas nicht tun wollen, halten wir mit dem reinen Willen dagegen. Reiner Wille heißt in diesem Fall: Ich entscheide mich mit meinem Willen für eine Aktion und setze diese sofort um. Ohne Psychotricks!

Sie wollen nicht aufstehen und tun es doch. Sie wollen nicht Laufen und tun es doch. Sie wollen nicht ins Büro gehen und tun es doch.

Spannend wird diese Übung, wenn wir sie ohne Motivationsgeflüster, ohne Belohnung, ohne strategischen Masterplan machen. Mit Tricks zu arbeiten, ist eine andere Vorgehensweise. Meistens fällt es uns leichter, uns selbst auszutricksen, als den reinen Willen zu nutzen. Zum Beispiel funktioniert das Aufstehen leichter, wenn Sie sich einen Tageslichtwecker kaufen, der Ihr gesamtes Schlafzimmer erleuchtet. Oder einen Wecker mit einer Raketenabschussvorrichtung, der nach dem dritten Mal Klingeln ein Geschoss auf das Kopfkissen katapultiert. Diese Wecker gibt es wirklich! (Und sie zu verschenken macht einen Riesenspaß!) Ich habe erwogen, meinem Bruder einen Rasensprenger neben sein Bett zu montieren, der dann, dank eingebauter Zeitschaltuhr, jeden Morgen einen Strahl eiskaltes Wasser Richtung Kopfkissen wirft.

Sie können es sich erleichtern, die ungeliebten Dinge zu tun. Zum Beispiel können Sie sich auf dem Weg zur Laufrunde ein Schokoladen-Croissant kaufen und es sich nach der Laufeinheit genüsslich gönnen. Oder Sie legen die Laufklamotten für den nächsten Morgen gleich neben Ihrem Bett bereit, um sich das »Losstarten« zu erleichtern. All diese mehr oder minder subtilen Tricks sind hilfreich. Was funktioniert für Sie? Werden Sie kreativ! Finden Sie es heraus, indem Sie einfach Verschiedenes ausprobieren!

Für das Training des reinen Willens braucht man so etwas allerdings nicht. Lassen Sie uns bei der Muskelanalogie bleiben. Sie sollten Ihre Muskelübungen so regelmäßig wie möglich machen –

aber bitte in einem selbstbestimmten Umfeld, zu einer selbstbestimmten Zeit. Quasi wie eine Sporteinheit.

Eine Übung der Shaolin ist der sogenannte Ma Bu oder auch »Horse Stance«. Es ist eine körperliche Übung, die kaum einen anderen Sinn macht, als die Willenskraft und Selbstdisziplin zu schulen – und das auf sehr eindrucksvolle Weise.

Ma-Bu-Übung

Stellen Sie sich breitbeinig hin, die Füße in doppelter Schulterbreite. Halten Sie den Rücken gerade und lassen Sie nun das Becken sinken, bis Ihre Oberschenkel parallel zum Boden stehen.

Halten sie diese Stellung für drei Minuten. Wann immer Sie wollen. Ein- bis zweimal pro Tag. Sie sieht ein wenig aus, als würden Sie auf einem unsichtbaren Pferd sitzen oder als hätte Ihnen jemand den Stuhl unter dem Hintern weggezogen. Sie halten Ihr Körpergewicht nun mit den Muskeln und werden binnen der ersten zehn Sekunden von Ihrem Körper einen Impuls bekommen. Unverschlüsselt übersetzt sich dieser Impuls wie folgt: »Aua! Steh auf, du Depp – jetzt!« Dabei hat sich noch gar kein Schmerz eingestellt. Es ist einfach bereits nach zehn Sekunden klar: Das hier macht keinen Spaß. Der Schmerz stellt sich erst später ein und ich frage mich seit langer Zeit, ob es wirklich echter Schmerz ist oder ein Trick meines Körpers, um mich zum Aufstehen zu überreden.

Ich selbst übe diese Stellung täglich und muss mich jeden Tag aufs Neue mit meinem reinen Willen dazu zwingen. Wie ich das schaffe, das verrate ich Ihnen im Kapitel »Ritualisieren« (Seite 120ff.).

Die Ma-Bu-Stellung ist Sisyphos-Arbeit, wie das Abtragen eines Berges. Ebenso wie solche Tätigkeiten verlangt diese Übung die klare Entscheidung des Geistes: Bleib dran und hör nicht auf!

Jedes Mal, wenn wir aufgeben wollen, denken wir daran, dass wir gerade dabei sind, den eisernen Willen (und damit unseren Willenskraft-Muskel) zu trainieren.

Natürlich könnten wir uns auch Übungen aussuchen, deren einzige Schwierigkeit darin besteht, sich für das Tun zu entscheiden. Blicken wir auf das Beispiel vom morgendlichen Aufstehen:

Wenn wir erst einmal aufgestanden sind, geht es uns gut. Nur für den Übergang benötigen wir Willenskraft. Durch das Aufstehen wird der »Muskel Willenskraft« nur einmal ganz kurz belastet, aber kaum trainiert.

Sind Sie schon einmal vom Zehnmeterbrett gesprungen? Spring ich oder spring ich nicht? Eine ganz ähnliche Situation. Wenn Sie gesprungen sind, brauchen Sie die Willenskraft nicht mehr, Sie fliegen. Den Rest erledigt die Schwerkraft.

2. Fokus bündelt Energie

Sobald ich eine Bewegungsform beginne oder Gegner vor mir sehe, verändert sich meine Wahrnehmung. Dann zählt nur noch die nächste Bewegung. Ich darf nicht nachdenken. Fordern zwei Absichten gleichzeitig zu viel Aufmerksamkeit, gerate ich ins Stocken. Das darf nicht passieren. Es geht darum, all meine Willenskraft auf eine Sache zu fokussieren. Vielleicht ist genau das in unserer Multitasking-Spaßgesellschaft besonders schwierig, weil überall Ablenkungen und Versuchungen lauern. Ständig begegnet man Menschen, die in jeder Lebenssituation in einen kleinen Bildschirm schauen, ununterbrochen simsen, E-Mails abrufen oder sich von Musik und Neuigkeiten aus den diversen Social-Media-Netzwerken füttern lassen. Inzwischen höre ich meine eigene Familie, Freunde oder Geschäftspartner während unseres Telefonats immer häufiger nebenbei tippen.

Ich verstehe das Problem. Die Informationskonkurrenz ist einfach zu gewaltig. Es besteht in gewissem Maße ein realer Zwang, »drin« zu sein, gezwungen, weil man ein Teil der Gemeinschaft sein will. Durch die Ablenkung verlieren wir jedoch nicht nur unsere Konzentrationsfähigkeit, reduzieren unsere Merkfähigkeit und unser Wahrnehmungsspektrum. Wir verlieren auch den Fokus, die Ausrichtung unserer gebündelten Aufmerksamkeit. Dabei ist es völlig egal, ob die Ablenkung real oder durch die eigene Fantasie entsteht.

Ich erinnere mich an viele Stunden als Kind, da ich mich nur mittels Fantasie von langweiligem Warten abgelenkt habe. Die Fantasie lenkt uns immer wieder auf Dinge, die wir tun, sein, haben oder lernen wollen. Unser biologisches Programm, Anstrengungen zu vermeiden und Lust maximieren zu wollen, macht uns ständig verführbar. Solange wir Ablenkung als eine Art Belohnung empfinden, bleibt es schwer, dass wir uns fokussieren.

Es gibt nur einen einzigen Tipp, Ihnen das Üben der Fokussierung etwas leichter zu machen: Gehen Sie ins Kloster oder schaffen Sie die Störquellen ab! Damit meine ich alle Störquellen. Wenn Sie sich fokussieren wollen, räumen Sie die Fernbedienung weg, sperren Sie die Schokolade in den Schrank, schalten Sie Ihr Telefon ab und schließen Sie das E-Mail-Programm, Facebook, Whats App und Skype. Eliminieren Sie potenzielle Quellen der Verführung komplett aus Ihrer Umgebung oder wechseln Sie Ihren Standort. Nutzen Sie das Prinzip »Zero Tolerance« – keine Kompromisse. Machen Sie es sich so leicht wie möglich, von nichts und niemandem abgelenkt zu werden.

Sportarten oder Meditation können Ihnen dabei helfen, das Gefühl von Flow und Fokus besser zu erleben. Suchen Sie sich aus, was Ihnen Spaß macht, und üben Sie. Je besser Sie lernen, sich zu fokussieren, desto einfacher wird es für Sie, sich selbst zu überwinden. Fokussierung ist der Schlüssel zur erfolgreichen Selbstüberwindung. Automatisierung ist das Erfolgsgeheimnis für mehr Durchhaltevermögen. Automatisierung kommt aber nicht durch einen einmaligen Erfolg, sich selbst überwunden zu haben, zustande. Nicht nur bei den Shaolin gilt: Üben macht den Meister – täglich. Ich erinnere mich in vielen Lebenssituationen an die Worte meines Meisters:

»Wenn du 10.000 Wiederholungen brauchst, um die Bewegungsabläufe zu meistern, dann fang einfach an und bring sie hinter dich!« Das gilt, wenn ich etwas Neues lerne. Und das gilt auch, wenn ich in einer Fähigkeit noch nicht gut genug bin.

3. Vorbilder – an starken Schultern aufrichten

Vorbilder als Hilfsmittel für mehr Selbstdisziplin? Ist dieser Gedanke platt? Wenn ich an meine ersten Vorbilder denke, waren diese hauptsächlich stereotype Helden: Bruce Lee, Jackie Chan und Karate Kid. Natürlich kam mir als Kind der Gedanke, Robin Hood zu sein und von den Reichen zu stehlen und den Armen zu geben. Ich hätte das wirklich gerne getan. Aber diese Vorbildfunktion hätte mich nicht wirklich weiter-, sondern wohl eher ins Gefängnis gebracht.

Wenn ich aus heutiger Perspektive über Vorbilder spreche, meine ich zweierlei. Heroen, zu denen wir aufblicken, deren Vorbild uns geistige Kraft und Motivation und Ideale geben. Das sind konkrete Vorbilder aus Fleisch und Blut, an denen wir uns aufrichten und orientieren, deren Erfolgsrezept wir reduplizieren können, deren Ziele mit unseren eigenen Zielen kongruent sind. Wir nennen sie Impulsgeber, Wertevermittler oder Inspirationsquelle. Häufig sind es Eltern, Verwandte, Freunde und Lehrer, die uns prägen.

Solche Vorbilder führen uns vor Augen, dass grundsätzlich vieles möglich ist, wenn wir bereit sind, alles zu geben und an unsere Grenzen zu gehen, um ein Ziel zu erreichen. Es macht Sinn, sich jemanden als Vorbild auszusuchen, der noch weit größeren Belastungen standhält als wir selbst. Sei es, was die brisante Doppelbelastung von Familie und Job angeht, oder etwas Vergleichbares. Vorbilder können uns nämlich nicht nur motivieren, sondern auch dafür sorgen, dass wir unsere eigenen Probleme als überwindbar betrachten.

Vorbilder können als Quelle der Inspiration dienen. Dies kann dazu führen, dass wir andere Aktivitäten ausprobieren und uns neuen Herausforderungen stellen. Diese Inspiration kann sogar zu einem kompletten Lebenswandel führen, sodass wir unser Leben beispielsweise gesünder, freier, fröhlicher führen. Vorbilder haben die Kraft, unser Leben einschneidend zu verändern. Sie können uns aufzeigen, was wir denn eigentlich wirklich wollen. Wir suchen unsere Vorbilder nicht wahllos aus. Bei der Auswahl handelt es sich um einen unterbewussten Prozess, der geheime Sehnsüchte und Wünsche offenbaren kann. Es kann sich demnach lohnen, darüber zu reflektieren, warum man ausgerechnet diese Person als Idol sieht. So hat man bereits einen wichtigen Schritt in Richtung der persönlichen Selbstverwirklichung getan. Interessant ist in diesem Zusammenhang auch die Frage, für wen man selbst wissentlich oder unwissentlich als Vorbild fungiert. Sowohl als gutes als auch als schlechtes.

Außerdem ist es spannend, sich zu fragen, ob die von uns als Vorbilder Erwählten real existieren oder ob wir es eher mit Wünschen und Projektionen zu tun haben. Indirekt bedeutet das wiederum, dass nicht nur Personen als Vorbilder dienen können. Stattdessen können auch Ideale, Teams oder sogar Geschichten bestimmte Werte oder Gefühle vermitteln, die motivierend wirken und als Orientierung dienen können.

Nun hat man also seine Vorbilder, seine »Helden«. Sie verkörpern, was wir sein wollen. Ob es um sportlichen Ehrgeiz, buddhistische Ruhe oder extrovertierte Ausgelassenheit geht, es sind letztlich Projektionen unserer Wünsche in anderen Gestalten und Personen.

Warum wir das tun? Weil es so einfacher ist. Man kann relativ einfach bestimmte Rollen übernehmen. Sich zu sagen: So, jetzt bin ich mal ganz ich selbst, aber ganz offen und extrovertiert (wenn man doch eigentlich schüchtern ist und sich am liebsten verkriechen würde), das ist ziemlich schwierig bis unmöglich. Sich dagegen vorzustellen: Mein Held wäre jetzt ganz offen, es wäre ihm einfach egal, wenn er sich blamiert. Er geht offen auf die Leute zu und ist freundlich. Genau so will ich sein. Das ist einfacher. Wohlgemerkt: einfacher, nicht einfach.

Was ich damit sagen will: Sich kennenzulernen ist die Basis, die eigenen Wünsche wahrzunehmen und dann umsetzen zu können. In Vorbilder zu schlüpfen hilft uns, uns zu steigern. Mit Vorstellungskraft, Fantasie und jeder Menge Mut, aus der eigenen Rolle in andere Rollen zu schlüpfen und zu lernen. Wenn die Rolle passt und sie uns glücklich macht, dann wird sie irgendwann ein Teil unseres Selbst. Das widerspricht dem Individualismus weniger, es ergänzt ihn vielmehr. Letztlich ist es ein Wahnsinnsgefühl zu merken, dass man sein eigenes Vorbild lebt. Große Kunst ist es, das Vorbild mit den eigenen Wesenszügen zu vereinen und nach außen und innen das zu sein, was man sein möchte. Ganz nach dem Wahlspruch: Wenn du ein Meister werden willst, tue, was die Meister tun!

Noch immer habe ich für verschiedene Lebensbereiche verschiedene Vorbilder. Einige sind Heroen, andere Ikonen. Wiederum andere sind »Personen des öffentlichen Interesses« und ganz andere sind gänzlich unbekannt. Damit Sie einen kleinen Eindruck bekommen: Ich bewundere einige Meister und Meisterschüler der Shaolin und eifere ihnen nach. Ich verehre aber auch Bruce Lee oder Michael Jackson für ihren Schöpfergeist, ihre Disziplin und Perfektion. Ich liebe Tina Turner und bewundere Alan Greenspan. Von allen nehme ich, was ich zu nehmen vermag, und versuche, das Adaptierte auf mein Leben und meine persönlichen Ziele zu übertragen. Am meisten lerne ich von meinen Freunden.

Wenn ich Bücher lese, sind es regelmäßig Biografien erfolgreicher Menschen. Es ist unglaublich motivierend zu erfahren, dass alle Menschen vorhersehbare und unvorhersehbare Schicksalsschläge ereilt. Jeder Mensch bekommt hin und wieder Chancen und manche nutzen sie. Alle erleiden Rückschläge und einige machen trotzdem weiter. Ich habe mir folgendes Zitat von Bruce Lee eingeprägt: »Verwandle einen auf dich herabrollenden Felsbrocken in die Stufe einer aufwärtsführenden Treppe.« Vielleicht erwacht dieses Zitat ab jetzt wieder zu neuem Leben.

4. Wettkampf – es darf auch mal Kampf sein

»Meister, wäre es nicht gut, ich würde mich öfter mit einem Übungspartner messen, der in etwa so gut ist wie ich? Gegen die Guten verliere ich immer, das macht auf Dauer keinen Spaß.«

Der Meister lacht und schüttelt den Kopf.

»Das wäre nicht ratsam.«

»Aber mit einem gleich guten Gegner habe ich zumindest die Möglichkeit, aus seinen und meinen Fehlern zu lernen.«

»Das wäre ja, als würde man zwei Jungfrauen in ein Bett stecken. Eifer, Leidenschaft und Unkenntnis sind keine gute Verbindung. Es könnte zu Verletzungen kommen.«

Ich erröte und bringe keinen Ton mehr raus.

Als blutjunger Schüler hatte ich in mehrfacher Hinsicht wirklich keine Ahnung. Bereits damals glaubte ich, von Wettkämpfen profitieren zu können. Heute wird das Wettkämpfen kontrovers diskutiert. Ich bin noch immer ein klarer Fürsprecher.

Der Wettkampf formt den Charakter und hilft, diesen zu vervollständigen. Nicht nur der Sieg und die Freude darüber gehören dazu, auch die Niederlage und ihre Bewältigung. Auf Siege folgen Niederlagen. Beide, Sieg und Niederlage, formen den Charakter. Der Wettkampf, so scheint mir, ist so alt wie die Menschheit selbst. Wettbewerb belebt das Geschäft, und das gilt auch für die Selbstdisziplin. Wenn Sie den harten Weg gehen wollen, suchen Sie sich einen gleich starken oder stärkeren Gegner. Vereinbaren Sie ein Ziel und versuchen Sie, mit allen Mitteln schneller am Ziel zu sein als Ihr Konkurrent.

Das Wort »Konkurrent« stammt vom lateinischen »concurrere« – mitlaufen – ab. Er läuft mit Ihnen und kitzelt Ihren Ehrgeiz, ein klein wenig schneller zu sein, nicht nachzulassen, nach den harten, aber ehrlichen Regeln des Fair Play zu spielen und letztlich nicht weniger als Ihr Bestes zu geben.

Ein Mensch, der etwas Außergewöhnliches vorhat und erreichen möchte, der braucht sowohl ein Team, das ihn unterstützt, als auch Gegner, die ihn anspornen. Zu jedem spannenden Wettkampf gehören Gegner, die sich gegenseitig dazu herausfordern, die eigenen Leistungen noch zu steigern. Dieses Prinzip, das häufig in Firmen angewendet wird, kann in sehr vielen Bereichen zu Leistungssteigerungen und besseren Ergebnissen führen.

Im strukturierten Wettbewerb definiert man die Natur der Interaktion. In einem Tennisspiel gibt es nur einen einzigen Gewinner. Dasselbe gilt für Schönheitswettbewerbe, Präsidentschaftswahlen und Kriege. Jede Partei weiß genau, dass sie darauf aus ist, die andere zu schlagen, obwohl sich die Regeln der Interaktion von Fall zu Fall stark unterscheiden können.

Demgegenüber bezeichnet der bewusst organisierte Wettkampf die Neigung eines Menschen, sich mit anderen zu messen. Das kann in der Schule oder am Arbeitsplatz oder in Arbeitsgruppen geschehen, gleichgültig, ob jemand Punkte zählt oder Sieger und Verlierer bezeichnet.

Es gibt nur einen Ort, an dem es keinen interaktiven Wettbewerb geben kann: in sich selbst. Das Bestreben, seine Stellung, sein Ansehen, seinen Ruf zu verbessern, ist ein individuelles, kein interaktives Problem.

Natürlich gibt es Leute, die als Ansporn die Möglichkeit des Gewinnens oder die Furcht vor dem Versagen brauchen. Das heißt nicht, dass eine derartige Motivation wettbewerbsähnliche Rahmenbedingungen benötigt. Zu jeder Zeit entstehen kleinere und größere Fortschritte allein aus dem Wunsch eines Einzelnen heraus, etwas besser zu machen, ohne dabei andere zu schlagen. Dieser Drang nach Verbesserung darf nicht mit Wettbewerb verwechselt werden. Es gibt drei Arten, gesetzte Ziele zu erreichen: Unabhängig, im Wettbewerb oder durch Zusammenarbeit.

Ich persönlich differenziere da zwischen Kampfsport und Kampfkunst. Mit Ersterem meine ich die Art der unterschiedlichen Systemausübung, die darauf abzielt im Wettkampf (zum Beispiel Kämpfer versus Kämpfer) anzutreten. Es geht dabei um den Sieg über andere Personen. Mit Kampfkunst beschreibe ich die Art der Systemausübung, bei der es darum geht, mittels der Techniken den Sieg über sich selbst zu erringen.

Ich selbst halte nichts von sportlichen Wettkämpfen, bei denen es nur um den Siegertitel geht, weil ich für mich daraus keinen Gewinn ziehe. Für mich selbst hat es keinen Wert, gegen eine andere Person zu gewinnen und hinterher sagen zu können: »Ich bin Europameister oder Wu-Shu-Champion.« Aber ich finde, dass diejenigen, die Kampfkunst betreiben, sich in regelmäßigen Abständen auch mit anderen messen sollten. Zumindest im Training. Es muss dabei nicht um Preisgelder, Medaillen oder Pokale gehen.

Im Training nehme ich immer wieder gerne an kleinen Wettkämpfen teil. Dahinter sehe ich jedoch nicht den sportlichen Ehrgeiz, unbedingt gewinnen zu müssen, sondern einfach die Chance herauszufinden, wie gut ich die eine oder andere Technik beherrsche. Mein Partner im Training kann mir in einem solchen Übungskampf meine Schwächen aufzeigen, sodass ich die Möglichkeit erhalte, weiter an mir zu arbeiten, um letztlich mich selbst weiter zu vervollkommnen. Dies wiederum ist Ziel der Kampfkunst.

Mir geht es so, dass ich mich dem Wettkampf am liebsten stelle, wenn ich spüre, dass ich gewinnen kann. Gegen meinen Sifu zu kämpfen, bildet eine Ausnahme. Ich bin definitiv chancenlos. Trotzdem nutze ich jede Gelegenheit, die ich bekommen kann, selbst wenn ich nie gewinne. Es ist einfach großartig, gegen diesen Meister zu verlieren. Ich bekomme all meine Schwächen und Unzulänglichkeiten auf dem Silbertablett serviert und habe bis zum nächsten Zusammentreffen Zeit, an ihnen zu arbeiten. Wettkampf kann dazu dienen, den Disziplin-Muskel zu trainieren.

Ein würdiger Wettkampfgegner ist Ihr bester Lehrer. Außerdem haben Sie in ihm einen Weggefährten.

5. Ritualisieren – die Macht der Gewohnheit

水滴石穿

shui di shichuan

Steter Tropfen höhlt den Stein.

»Gewohnheiten sind die Fingerabdrücke des Charakters,« so Alfred Polgar. Feste Abläufe tragen uns durch den Alltag. In ihnen finden wir das vielleicht stärkste Tool unter den »harten Techniken«: das Ritualisieren. In unserer Zeit der permanenten Reizüberflutung ist es großartig, wenn bestimmte Dinge immer zur gleichen Zeit am gleichen Ort stattfinden. Rituale vermitteln Sicherheit und Vertrauen. Es geht darum, ein Verhalten zu einer Gewohnheit zu machen, zu automatisieren, damit wir weniger Willenskraft brauchen, die Tätigkeit wieder und wieder zu tun. Eine gute Gewohnheit ist großartig. Wiederholung ist der Schlüssel.

Im Kloster der Shaolin werden Rituale als bewusstes Werkzeug für Disziplin eingesetzt. Es gibt bei den Shaolin viele detaillierte Richtlinien für alle möglichen Bereiche: richtiges Verbeugen, Essen, Gehen, Stehen, Grüßen.

Das Erste, was ein Schüler der Kampfkünste zu lernen hat, ist Höflichkeit. Diese gilt es so schnell wie möglich zu habitualisieren, also zu einer Tugend aus Gewohnheit zu machen. Höflichkeit ist sowohl Ausdruck von Sympathie und Mitgefühl für andere als auch von natürlicher Anmut und totaler Gelassenheit.

Ich habe den Verdacht, dass heutzutage das Potenzial von Höflichkeit total unterschätzt wird. Schlechte Manieren sind »Trend«, allerdings sind sie Ausdruck von mangelnder Selbstkontrolle und unzulänglichem Bewusstsein für andere. Ich persönlich bin der Meinung: Von allen Shaolin-Tugenden ist die Höflichkeit die am leichtesten umzusetzende und sie zahlt sich sofort aus. Mit der Höflichkeit kommen Bescheidenheit und Demut. Beide sind

Schlüsseltugenden der Shaolin. Ohne Bescheidenheit und Demut sind wir blind für die zahllosen Gelegenheiten zur Vervollkommnung. Höflichkeit ist ein wenig wie Ritterlichkeit, das heißt: immer grüßen und in die Augen sehen, kein Gespräch unterbrechen, aufmerksam sein und mithelfen (zum Beispiel die Klassiker Türen aufhalten, in den Mantel helfen) und so weiter.

Wenn Sie das auf Ihr Leben übertragen: Welche kleinen Aufmerksamkeiten können Sie im Büro, zu Hause, unterwegs tun, um anderen in Ihrer Nähe Respekt zu zollen?

Was das Ritualisieren angeht, bediene ich mich sehr gerne meines Lieblingstricks: Ich knüpfe eine neu zu erlernende Tätigkeit an ein bereits existierendes Ritual. Erinnern Sie sich noch, wie lange es bei ihnen gedauert hat, bis Sie das Zähneputzen ritualisiert hatten? Sie haben sich schon als Kind oft davor gedrückt und lassen es noch heute ab und zu ausfallen? Meistens allerdings fehlt Ihnen etwas, wenn Sie morgens oder abends keine Zahnbürste zur Hand nehmen? Für fast alle Erwachsenen ist es mittlerweile eine Gewohnheit, die kaum mehr Mühe kostet.

Denken Sie an die Shaolin-Stellung Ma Bu (siehe Seite 110). Bei den Shaolin sind jeden Tag mindestens einmal drei Minuten Ma-Bu-Übung gefordert. Einerseits stärkt das die Beinmuskulatur, also das Fundament des Körpers, andererseits stärkt Ma Bu den Willenskraft-Muskel. Ich selbst kombiniere diese drei Minuten morgens und abends mit dem Zähneputzen. Das gewährleistet übrigens nicht nur, dass ich die Ma-Bu-Übungen nicht vergesse, es gewährleistet auch, dass ich wirklich volle drei Minuten meinen Zähnen widme.

Wäre es nicht großartig, wenn uns das mit allen Dingen gelänge, die uns zunächst keinen Spaß machen? Suchen Sie aktiv nach bereits bestehenden Ritualen und nach Tätigkeiten, die Sie mit ihnen verbinden können. So entwickeln Sie ganz neue Rituale und Gewohnheiten für sich.

Oft müssen wir allerdings erst eine schlechte Gewohnheit loswerden, bevor wir eine gute Gewohnheit erlernen können. Wenn altes Verhalten quasi mit neuem Verhalten konkurriert, dann gewinnt oft die Gewohnheit, also das alte Verhalten.

Schlechte Angewohnheiten ablegen

Schon wieder eine Tafel Schokolade. Das ist heute bereits meine dritte! Zartbitter-Marzipan – lecker! Ich kann nicht aufhören und esse wie immer die ganze Tafel. Klar, mit Schuldgefühlen – aber die Schuldgefühle stopfe ich auch in mich hinein und würge sie dann schnell hinunter. Mal wieder denke ich über meinen Schokoladenkonsum nach. Ja, ich kann es mir leisten, ich treibe genug Sport und habe außerdem einen außergewöhnlichen Metabolismus. Aber warum esse ich überhaupt Schokolade? Die Antworten sind einfach: Weil es mir schmeckt, weil es mir guttut, weil ich es mir verdient habe, weil ich auch mal undiszipliniert sein darf!

Bei näherer Betrachtung allerdings erkenne ich den Selbstbetrug. Geschmack ist erlernbar. Heute schmecken mir Bier und Kaffee. Früher mochte ich Limonade. Und wenn ich ehrlich bin, schmecken mir saftige Äpfel und süße Erdbeeren genauso gut wie Schokolade. Schokolade tut weder mir noch sonst irgendeinem anderen Menschen gut. Lediglich der »Zucker-Flash« macht meinen Körper kurzzeitig »high«. Verdient habe ich mir nur Dinge, die mich nicht schädigen, und trotzdem rede ich mir ein, dass Alkohol, Kaffee, Schokolade, Chips und Fast Food Balsam für meine Seele sind. Unsere Kultur unterstützt das zu jeder passenden und unpassenden Gelegenheit. Erzählen Sie Ihren bayerischen Freunden, dass Sie Liebeskummer haben, und Sie werden statt Mitgefühl die freudige Verlautbarung hören: »Jetzt muass a Rausch her!« (Jetzt besäufst und betäubst du dich am besten mit Alkohol). Oder Sie bestellen in einem bayerischen Wirtshaus statt des obligatorischen Biers ein Glas Milch. Ich sehe noch heute den Ausdruck tiefster Verachtung im kernigen Gesicht der Münchner Bedienung, als sie mich zurückfragte: »Aha, a Muilch – uuuund derf I Eana a Spuizeig a glei mitbringa?« (Aha, Milch, und darf ich Ihnen auch gleich ein Spielzeug mitbringen?) Zugegeben, ich verwende hier natürlich Klischees, die man nicht verallgemeinern sollte. Die eigentliche Frage ist: Wie viel übernehme ich unreflektiert von meiner Kultur, meinem Elternhaus, meinem Umfeld?

Ich selbst bin zu dem Schluss gekommen, dass ich wirklich viele schlechte Gewohnheiten habe. Viele habe ich vorgelebt bekommen und ohne nähere Prüfung adaptiert. Andere habe ich angenommen, um kein Außenseiter zu sein. Wiederum anderen bin ich erlegen, weil die Verlockung, die Versuchung, die Genusssucht größer sind als meine Willenskraft.

Das Problem mit den schlechten Gewohnheiten ist, dass man sie sich so schwer abgewöhnt. Eine Gewohnheit ist wie ein gut eingetretener Pfad im Tiefschnee. Sich mit Schneeschuhen einen neuen Pfad durch die verschneite Landschaft zu treten, also neben unseren mittlerweile unbewussten Denk- und Handlungsmustern neue Pfade unserer Nervenbahnen zu aktivieren, ist durchaus anstrengend und langwierig. Und weil es keinen Spaß macht, braucht man eine Menge Disziplin dazu.

Die Buddhisten gehen schlechten Gewohnheiten unglaublich geschickt aus dem Weg. Als ich den Klostervorsteher Shi Yong Chuan (siehe auch Seite 44 und 46) einmal darauf ansprach, wie man eine schlechte Angewohnheit ablegen könne, antwortete er knapp: »Darum geht es im Buddhismus nicht. Buddhismus ist hier und jetzt. Kümmere dich nicht um vergangene Gewohnheiten, entwickle neue Gewohnheiten, die besser sind!« Diese einfache Aussage hat in ihrer Schlichtheit viel Kraft.

Zum Thema Gewohnheiten und Ritualisieren möchte ich Ihnen an dieser Stelle auch noch von einer weiteren Begegnung berichten.

Ich hatte die große Ehre, 2011 auf einem Kongress in der Wüste von Nevada einen echten General der Mareens kennenzulernen. Er schenkte mir ein Mentoring in Sachen Selbstdisziplin.

Genau genommen war er ein General a. D. Im stolzen Alter von über 70 Jahren arbeitete er allerdings noch für ein europäisches Unternehmen als Consultant. Man nannte ihn einfach General (sprich: »Dschennerell«) – allerdings »with all due respect«. Mir als ehemaligem Zivildienstleistenden ist natürlich nicht ganz klar gewesen, was so ein General überhaupt macht. Ich habe mich getraut, den General danach zu fragen, um diese Wissenslücken zu schließen. Das hat für schallendes Gelächter gesorgt. In Amerika wird das als Grundwissen vorausgesetzt.

Aus einem mir nicht ganz erklärlichen Grund mochte mich dieser General und bot mir ständig auf seine ruppig-burschikose Art die Möglichkeit zum Diskurs. Mir fiel es leicht, mit seiner fordernden Art klarzukommen. Ich durfte ihm gegenüber sogar den pazifistischen Rebellen spielen, den Ketzer, den Amerikazweifler und Systemkritiker. Da der General von seinem Umfeld eine eher devote Haltung gewohnt war, glaube ich im Nachhinein, dass ich ihn damit insgeheim amüsiert habe, solange ich es nicht an Achtung mangeln ließ. Er nannte mich manchmal Mark Twain und lachte über meinen übergroßen Idealismus.

Er schlug mir folgenden Deal vor: Wenn ich es schaffen würde, jeden Morgen um 5.30 Uhr mit ihm zu trainieren, würde er mir ein Mentoring zu den Themen Disziplin, Philosophie, Motivation und Menschenführung schenken. Das war großartig. Während die Abende bis spät in die Nacht andauerten, stand ich tatsächlich stets um 5.15 Uhr auf und traf den General zur vereinbarten Zeit zum morgendlichen Training. Es ging meist darum, zehn amerikanische Meilen durch die Wüste zu joggen, auf dem Las-Vegas-

Boulevard gen Süden – unglaublich spannend! Ich erlebte den General gleichzeitig als Idealisten und Pragmatiker, sowohl konservativ als auch Freigeist. Ich lernte an seinem Vorbild, wie viel Kraft in der Ritualisierung von Verhalten steckt. Wenn ich ihn fragte, warum er jeden Morgen um 5.30 Uhr aufstehe, egal ob in seiner Freizeit oder während der Arbeit, egal ob gesund oder krank, fit oder unfit, dann sagte der General: »Old habits die hard!« Klar, wenn du das dein ganzes Leben lang machst, so früh aufzustehen, dann schaffst du es auch nach einem Vollrausch oder mit wenig Schlaf. Der General war der Ansicht, dass man manchmal einfach hart zu sich selbst sein müsse. Der Mensch sei eine sehr komplexe Reizreaktionsmaschine – man sollte schon genau wissen, an welchen Schräubchen man drehen darf!

Diese Schlussfolgerungen des Generals zum Thema Gewohnheiten decken sich haargenau mit denen, die ich in der Schule der Shaolin in China gemacht habe.

Neue Gewohnheiten entstehen, indem wir neue Verhaltensweisen einüben. Für die Ausführung eines automatisierten Verhaltens ist so gut wie keine Selbstüberwindung mehr nötig. Die Energie, die Sie brauchen werden, um sich mit reiner Willenskraft zum neuen Verhalten zu zwingen, nimmt mit steigendem Automatisierungsgrad ab.

Ein Beispiel: Angenommen, Sie haben sich entschieden, von heute an jeden Tag ein wenig Sport zu treiben. Ihr Vorsatz könnte sein, dreimal pro Woche zu laufen. Ich verspreche Ihnen, wenn Sie dieses Vorhaben lange genug durchziehen, ist das Verhalten ritualisiert und Sie brauchen kaum noch Willenskraft für die Umsetzung. Natürlich werden Sie sich nun fragen: »Wie lange muss ich es durchziehen?« Ich möchte Ihnen darauf keine verbindliche Antwort geben müssen. Wie Sie sicherlich verstehen werden, hängt das von vielen Faktoren ab. Davon, wie leicht es Ihnen fällt, alte Gewohnheiten loszuwerden. Wie häufig haben Sie so etwas schon geübt? Wie alt und eingefahren sind Ihre schlechten Gewohnheiten? Wie belastet sind Sie derzeit mit anderen, vielleicht wichtigeren Baustellen in Ihrem Leben?

Ich habe einmal auf einem Selbstmanagement-Seminar von einer 21-Tage-Regel gehört. Das Versprechen war: »Halten Sie 21 Tage durch, und Sie haben eine neue Gewohnheit.« Dieses Versprechen kann ich Ihnen nicht geben! Ich habe in diesem Zusammenhang meinen Meister gefragt, wie lange ich brauchen werde, um eine neue Form zu erlernen. Seine Antwort war verblüffend:

»Bis du es kannst.«

Damit Sie Ihr Vorhaben durchhalten, möchte ich Ihnen ein paar kleine Tipps geben. Planen Sie die Zeiträume sorgfältig und langfristig genug. Tragen Sie sich die Aktion in Ihren Kalender ein. In Stressphasen werden Sie versucht sein, Ihre Planung zugunsten »wichtigerer«, unvorhergesehener Verpflichtungen zu verändern. Natürlich geben Sie in solchen Augenblicken dem Laufen eine niedrigere Priorität. Hier ist Vorsicht geboten. Zero Tolerance muss Ihr Motto werden. Keine Ausnahmen! Sie werden laufen und erlauben sich keine einzige Ausnahme. Wenn es einmal wirklich nicht anders gehen sollte, ziehen Sie Ihre Joggingschuhe an und laufen einmal das Treppenhaus hoch und runter oder joggen den Weg in die Arbeit, zum Supermarkt … Hauptsache, Sie üben das Verhalten. Ihr Körper merkt sich das.

Automatisiertes Verhalten gibt Ihnen das Gefühl von Kompetenz und Sicherheit. Es wird zu einem Teil von Ihnen, den Sie richtig gut beherrschen, und erzeugt somit immer ein gutes Gefühl. Sie werden also belohnt, während Sie es tun – quasi Gratifikation bei Ausübung!

Eine weitere Regel ist: Versuchen Sie immer nur eine neue Verhaltensweise zu ritualisieren. Zu viele Vorhaben führen im Zweifelsfall dazu, dass Sie den Fokus verlieren. Schon mit einem einzigen neu zu erlernenden Verhalten erschöpfen Sie alle Ihre Ressourcen. Wenn es Ihr Ziel ist, jeden Morgen früher aufzustehen und dann laufen zu gehen, gehören Sie bereits der Katz. Warum? Das wären ja bereits zwei Veränderungen: Früher aufstehen und laufen.

6. Exponieren – die Kunst, sich aus dem Fenster zu lehnen

Mit 16 trank ich mein erstes Bier. Es war auf einer Schulfeier zusammen mit meinen Klassenkameraden. Damals trank ich mein Bier schon alleine aus kultureller Verantwortung heraus und weil ich cool sein wollte. Alle meine Freunde waren sich darin einig, dass nichts über den Genuss eines kühlen »grünen Augusts« ginge.

Der Wunsch nach sozialer Anerkennung ist eine enorme Triebfeder für selbstdiszipliniertes Verhalten. Egal wie cool ich mich damals mit 16 nach außen hin gab, dieses, mein erstes Bier, wollte einfach nicht »köstlich« schmecken. Ich habe also bereits damals meine Willenskraft und Selbstdisziplin dafür genutzt, mir dieses obergärige Zeug einzutrichtern.

Die meisten Jugendlichen sind bereit, ihre eigenen Abneigungen, Bedenken und Ängste zu verdrängen, weil Sie glauben, dann von der Gruppe anerkannt zu werden. Dabei sind sie bereit, eigene Grenzen zu überschreiten, Gesetze zu übertreten und Warnungen aus berufenen Mündern in den Wind zu schlagen. Sie üben Selbstdisziplin aus, um ihre eigenen Hemmungen zu unterdrücken. Sie erliegen dem Gruppenzwang.

Warum nutzen Sie stattdessen nicht den Gruppenzwang für sich selbst? Exponieren Sie sich vor der Gruppe und sprechen Sie Ihre Ziele laut aus. Das bringt Ihnen zweierlei: Erstens müssen Sie Ihre Gedanken sortieren, damit Sie Ihr Vorhaben formulieren können. Zweitens hören andere Menschen zu und können am Ende überprüfen, ob Sie Wort gehalten haben oder ein »Dampfplauderer«

sind. Wenn Sie wollen, fordern Sie Ihre Freunde direkt auf, nachzufragen, ob Sie Ihre Vorhaben zum festgelegten Zeitpunkt erreicht haben. Sonst kann es passieren, dass alle hinter Ihrem Rücken reden, aber niemand etwas sagt. Vielleicht ist es Ihnen sogar möglich, den einen oder anderen aus der Gruppe der Zuhörer zu motivieren, Sie bei Ihrem Vorhaben konkret zu unterstützen. Gemeinsam fällt alles leichter.

7. Die Macht der Selbstverpflichtung

Ein japanischer Karate-Freund hat sich mit einem interessanten Trick diszipliniert. Er klebte auf sein Auto den Spruch: »Ichi ban ii desu.«

Diesen Spruch oder Ausruf muss man eigentlich nach dem Kontext übersetzen. Wörtlich lautet er: »Das Beste«. Je nach Kontext wird ein Japaner diesen Spruch als »Ich bin der Beste« oder »Mein Auto ist das beste« übersetzen. Nun, da mein Bekannter mit seiner Aufschrift der Welt signalisiert: Hier kommt ein Superlativ, wird er sich auch entsprechend verhalten. Ein Fahrer eines solchen Fahrzeuges darf sich im Straßenverkehr nicht wie ein Rowdy benehmen, darf niemandem die Vorfahrt nehmen, niemanden schneiden. Außerdem sorgte mein Freund, seitdem er den Spruch angebracht hatte, stets dafür, dass der Wagen wie aus dem Ei gepellt aussah. Innen drin wie von außen. Der Beste würde doch sein Auto nicht vermüllen lassen, oder? Bitte beurteilen Sie diese Geschichte im richtigen kulturellen Kontext. In Japan ist sie vielleicht bedeutungsschwangerer als in Deutschland. Mein Tipp: Geben Sie sich selbst eine »Bezeichnung« und versuchen Sie dieser Bezeichnung zu entsprechen! Zum Beispiel könnten Sie sich »Der/Die Zielerreicher/in« nennen oder »Mister/Miss Target«. Dann fragen Sie sich, wenn Ihre Willenskraft nachlässt: »Würde Mister Target jetzt schon aufgeben?« Im Internet finden Sie unglaublich viele Angebote zum Thema Selbstverpflichtung und Seiten, auf denen Sie sich mit Ihren Zielen exponieren können.

Hierzu ein paar Beispiele aus der Praxis:

Kennen Sie Fatbet.net, Makemoneylosingweight.com oder StickK.com? Eine unglaubliche Idee: Bei Abschluss einer sogenannten »Abspeckwette« zahlt jeder Teilnehmer beliebig viel Geld in einen Topf. Am Ende gehen die Verlierer leer aus. Der Gewinner freut sich über ein paar Kilo weniger und ein paar Hundert Euro mehr. Ähnlich wie Makemoneylosingweight.com funktioniert StickK.com. Dort ist ein Drittel der Wetteinsätze ebenfalls finanzieller Art. Aber es geht nicht nur ums Abnehmen, sondern auch um andere gute Vorsätze. 20 Prozent der 33.000 Nutzer wetten, regelmäßig Sport zu treiben, 5 Prozent wollen nicht mehr rauchen. Anders als bei Fatbet.net oder Makemoneylosingweight.com schließen die Nutzer richtige Verträge ab, die man nur in Ausnahmefällen kündigen kann.

8. Teamwork – das große Ich

三人行必有我师焉

sān rén xíng, bì yǒu wǒ shī yān

Wenn ich zu dreien gehe, so habe ich sicher einen Lehrer.

Wir kommen Walter Mischel und seinem Marshmallow-Test näher. Wenn wir auf etwas verzichten, trainieren wir uns in Selbstdisziplin. Das wirklich Erstaunliche ist, dass die positive Macht des Verzichts in vielen Kulturen, Naturvölkern und Religionen ihren festen Platz hat. In der westlichen Erziehung oder Schule wird dies jedoch wenig thematisiert. Offen gestanden war mir als Kind das Konzept des Fastens als wenig begehrenswert vorgestellt worden. Immerhin habe ich mein ganzes Taschengeld für Süßigkeiten ausgegeben und bereits ein einziger Tag ohne Nutella erschien mir wie eine Ewigkeit. Heute würde ich Alkohol, Marshmallows und sämtliche Luxusgüter mit einem geduldigen Lächeln so lange wie gefordert aufschieben, ohne dabei wirklich verzichten zu müssen. Bei Nutella ist meine Willenskraft bis heute stark beansprucht.

Die Shaolin wissen zum Glück nicht, auf was sie verzichten. Sie haben die Büchse der Pandora, die Creme der Versuchung, das Nougat des Selbstbetruges nie geöffnet. Sie leben in ständiger Askese, verzichten auf weltliche Güter, auf Familie, Stimuli von außen, auf die sinnlichen Freuden des Fleisches in schönster Doppeldeutigkeit, auf Reisen und darauf, die Welt zu erkunden. Aber eines ist klar, die Shaolin gewinnen dadurch etwas Außergewöhnliches: Sie sind frei von Versuchung. Im Shaolin-Kloster fehlen sämtliche der hier aufgeführten Faktoren, die der Selbstdisziplin gefährlich werden könnten.

Für die Christen beginnt alljährlich mit dem Aschermittwoch die 40-tägige Fastenzeit bis zur Osternacht, Muslime fasten zur Zeit des Ramadan, auch im Buddhismus verzichtet man längere Zeit auf feste Nahrung. Es geht um innere Einkehr, Verzicht, Buße und Besinnung. Ich habe meine Großmutter gefragt, was Fasten für sie bedeutet, und sie antwortete: »Fasten ist der Verzicht auf einen Teil der Genüsse, um sich dadurch auf Gott fokussieren zu können.« Ich gestehe, dass ich mich beim Verzichten weniger an Gott orientiere und mich mehr daran erfreue, meinen Willenskraft-Muskel zu trainieren. Ich würde den Begriff »Verzicht« übrigens weiter fassen. Es geht letztlich nicht nur um den Verzicht auf Luxusgüter, sondern auch um Verzicht auf Ablenkung und Bequemlichkeiten, es geht um eine Auszeit.

Wir haben auf den vorangegangenen Seiten bereits festgestellt, dass wir einen gewissen Erfolg erzielen können, indem wir unsere Ziele »öffentlich« machen. Kommen wir nun zu den psychologisch wirksamen »Tricks«.

Zunächst einmal zum »Nur noch ein bisschen«-Trick. Wir alle haben diesen kleinen Trick mit der großen Wirkung schon an uns selbst ausprobiert. Im Grunde handelt es sich um ein Aufschieben von Belohnung. Stellen Sie sich vor, Sie sind auf einer Bergtour und wünschen sich so sehr eine Pause, bevor Sie den Gipfel erreicht haben. Sie verabreden mit sich: »Ein bisschen geht noch, noch bis da hinten, wo der große Baumstumpf ist.« Und wenn Sie am Baumstumpf angelangt sind: »Ein wenig noch, nur bis zu den Sonnenflecken auf der schönen Lichtung.« Genau nach diesem Schema können wir uns zum Beispiel beim Diäthalten austricksen: »Wenn ich heute durchhalte, gönne ich mir heute Abend ein wunderbares Schokoladeneis, falls ich dann noch eins will.« Besonders trickreich ist der Satz: »Falls ich dann noch eines will«, denn unter Umständen erlaubt Ihnen diese Technik noch ein weiteres Aufschieben der Belohnung.

So albern es klingt, aber diese Technik ist eine der großartigsten Methoden zur Stärkung unserer Willenskraft. Allerdings müssen wir schlau vorgehen und dürfen uns nicht zu sehr unter Druck setzen. Sonst macht uns die »Ego-Depletion« (Selbsterschöpfung) einen Strich durch die Rechnung.

Ich erinnere mich an einen Trainer, der uns am Ende des Trainings versprach: »Nur noch 50 Liegestütze, dann ist es endlich vorbei«. Weil er aber nach »30« wieder mit »20« begann und dann meist die »45« fünfmal ausrief, mussten wir viel mehr machen als ursprünglich geplant. Der Trick funktionierte, aber den Trainer mochte niemand wirklich gerne.

Das Marshmallow-Experiment von Walter Mischel

Walter Mischel ist ein emeritierter Persönlichkeitspsychologe. Sein Marshmallow-Test zeigt die Wichtigkeit der Impulskontrolle und des Aufschieben-Könnens von Selbstbelohnung für akademischen, emotionalen und sozialen Erfolg. Damit wird die Fähigkeit beschrieben, für das Erreichen langfristiger Ziele kurzfristig auf etwas Verlockendes zu verzichten. Das Ergebnis des Experiments sagt ebendiese Fähigkeit einer Person recht gut voraus. Das Experiment funktioniert folgendermaßen: Der Psychologe stellt einem Kind einen superleckeren Marshmallow vor die Nase. Dann sagt er dem Kind: »Hier, du hast einen Marshmallow. Ich gehe gleich aus dem Zimmer und komme in zehn Minuten zurück. Wenn du zehn Minuten wartest, dann bekommst du noch einen zweiten Marshmallow dazu und kannst beide essen. Aber wenn du diesen Marshmallow vorher aufisst, dann bekommst du keinen mehr.« Dann geht er raus und lässt das Kind allein im Zimmer sitzen. Belohnungsaufschub ist nicht so einfach. Vor allem nicht, wenn ein verlockender Marshmallow direkt vor der eigenen Nase liegt. Die meisten Kinder haben es nur ein paar Minuten ausgehalten. Und schwups, der Marshmallow verschwand in ihrem Mund. Und damit auch ihre Chance auf einen zweiten Marshmallow.

Dieses Experiment ist derzeit in Deutschlad tagesaktuell: Ein namhafter Süßwarenhersteller hat den Marshmallow-Test als Basis für einen Werbespot verwendet. Auch im deutschen Fernsehen können wir also täglich die Frustrationstoleranz von Kindern beobachten.

Abgesehen davon, dass es lustig ist zuzusehen, wie die Kinder versuchen, den Marshmallow nicht zu essen, steckt eine wichtige Einsicht in diesem Experiment: Manche Menschen sind besser zum Belohnungsaufschub in der Lage als andere. Man könnte auch sagen, dass sie über größere Selbstkontrolle verfügen. Sie sind imstande, kurzzeitig auf etwas zu verzichten, das sie gerne haben oder tun wollen, wenn es langfristig für sie einen größeren Gewinn bringt.

Diese Fähigkeit ist nicht so bedeutsam, wenn es um Marshmallows geht. Aber Belohnungsaufschub spielt in allen Bereichen des Lebens eine wichtige Rolle. Ganz egal, was Sie tun, ob im Berufs- oder Privatleben, wenn Ihnen der Belohnungsaufschub leichtfällt, haben Sie bessere Grundlagen, um sich erfolgreich in der Welt zu bewegen. Kinder, die imstande sind, Belohnungen aufzuschieben, sind oftmals nicht nur in der Schule erfolgreicher, sondern kommen auch im Sozialleben besser zurecht. Das sind also nicht die Streber, die von ihren Klassenkameraden gehänselt werden, sondern im Gegenteil oftmals diejenigen, die in der Oberschule von ihren Mitschülern am meisten respektiert werden. Das haben Befragungen gezeigt, die viele Jahre später nach dem Marshmallow-Experiment durchgeführt wurden. Auch haben Kinder, denen Belohnungsaufschub leichter fällt, in der Regel ein stärkeres Selbstbewusstsein als Kinder, denen es schwerfällt, eine Belohnung aufzuschieben.

Interessant ist auch, dass die Fähigkeit, Belohnungen aufzuschieben, ein recht sicherer Indikator für akademischen Erfolg ist. Sogar noch sicherer als der IQ (Intelligenzquotient).

Ein Beispiel dafür, dass Belohnungsaufschub (Gratifikationsaufschub) in unserem Alltagsleben eine Rolle spielt, ist die folgende Entscheidung: Sehe ich heute Abend fern und bestelle mir eine Pizza oder mache ich Sport und esse einen Fisch? Fernsehen und Pizza ist eine Belohnung im Hier und Jetzt und gibt sofort gute Gefühle, aber leider auf Kosten des langfristigen Glücks. Wer jedoch Sport macht und einen Fisch isst, der verzichtet kurzzeitig auf einen schönen Fernsehabend mit leckerer Pizza, aber wird dafür langfristig umso größer belohnt. Psychologen nennen so etwas »intertemporale Entscheidungen«, weil es eine Wahl zwischen einer Belohnung zu verschiedenen Zeitpunkten ist.

Gratifikationsaufschub ist ein wichtiger Bestandteil von Selbstdisziplin. Das nächste Mal, wenn Sie sich von einem Stück Schokolade in Versuchung geführt fühlen, wissen Sie: Hier habe ich eine Gelegenheit, mich im Belohnungsaufschub zu üben. Denn tatsächlich ist das eine Fähigkeit, die Sie trainieren können. Und wenn Sie sich belohnen, dann belohnen Sie sich doch am besten mit Dingen, die zum Glück langfristig mehr beitragen!

Lange bevor Walter Mischel in den 1960er-Jahren mit seinem Experiment für Aufsehen sorgte, gab es in fast allen Kulturen auf der Welt bereits das Konzept der Askese. Askese braucht Disziplin und ist mitunter nichts anderes als hingebungsvolles regelmäßiges Üben, vor dem Hintergrund der Überwindung innerer Haltungen wie Trägheit, Selbstsucht, Frust, Überheblichkeit und Anmaßung.

Ziel aller asketischen Übungen ist es, eine dauerhafte innere Haltung zu erreichen, die einen gerechten Ausgleich schafft zwischen dem eigenen Selbst und der Welt – und damit nichts Geringeres als Frieden. Leider denken viele heute, Askese sei lediglich völlig sinnfreier Verzicht. Und machen es sich dann lieber bequem.

Zurück zum Teamgedanken: Am stärksten unterscheidet sich das Menschenbild Chinas vom europäischen durch die Unterdrückung von Individualität. Gemeinschaftsbezogenheit, Hierarchie und Konformität stehen in China im Vordergrund. In meiner Verblendung habe ich das lange Zeit als Schwäche gesehen. Der Konfuzianismus betont nicht das kleine Ich, sondern das große Ich, nämlich das Wir. Nicht den Vorrang der Rechte, sondern die Priorität der Pflichten, und nicht das individuelle Eigeninteresse, sondern die Wechselseitigkeit stehen im Fokus. Zum konfuzianischen Menschenbild gehören Zurückhaltung und Bereitschaft zur dauernden Selbsterziehung. Teamwork knüpft da an, wo die Gruppendynamik des Exponierens aufhört.

Zwei Begriffe prägen das gesellschaftliche Leben in China: »Mianzi« und »Guanxi«. Unter »Mianzi« verstehen die Chinesen »das Gesicht«. Gesichtsverlust ist das Schlimmste, was einem Chinesen zustoßen kann. Verliert ein Chinese sein Gesicht, heißt es, er hat versagt. Dabei handelt es sich um sehr viel mehr als nur um eine peinliche Angelegenheit. Gesichtsverlust kann dazu führen, dass man seine Stellung in der Gesellschaft verliert, dass sich Freunde abwenden oder der Arbeitsplatz verloren geht. Wenn man dagegen sein Gesicht wahrt, gewinnt man Respekt, und wenn man jemandem dazu verhilft, sein Gesicht zu wahren, hat man meist auch den Grundstein zu einer Freundschaft gelegt.

Freunde, genauer gesagt Beziehungen, sind der zweite Aspekt der chinesischen Kultur. Der Chinese nennt sie »Guanxi«. Für die meisten Chinesen müssen Freundschaften auch einen Zweck erfüllen.

Ohne Freundschaft, Teamwork und Netzwerk geht in China gar nichts. Und so heißt das Ziel für jeden China-Besucher: Wahre dein Gesicht und schließe Freundschaften. Mit den Wǔ Dé ist beides gar nicht schwer. Chinesen sind bereit, sich unterzuordnen, zu disziplinieren, Regeln einzuhalten, solange das Verhältnis von Mianzi und Guanxi gewahrt wird.

Egal welches Ziel ich erreichen möchte: Wenn ich Mitglied einer Gruppe bin, die das gleiche Ziel hat, erhöht sich die Wahrscheinlichkeit, das Ziel zu erreichen. Warum also alles im Alleingang versuchen? Warum unnötig viel Kraft vergeuden? Denn wer ganz auf sich alleine gestellt ist, wird ohnehin Schwierigkeiten haben, erfolgreich zu werden. Und noch schwieriger wird es, mit einem Misserfolg zurechtzukommen. Jeder Mensch braucht ein Umfeld, von dem er Unterstützung bekommt. In guten und in schlechten Momenten seines Lebens. Schwierige Situationen lassen sich am besten meistern, wenn andere uns dabei helfen. Allerdings haben viele von uns Individualisten große Probleme mit sozialer Kompetenz und Gemeinschaftsfähigkeit. Für sie ist es bereits eine Herausforderung, in einer Gruppe nicht egozentrisch zu sein.

Im Kung-Fu gibt es keine Unterschiede in der Kleidung, keine signifikanten Unterschiede in der Graduierung. Alle sind Brüder. Das bedeutet in der Praxis, dass der Meister stets zu respektvollem Umgang miteinander anhält. Er übernimmt die Funktion des Familienoberhauptes und lehrt seine Schüler Selbstbeherrschung,

Rücksichtnahme und Einfühlsamkeit. Natürlich erfordert das eine Menge Disziplin.

Woran erkennen Sie ein gutes Team, ein gutes Netzwerk?

Was können Sie tun, wenn Sie merken, dass Sie noch Unterstützung brauchen? In einem guten Team verteilt man zu erledigende Arbeit nach den Fähigkeiten der Teammitglieder, teilt die Verantwortung für Erfolg und Misserfolg und geht gemeinsam durch dick und dünn. Nicht umsonst gilt: Geteiltes Leid ist halbes Leid und geteiltes Glück ist doppeltes Glück. Die wenigsten Menschen stellen sich proaktiv ein Dream-Team zusammen. Irgendwie traut man sich so etwas nicht. Versuchen Sie es trotzdem einmal, vielleicht zunächst einfach nur aus Spaß. Überlegen Sie sich ein Projekt. Nehmen Sie einen Zettel zur Hand und notieren Sie sich, wen Sie für das Projekt brauchen. Jemanden, der Ihnen schonungslos, aber konstruktiv die Wahrheit sagt. Jemanden, der Sie motiviert, wenn es Ihnen schlecht geht. Jemanden, der Ihnen Technik erklärt, und jemanden, der mit Ihnen über Taktik und Strategie spricht. Jede Position muss besetzt werden. Und wenn sich in Ihrem Umfeld niemand findet, suchen Sie ihn oder sie außerhalb.

Egal was Sie erreichen, verändern und umsetzen wollen, suchen Sie sich ein starkes Team. Und Sie werden gemeinsam Ihren unvermeidlichen Erfolg feiern.

Der Krabben-Effekt »falscher« Netzwerke

Das Thema Team ist noch nicht ganz abgeschlossen. Denn ich möchte Sie an dieser Stelle unbedingt warnen: Lassen Sie sich auf keinen Fall von einem falschen Netzwerk von Ihren eigenen Vorhaben und Träumen abhalten! Ich möchte nicht wissen, wie oft talentierte Menschen mit den besten Chancen von ihrem eigenen Umfeld ausgebremst worden sind.

Kennen Sie den Krabben-Effekt? Eine gefangene Krabbe versucht, aus dem offenen Korb des Fischers zu entkommen. Was macht der clevere Fischer? Er schmeißt eine zweite Krabbe dazu. Denn nun hindern sich beide gegenseitig am Fliehen und ziehen sich immer wieder zurück in den Korb … Zu diesem Verhalten neigen wir Menschen tendenziell auch.

Ein gutes Netzwerk erkennt man daran, dass sich alle, die darin verbunden sind, gegenseitig stärken und jeder gewinnt. Ein schlechtes Netzwerk erkennt man daran, dass sich seine Mitglieder von Erfolgen abhalten und keiner gewinnt. Es ist deshalb sehr wichtig zu erkennen, wer einen beim Verfolgen seiner Ziele unterstützen kann und wer nicht.

Mein großes Glück war, dass ich schon mit einem stabilen Netzwerk aufgewachsen bin. Von meinen Eltern habe ich starkes Rüstzeug mitbekommen: wie man offen auf Menschen zugeht und wie man sich Herausforderungen mit einem Lächeln stellt. Von meiner Mutter habe ich am meisten gelernt. Sie war es, die mir beibrachte, dass es kein Drama ist, wenn man mal auf die Nase fällt, und dass man Disziplin braucht, wenn man etwas erreichen möchte. Da war sie in jedem Fall viel konsequenter als mein Vater. Meine Mutter griff immer ein, wenn sie das Gefühl hatte, dass gerade etwas verkehrt lief. Allerdings haben wir stets darüber diskutiert. Mit Gründen und Gegengründen über einzelne Themen gesprochen und sie aus möglichst vielen Blickwinkeln betrachtet. Heute klingt das so einfach. Natürlich war ich damals oft so wütend, dass ich gerne die ganze Welt kurz und klein gehauen hätte. Wenn meine erste Wut allerdings verraucht war, erkannte ich oft, dass meine Mutter recht hatte. Und so konnte ich aus ihrer Erfahrung und ihren Argumenten wertvolle Erkenntnisse ziehen. Sie zählt noch heute zu den Personen, die ich gerne in meinem Dream-Team dabeihabe.

Lassen Sie uns noch mal gemeinsam nach China schauen. Zucht und Ordnung, Struktur und Planung sind dort für Disziplin elementar. In den chinesischen Kampfkunst-Schulen gelten strenge Regeln und straffe Strukturen und es gibt wenig Interpretationsspielraum.

Ich habe in Peking aber auch ganz andere Erfahrungen gemacht. Die Chinesen sind keineswegs davon überzeugt, dass sich der Grad Ihrer Disziplin im Grad ihrer Organisation und Zielplanung ausdrücken lässt. Im Westen denken wir überwiegend sequenziell, in linearen Kausalketten. Wir neigen deshalb dazu, komplexe Probleme in eine Abfolge von Einzelschritten zu unterteilen (Projektpläne, Meilensteine, Roadmaps etc.), um diese linear und weitgehend nacheinander abzuarbeiten. Chinesen hingegen denken ganzheitlich und zerlegen Abläufe nicht in Einzelschritte und komplexe Zusammenhänge, nicht in Teilprobleme. Für unsere Begriffe können und wollen Chinesen nicht planen. Trotzdem bringen sie Erstaunliches zustande. Im Improvisieren sind sie uns nämlich weit überlegen.

Dazu wieder eine kleine Geschichte aus meinem Leben: Ende 2012 war ich auf einer Messe in Peking. Mein Kunde war ein italienisches Unternehmen, das mit einem wirklich prachtvollen Messestand auf sich aufmerksam machen wollte. Nach drei aufregenden Messetagen sollte der Stand abgebaut werden. Da es in Peking ein Überangebot an günstigen Arbeitskräften gibt, spart dementsprechend keiner an Gruppenstärke. Quantität geht über Qualität. Das Messebau-Team rückte in unglaublicher Zahl an. Ich hatte Angst, es würden gar nicht alle auf den Stand passen. Ich erlebte, wie gefühlte 100 Personen – alles chinesische »Messebauer« – den Stand regelrecht gestürmt haben. Die Arbeiter sahen abenteuerlich aus. Jung und alt, dick und dünn, teilweise in Anzügen, teilweise in kurzen Hosen – jeder mit mindestens einem Werkzeug am Gürtel, um zu signalisieren: Achtung, ich bin ein professioneller Handwerker. Leider konnte ich die genaue Anzahl der Beteiligten nicht feststellen. Die Helfer waren so schnell, emsig, hektisch und einander viel zu ähnlich, als dass ich sicher hätte sein können, niemanden zweimal zu zählen. Es war ein wenig, als würde eine Schaar Ameisen über einen Donut herfallen. Ein einziges Auf und Ab. Der Stand wimmelte von Menschen und war innerhalb von 20 Minuten gänzlich verschwunden.

Dabei rannten die »Messebauer« teilweise mit einer einzigen Schraube in der Hand zum Lastwagen, um dann schwitzend zurückzukehren und die nächste Schraube herauszudrehen. Außerdem wurde erst der Fußboden rausgerissen, bevor man die Deckenbeleuchtung abnahm. Natürlich war es jetzt schwer, eine ebene Fläche für die Leiter zu finden. Kurzerhand wurde also die Leiter mit den Männern darauf getragen. Ich sah mich an die alten Stummfilme mit Buster Keaton und Stan und Olli erinnert, immer wenn einer ein langes Brett auf der Schulter trug und sich auf dem Stand umdrehte.

Ich beobachtete das kopfschüttelnd und hatte gleichzeitig ein süffisantes Lächeln der Bewunderung im Gesicht: Die Jungs waren so unglaublich schnell, dass man einen Guinness-Weltrekord hätte anmelden können. Was für ein Team!

Allerdings vermutlich nur für den Moment, denn diese Jungs werden wahrscheinlich, trotz sensationellem Teamwork, diesen Stand nie wieder irgendwo aufbauen können. Warum? Alles wurde planlos und wild einfach auf einen Haufen geworfen. Über diesem »Puzzle« könnten sicherlich sämtliche Mönche der Shaolin lange Zeit rätseln, ohne es jemals rekonstruieren zu können.

9. Wu Wei – Handeln durch Nicht-Handeln

»Wenn du auf dem Wasser reisen willst, ist ein Boot dafür geeignet, weil ein Boot sich auf dem Wasser in geeigneter Weise bewegt. Wenn du aber an Land gehst, kommst du damit nicht weiter und wirst nur Ärger haben und nichts erreichen, als dir selbst Schaden zuzufügen.«
Zhuangzi XIV

In der daoistischen Perspektive heißt Wu Wei 無 為 »Der Klügere gibt nach, nicht auf!« Es bedeutet auch, nicht etwas »Äußeres« sein zu wollen und nicht an irgendwelchen erdachten Zielen festzuhalten. Sondern einfach zu sein, wie und wer man ist, und dem Fluss des Lebens zu folgen. Das Tun ohne Tun (wei wuwei), das man zu Recht lange als Schlüssel zum Geheimnis östlicher Weisheit angesehen hat, ist ein klassisches Paradox mit einem schlechten Beigeschmack für uns im Westen. Bedeutet für uns Tatenlosigkeit nicht oft Verantwortungslosigkeit? Können oder sollen wir dem Übel und Elend der Welt gänzlich tatenlos zusehen? Wir müssen doch, wohl oder übel, etwas tun, so denken wir. Egal was wir auch tun, es wird mit Sicherheit noch immer besser sein als gar nichts. Aber wäre es um unsere Welt wirklich schlechter bestellt, wenn weniger getan und mehr gelassen worden wäre? Oder besser gesagt, mehr gelassen getan worden wäre?

Die Aufforderung zum Nicht-Tun hat nichts mit Passivität zu tun, sondern mit egolosem Tun. Es geht einmal wieder darum, sich dem selbstverhafteten Irrherz (siehe Seite 107) zu stellen.

Wer den Weg der Kampfkunst geht, um Meister zu werden, befindet sich auf einem nutzlosen Egotrip. Wer meditiert, um erleuchtet zu werden, ebenfalls. Auch wer versucht, glücklich zu sein, ist – vielleicht ein wenig schwerer zu erkennen – ebenso: auf einem nutzlosen Egotrip. Ich werde darauf im Kapitel »Glücksschmiede« (Seite 182) noch näher eingehen.

Ich bin mir nicht sicher, ob ich das Wu Wei in seiner daoistischen Bedeutung völlig erfasst oder ob ich es mit meinen westlichen Ansichten bereits ein wenig korrumpiert habe. Deswegen betone ich hier, dass es sich in diesem Kapitel um ein Werkzeug handelt, das ich auf meiner persönlichen Interpretation des Wu Wei aufbaue.

Zum besseren Verständnis hier ein klassisches Wu-Wei-Beispiel: Ich möchte mir ein Auto kaufen, damit ich jederzeit nach Berlin fahren kann. In unserer modernen Gesellschaft ist das kein Problem. Ich habe die Freiheit zu tun, was immer ich möchte (mit kleinen Einschränkungen). Um mir allerdings ein Auto leisten zu können, muss ich arbeiten. Genau genommen muss ich nicht nur für das Auto arbeiten, sondern auch für die Instandhaltung, die Versicherung und den Treibstoff. Damit relativiert sich meine Freiheit, jederzeit nach Berlin zu fahren. Überspitzt formuliert muss ich mir nun die Frage stellen: »Wann komme ich denn überhaupt dazu, nach Berlin zu fahren, immerhin muss ich ja jetzt mehr arbeiten?«

Der Daoist hingegen würde sich kein Auto kaufen. Er würde einfach darauf warten, dass sich für ihn Möglichkeiten ergeben, nach Berlin zu kommen. Vielleicht bekommt er ein Auto geschenkt? Vielleicht nutzt er die Bahn? Vielleicht hört er sich ein wenig nach einer Mitfahrgelegenheit um? (Wobei das vielleicht schon ein wenig zu viel für einen echten Daoisten wäre). Mit hoher Wahrscheinlichkeit würde er es voller Gleichmut hinnehmen, sollte sich keine Möglichkeit bieten. Er würde darauf vertrauen, dass der Fluss des Lebens jene Möglichkeiten anbieten wird, die richtig für ihn sind.

Damit sind die Möglichkeiten zwar beschränkter, jedoch gewinnt man dadurch die Freiheit, auf alle Dinge reagieren zu können. Spontan bereit zu sein für das, was einem das Leben anbietet. Und genau das ist es ja, was einem nicht möglich ist, wenn man viel Energie darauf verwendet, eigene Möglichkeiten schaffen zu wollen.

Die Faustregel für Macher und Anpacker: Am Anfang war die Tat. Die Replik der Daoisten: Am Anfang war das Tun ohne Tun.

Nach daoistischen Prinzipien muss niemand eine Arbeit ausführen, die er nicht um ihrer selbst willen mag, sondern nur tut, um sein Leben zu finanzieren. Stattdessen besteht die Möglichkeit, frei eine geliebte Tätigkeit auszuführen. So kann man sich selbst treu bleiben und muss sich nicht Dingen widmen, die für einen selbst irrelevant sind. Das Dao steht hinter folgendem Leitspruch: Wenn diese Dinge wichtig für jemanden wären, kämen sie ohnehin auf ihn zu.

Das klingt plausibel. Wer hätte sich im Stress dieser temporeichen Zeiten, von Tag zu Tag jagend, nicht schon klammheimlich bei dem verwerflichen Gedanken ertappt: Lieber ein freier Herumtreiber als ständig von Kosten-Nutzen-Rechnungen umgetrieben zu werden, lieber ein freier Vagabund als ein Sklave des Terminkalenders, lieber eine lustige krausköpfige Momo als ein Zeitblüten qualmender, grauer Herr?

Ich leite aus dieser Einstellung gerne die Lebensweisheit ab, die Hermann Hesse angeblich von Konfuzius hat: Was ist das Wichtigste im Leben? Treue zu sich selbst und Güte zu anderen.

Ich halte das Wu-Wei-Prinzip für ein vorzügliches Werkzeug, um zur richtigen Zeit und am richtigen Ort den Musculus disziplinus (Disziplin-Muskel) zu üben. Dazu gehört allerdings, dass wir Wu Wei etwas »sportlicher« definieren. Ich hoffe, eingefleischte Daoisten werden mir nicht böse sein, wenn ich den Begriff um eine Nuance verändere.

Wu Wei bedeutet nicht, dass man gar nicht handelt, sondern dass die Handlungen spontan in Einklang mit dem Dao 道 entstehen. Spontan? Da fällt mir Herr Kant ein. Vielleicht hätte er gerne den »daoistischen Imperativ« geprägt und postuliert: Handelt spontan! Leider, so scheint es, müssen wir davon absehen, spontan handeln zu können. Handlung ja – aber eben nicht in Übereifer oder blindem Aktionismus. Das wäre kraftraubend und hinderlich. Wu Wei wird dann ein Zustand der inneren Stille, der zur richtigen Zeit die richtige Handlung ohne Anstrengung des Willens hervortreten lässt. Leicht, mühelos und unbeschwert. Das Vollkommene wird im Daoismus als leer, weich und spontan gedacht und entsprechend sollte auch das Handeln sein. Das vollkommene Handeln erkennt intuitiv das beste Mittel, und es erscheint als sinnlos, seine Energie in unfruchtbaren Handlungen um der Handlung willen zu erschöpfen. Das Handeln sollte sich auf die geeigneten Umstände und Mittel beschränken.

Nach dem Prinzip des Wu Wei zu handeln, bedeutet also zunächst: Machen Sie die Augen auf und schauen Sie genau hin! Untersuchen Sie die Gesetzmäßigkeiten Ihrer Umgebung! Welche Gesetze gelten für Ihre Arbeit, Ihre Familie, Ihre Freunde, Ihr Umfeld, Ihre Kultur? Versuchen Sie, die Wirkungsweisen und Prinzipien zu verstehen und diese zu Ihrem Nutzen einzusetzen. So sparen Sie Kraft und kommen schneller voran. Ein simples Beispiel: Sie können auf einen Apfelbaum klettern, um einen Apfel zu pflücken. Oder aber Sie warten, bis er reif ist und in Ihre Hände fällt.

Zurück zum Daoismus. Hier geht es eher um die Gesetze des gesamten Kosmos. Der Weise hält es für sinnlos, seine Kraft in dem ständigen Willensakt der Handlung – in das nätürliche Wirken des Dao einzugreifen – zu verschwenden. Er zieht es vor, stattdessen lieber angemessen zu handeln. Es gilt also als Zeichen von Klugheit, wenn jemand sich möglichst wenig in das Wirken des Dao einmischt und sich ihm nicht entgegenstemmt. Eher als durch großen Energieaufwand erreicht man seine Ziele, indem man die natürlichen, selbsttätig ablaufenden Vorgänge nutzt, die durch das Dao gelenkt werden.

Wenn wir das Prinzip der Handlung ohne Kraftaufwand auf unseren Alltag übertragen wollen, müssen wir zunächst die Prozesse des Alltags beobachten und verstehen lernen. Indem wir die natürlichen Wandlungsprozesse nachvollziehen, erkennen wir, dass es für die meisten Handlungen einen richtigen Zeitpunkt gibt, an dem sie wie von alleine gelingen. Als Folge daraus stellen die Dinge, die wir zum richtigen Zeitpunkt erledigen, deutlich weniger Mühe dar. Sie scheinen uns zauberhaft leicht von der Hand zu gehen. Das bedeutet streng daoistisch genommen, dass Sie von einer To-do-Liste sowieso nur das erledigen können, wofür bereits der richtige Zeitpunkt gekommen ist.

Das Resultat daraus wäre für Sie eine großartige Entspannung, was Ziele und Aufgaben angeht. Der Daoist ist kein Schwächling, der nicht anpacken kann. Sein Tun ist ohne Tun, und das heißt nicht, dass er tatenlos zusieht. Er sieht zu, dass seine Taten gelöst sind, gelöst von seiner Selbstherrlichkeit und eingelöst in das selbstverständliche Zusammenspiel der Dinge. Ein fabelhaftes Prinzip! Wer allerdings unter starkem Zeitdruck steht, sollte entweder Nerven aus Stahl besitzen oder einen Plan B in der Tasche haben. Nicht, dass am Ende vor lauter Wu Wei und Abwarten der Zug bereits abgefahren ist.

10. 無毒蛇 Wudushe – Schlangentechnik, listiges Aufschieben

»Anyone can do any amount of work, provided it isn't the work he is supposed be doing at that moment.«
Robert Benchley

Dieses Zitat von Robert Benchley bezeugt, dass wir bereit sind, unglaubliche Mengen an Arbeit zu verrichten, Hauptsache, wir müssen nicht die Arbeit erledigen, die wir eigentlich zu erledigen hätten. Bitte überprüfen Sie Ihr Bauchgefühl, ob dieser Satz auch auf Sie zutrifft. Ich möchte Herrn Benchley nicht uneingeschränkt recht geben, aber manchmal lenke ich mich auch mit unwichtiger Arbeit ab.

Außerdem schiebe ich Dinge oft auf. Aufschieben wird als »Prokrastination« bezeichnet. Prokrastination kommt vom lateinischen »procrastinatio« – Vertagung –, das sich aus »pro« – für – und »cras« – morgen – zusammensetzt. Man kann es auch weniger akademisch als »Aufschieberitis« bezeichnen.

Mit dieser Information im Hinterkopf möchte ich Ihnen von der Technik des listigen Aufschiebens erzählen. Für List, Intelligenz und Klugheit steht in China die Schlange. Schlangen, so sagt der chinesische Volksmund, sind sehr kreativ und anpassungsfähig. Sie treffen keine Entscheidungen aus dem Bauch heraus, sondern taktieren. Auf effektive Weise erreichen sie ihr Ziel. Dabei nehmen sie in Kauf, ethisch nicht immer ganz einwandfrei vorzugehen. Generell ist für Schlangen ein entsprechendes Maß an Ruhe und Komfort sehr wichtig. Sie arbeiten schnell und zielsicher unter Druck, lassen sich aber ungern gängeln. Diese Attribute für die Schlange entstammen dem chinesischen Horoskop. Somit ist die Schlange das ideale Symbol für die Technik des listigen Aufschiebens.

Manche Menschen neigen persönlichkeitsbedingt zu späterer Handlungsinitiierung. Sie schaffen es nur unter großer Überwindung, Tätigkeiten, die als langweilig empfunden werden (und deren Gewinn erst sekundär oder langfristig entsteht), anzupacken. Dabei sind sich die Betroffenen der ihnen durch das Verschieben entstehenden persönlichen Nachteile durchaus bewusst, was wiederum Unlust oder sogar Angst auslöst. Unlust und Angst ihrerseits erschweren wiederum das In-Aktion-Treten oder machen es gar unmöglich.

Mit dem richtigen Trick allerdings kann Aufschieben produktiv sein. Versuchen Sie, das Problem aus der Perspektive der listigen Schlange zu sehen: Dinge, die wir tun, um ungeliebte Arbeit zu vermeiden, bringen uns weiter. Ich zum Beispiel räume erst einmal die Küche auf, um mich davor zu drücken, den ersten Satz zu schreiben. Auch Einkaufen, sonst nicht gerade meine Lieblingstätigkeit, fällt mir ganz leicht, wenn ich auf diese Weise die Umsatzsteuervoranmeldung verschieben kann. Ich schaffe es sogar, meine Pullover von Hand zu waschen. Hauptsache, ich muss dieses unangenehme Telefonat, das ansteht, nicht führen. Es gibt scheinbar unendlich viele Dinge, die ich tue, um andere Dinge zu vermeiden. Man kann also nicht von Faulheit sprechen – im Grunde bin ich produktiv.

Vielleicht kennen Sie das Gefühl, am Morgen einfach nicht den »An«-Schalter für Ihr Hirn zu finden? Oder Sie kommen ins Büro und werden erst einmal von Chaos überfallen? Oder es kommt alles gleichzeitig? Sie haben einen dicken Kopf, es herrscht ohnehin Chaos im Büro und ständig klingelt das Telefon mit irgendwelchen Notfällen. In diesem Falle ist es nicht dumm, mit intelligentem Aufschieben in den Tag zu starten. Sie wissen ja bereits, dass Stress, Angst, Druck, Chaos in null Komma nichts Ihre Willenskraft absaugen werden. Also holen Sie sich erst einmal einen Kaffee und sorgen für Ihr leibliches Wohl. Als Nächstes beginnen Sie mit dem Wässern der Topfpflanzen, dem Abheften der Briefe und dem Ordnen des Chaos. Damit meine ich nicht, dass Sie alle Probleme sichten und lösen. Ich denke eher an eine Montessori-

SCHÜTT-WEG-Übung: Von einem Stapel auf den nächsten Stapel umschichten. Das mag zunächst komisch klingen, aber Sie können darauf wetten, dass sich Ihr Unterbewusstsein einschaltet und Ihnen hilft. Bereits beim Umschichten der Stapel werden Sie eine unbewusste (Re-)Priorisierung vornehmen. Sie werden ein Gefühl dafür bekommen, was Sie als Nächstes erledigen können, und zwar proportional zu der Ihnen zur Verfügung stehenden Kraft. Schuldgefühle, Selbstzweifel, Selbsthass sind an solchen Tagen völlig fehl am Platz. Machen Sie so kleine Schritte wie möglich – aber bleiben Sie dran.

Manchmal, so können wir aus dem Wu-Wei-Kapitel ableiten (siehe Seite 142), ist es nicht ratsam, sich zu zwingen. Man muss nicht ständig mit dem Kopf durch die Wand. Warum nicht versuchen, Aufgaben, die delegiert werden können, zu delegieren, und Dinge, die aufgeschoben werden können, aufzuschieben? Wie viele der Dinge, die Sie bereits seit Jahren aufgeschoben haben, haben sich wie von selbst erledigt oder in Luft aufgelöst? Ich kenne einen Spruch, den man mit Fug und Recht als »altdeutsche Beamtenweisheit« bezeichnen kann: »Die meisten Probleme lösen sich von alleine, man darf sie nur nicht dabei stören.« Vorsicht, der radioaktive Zerfall setzt erst nach sehr langer Zeit ein! Irgendwann werden Sie sich Ihrer vollgestopften Garage oder dem zugestellten Dachboden stellen müssen. Wenn es gar nicht anders geht, stellen Sie jemand anderen an für diese Arbeit. Die Fähigkeit des Delegierens beginnt nicht erst im mittleren Management!

Das Aufschieben kann im Rahmen der richtigen Priorisierung auch einen entscheidenden Mehrwert haben. Machen Sie dazu eine To-do-Liste mit zwölf Punkten und beginnen Sie mit dem zweitwichtigsten. Selbst wenn Sie den unangenehmsten Punkt bis zum Schluss aufschieben, werden Sie so doch eine ganze Menge abarbeiten. Sie sammeln Erfolgserlebnisse und haben das Gefühl, produktiv zu sein. Wahrscheinlich haben Sie gegen Ende so viel

Momentum (Impuls, Drive, Energie), dass Sie den unangenehmen Punkt einfach noch miterledigen. Wenn Sie in den Flow kommen, hören Sie meist nicht mehr auf, bis die Punkteliste abgearbeitet ist. Jetzt haben Sie sich eine Belohnung verdient, die Sie dann in Gedenken an Walter Mischell (siehe Seite 131) gerne für längere Zeit aufschieben dürfen – Sie sind auf Erfolgskurs!

Vielleicht können wir das Prokrastinieren noch in einem anderen Zusammenhang nutzen? Ich habe nämlich das Gefühl, dass meine Gedanken häufig nicht planvoll und zielgerichtet sind. Ich kann nichts dagegen machen. Gedanken tauchen einfach auf. Sie sind oft ungeordnet zahlreich, zusammenhangslos und wiederholen sich ständig. Lästigerweise haben sie die Eigenart, ständig über gelösten und ungelösten Problemen, Sorgen oder Visionen zu kreisen. Diese Gedanken sind sorgenvoll und grüblerisch, in einem Wort: kraftraubend. Wenn das auf Sie zutrifft, was würde Ihnen die listige Schlange raten? Vielleicht wäre es sinnvoll sich darin zu üben, das viele Denken aufzuschieben? In anderen Worten: Ich könnte die uns Menschen eigene Angewohnheit zum Aufschieben dazu nutzen, ein wenig gedanklichen Leerlauf zu erzeugen.

Wenn es stimmt, dass das viele Denken die Ursache für Willenskraftverlust und Erschöpfungszustände ist, ist es dann nicht sinnvoll, diesen Kraftverlust zu unterbinden?

Das gelingt auf die einfachste Weise: einfach nicht denken! Das Problem ist nur: Das ist schwer umzusetzen. Vielleicht kann man das Nicht-Denken bei einer Meditation üben? Suchen deshalb alle Wellenreiter die »Tube«, jenen Ort in der Welle, an dem die Zeit stillsteht und an dem sämtliche Gedanken dahinschmelzen? Brauchen Fallschirmspringer diesen kurzen Moment des freien Falles, um im Rausch des Adrenalins an nichts zu denken? Und sind deswegen alle Yogis stets nur mit dem nächsten Atemzug beschäftigt? Stehen unser Glück und unsere Kraft umgekehrt proportional zur Anzahl unserer Gedanken? Es stellt sich außerdem die Frage, ob die Anzahl unserer Gedanken mit unserem Intelligenzquotienten zu tun hat. Seelig wären dann die Dummen. Allerdings: Wer will schon freiwillig dumm sein? Was ist, wenn man gerade intelligent genug ist, um zu erkennen, dass man unglücklich ist, aber zu dumm, um etwas zu verändern?

Wenn Sie noch einmal die listige Schlange in sich konsultieren wollten, würde Sie sie vielleicht fragen: »Gibt es einen Trick, der es uns ermöglicht, absichtlich in diesen Zustand der Selbstvergessenheit zu geraten? Kann ich mich mit Absicht stimulieren, damit ich lästige Aufgaben im Flow erledigen kann?«

Ich behaupte, man kann es üben. Sie erinnern sich bestimmt: Energie folgt der Aufmerksamkeit. Je achtsamer Sie in der Lage sind, Ihre Aufmerksamkeit auf die anstehende Tätigkeit zu richten, desto höher ist die Wahrscheinlichkeit in den begehrenswerten Zustand zu wechseln. Im Flow angekommen, können Sie die Prokrastination listig austricksen. Also fangen Sie mit kleinen Aufgaben an und wässern sie tatsächlich Ihre Topfpflanzen. Falls Sie keine haben, nutzen Sie die Chance, welche zu kaufen. Außerdem müssen Sie in der Lage sein loszulassen.

11. Loslassen und Miesmacher meiden

Vielleicht haben Sie sich schon gleich beim Lesen dieser Überschrift gefragt, wie das eine Technik sein kann? Erinnern Sie sich noch an das, was unsere Willenskraft verringert? Ich habe einen Punkt aufgespart, der in diesem Kapitel zur Anwendung kommen soll. Es ist eine Arbeitshypothese, kein Dogma. Ich habe seit Langem den Verdacht, dass einer der größten Energieverschwender das Festhalten ist. Wir hängen einfach an allem: Stress, Druck, Erwartungen an uns selbst, Erwartungen an andere. Folgerichtig ist die Lösung: Loslassen! Energie wieder fließen lassen. Im Grunde macht uns Loslassen frei und Festhalten abhängig. Die Erfahrung zeigt: Gerade das, was wir am stärksten festhalten, wird uns meist entrissen. Loslassen ist eine wichtige Übung für unsere Energiebilanz. Loslassen nach Art der Shaolin ist die Befreiung von Dingen, Personen, Meinungen und mehr. Loslassen bedeutet nicht, nichts haben zu wollen oder nichts mehr zu machen.

Wir müssen uns bewusst machen, wie viel Energie wir verlieren, wenn wir …

- den Istzustand nicht akzeptieren,
- Menschen, Meinungen, Verhalten verurteilen,
- Angst vor Misserfolgen haben,
- vergleichen,
- negative Gefühle hegen,
- für das falsche Ziel oder auf die falsche Weise kämpfen,
- Schuldgefühle haben.

All diese Verhaltensweisen haben mit dem Festhalten zu tun. Deshalb sollten Sie loslassen lernen! Loslassen heißt nicht aufgeben. Die Konsequenz des Loslassens ist weniger Energieverlust, weniger Energieblockaden, weniger Verspannungen. Loslassen ist die Eintrittskarte, um im Hier und Jetzt leben zu können.

Hier ein paar Leitsätze für Sie zum Loslassen:

- Ich lasse meine Vergangenheit los.
- Ich lasse das Hässliche nicht in mein Leben.
- Ich rede mir nichts ein. Ich habe Hemmungen, mir schreckliche Dinge einzureden.
- Ich vergeude keine Zeit mit der Suche nach einem Hindernis, es könnte keines da sein.
- Ich mache Probleme nicht zur Hauptsache in meinem Leben.

- Ich will, wenn etwas schiefgeht, zuerst prüfen, was sich Positives hinter dieser Situation verbirgt.
- Ich stelle mich meinen Ängsten, übe mich in Mut, überwinde mich.
- Ich bin nicht Gefangener meiner Sorgen und Ängste.

Zum Loslassen gehört übrigens auch, Miesmacher zu meiden. Die kennen Sie doch auch, oder? Menschen, die ständig an allem nörgeln. Es sind Krafträuber. Egal mit welcher neuen Idee Sie diese Menschen konfrontieren, egal wie viel Elan und Enthusiasmus Sie verbreiten, Miesmacher werden Sie runterziehen. Wenn Sie also gerade Neues für sich erobern wollen, sparen Sie Ihre Kraft und meiden Sie Personen, von denen Sie bereits wissen, dass sie Ihnen alles schlechtreden werden.

12. Schmerz als Lehrmeister

Meine Hände zittern, in meinem Kopf rauscht das Blut, von meiner Stirn tropft der Schweiß. Alles tut weh und ich kann nicht mehr. Wenn ich jetzt zusammenbreche, werde ich mit dem Kopf auf den Betonboden schlagen. Meine Füße lehnen hoch über mir an der Wand. 20 Minuten Handstand sind gefordert. Während der Schmerz mir fast die Besinnung raubt, glaube ich, die Schritte meines Meisters zu hören. Sie schreiten die Reihe der Schüler ab und kommen auf mich zu. Ich schiele an meiner Nasenspitze vorbei und erkenne seine Schuhe.

»Sifu«, krächze ich.

»Da musst du durch«, höre ich und sehe, wie sich die Schuhe samt Meister darin wieder von mir entfernen.

In meinen Vorträgen werde ich sehr oft gefragt: »Steht die Fähigkeit, Schmerz aushalten zu können, im Zusammenhang mit dem

Training von Willenskraft und Disziplin?« Die Antwort darf »Jein« lauten. Ich finde, die Auseinandersetzung mit Schmerz sollte individuell sein. Wer sich mit Kampfkunst beschäftigt, fragt sich zwangsläufig, warum die Auseinandersetzung mit Schmerz unausweichlich ist.

Nicht nur, dass man in den Kampfkünsten von seinem jeweiligen Partner ständig getreten, geschlagen, gehebelt oder gewürgt wird – ständig geht es an die Grenzen der Bequemlichkeit und ein wenig darüber hinaus. Sei es beim Dehnen, beim Abhärten, beim Sparring oder bei Partnerübungen – der Schmerz ist ein dauerhafter Begleiter. In China habe ich folgenden Satz gehört: »Schmerz ist der beste Lehrmeister, er bringt uns immer in Bewegung.«

Man kann verleitet werden, solch einem Satz mit Unverständnis und Kopfschütteln zu begegnen, denn ohne den kulturellen Hintergrund und ohne Tiefe klingt er tatsächlich eher nach einem Zitat von Chuck Norris oder zumindest nach oberflächlichem Machismo.

Ich erinnere mich an den Marathon in New York. Dort habe ich folgenden Spruch das erste Mal gelesen: »Pain ist temporary, pride is forever.« Schmerz geht – Stolz bleibt. Da ist was dran, es geht ja schließlich ums Durchhalten. Allerdings wissen wir, dass die Erkenntnis alleine noch lange nicht zum Handeln führt. Sprüche können definitiv leicht und schnell geschrieben werden. Sie dagegen umzusetzen, führt uns oft an Grenzen.

Von einem guten Freund habe ich mir folgenden Macho-Satz gemerkt: »Schmerz ist Schwäche, die den Körper verlässt.« Offen gestanden findet man solche Sätze als 16-Jähriger lustig, nicht aber, wenn man ernsthaftes Kung-Fu übt. Das Schmerzempfinden bewahrt uns vor größeren körperlichen Schäden und muss ernst genommen werden. Schmerz ist niemals sinnlos, er ist die Sprache unseres hundertprozentig zuverlässig funktionierenden Körpers, um uns auf Missstände und Gefährdungen hinzuweisen. Jeder

Knochen, jedes Gelenk, alle Muskeln, unser Gehirn, die Organe, alles, woraus wir bestehen, ist in einem sensiblen Regelkreis miteinander verbunden. Es ist logisch, dass unser Bewegungsapparat und alle körperlichen Prozesse dann optimal ablaufen, wenn wir unseren Körper so fordern, wie es seine Konstruktion vorgibt.

Für die Shaolin ist Schmerz in dreifacher Hinsicht ein guter Lehrmeister:

1. **Der klassische Herdplatten-Effekt**
   Dort, wo es wehtut, machen wir denselben Fehler nicht allzu häufig wieder. Wenn ich im Zweikampf meine Deckung verliere und einen Treffer kassiere, dann nehme ich sofort wieder die Deckung hoch. Wenn ich freihändig Fahrrad fahre und ein Steinchen sorgt für einen Sturz, dann werde ich meine Hände das nächste Mal am Lenker lassen. Und wenn ich die Deckenlampe anschließe, aber vergesse, die Sicherung rauszumachen, kann es passieren, dass ich einen Stromschlag bekomme. In anderen Worten handelt es sich hier um die Geschichte von der Hand auf der Herdplatte. Man kann es einem Kind tausendmal erklären, es wird die Erfahrung trotzdem machen müssen. Die Aufgabe der Eltern, des Lehrers könnte sein, dafür zu sorgen, dass die Herdplatte nicht lebensgefährlich heiß ist. Der Schmerz lehrt uns in solchen Fällen schneller und nachhaltiger als 1.000 beschreibende Worte.

2. **Abhärtung durch Training**
   Nicht der Körper ist entscheidend, sondern der Geist. Das Trainieren des Schmerzempfindens ist ein Bestandteil fast aller Kampfküste. Mit gezielten Volltreffern werden bestimmte Körperteile so stark gereizt und überlastet, dass eine Schmerzunempfindlichkeit daraus resultiert. Nicht

deswegen, weil die Trainierenden mehr Muskeln bekommen, sondern weil diese Art von Training die Schmerzverarbeitung im Gehirn beeinflusst. Die Wettkampfschüler empfinden am Ende tatsächlich weniger Schmerzen und können dann im Wettkampf besser standhalten, wenn sie ähnliche Treffer oder sogar Verletzungen erleiden. Wenn wir häufig dem gleichen Schmerz ausgesetzt sind, wirkt dessen Intensität inflationär.

Diejenigen unter den Shaolin, die besondere Abhärtungstechniken wie »das eiserne Hemd« trainieren, erzielen durch Konzentration und Abstumpfung einen Effekt, der das Schmerzempfinden komplett aussetzen kann. Allerdings glaube ich angesichts dieser speziellen Technik, dass es dabei weniger um Meditation und Konzentration als vielmehr um Verödung von Nervenfasern geht. Zum »eisernen Hemd« gehört nämlich, dass der Trainierende von einem Partner 150 Fußtritte immer auf dieselbe, genau definierte, höchst empfindliche Stelle bekommt. Ich trainiere diese Fertigkeit nicht, aber ich behaupte, dass »Mann« hier mit Konzentration schnell an die Grenzen des Machbaren gelangt – wenn Sie verstehen, was ich meine. Vielmehr erfährt nach einer solchen Behandlung das Körperteil Hoden eine leichte Funktionsstörung, während das männliche Glied im wörtlichen Sinne eine »Abhärtung« bekommt, die sonst nur durch Baden in eiskaltem Wasser generiert werden kann. Spaß beiseite, ich glaube tatsächlich, dass die psychische Akzeptanz von Schmerzen bei Kampfkünstlern anders ausfällt. Natürlich ist das Empfindungsvermögen von Mensch zu Mensch unterschiedlich, aber vom persönlichen Nullpunkt aus betrachtet sind wir in der Lage, mit unserer Konzentration die Schmerzschwelle zu verschieben. Allerdings erfordert dies jahrelanges Training.

3. **Wahrnehmungsschulung**
   Wenn wir lernen, den Schmerz zu kontrollieren, wird er zu einem Werkzeug. Wir lassen uns dann nicht mehr von Schmerzen kontrollieren, weil wir verzweifelt versuchen, ihnen ständig auszuweichen. Wir lernen, den Schmerz wahrzunehmen, zu akzeptieren und im richtigen Augenblick weiterzusenden, sodass er uns nicht aus dem Gleichgewicht werfen kann. Eine gute Übung ist Ma Bu, die Reiterstellung. Der Schmerz kommt unausweichlich. Er schädigt uns nicht, er lehrt uns, dass es leichter wird, wenn wir ihn akzeptieren. Jede unangenehme Situation, in der wir durchhalten müssen, ist demnach ein guter Lehrmeister.

Eine befreundete Psychologin bot mir folgenden Diskurs zum Thema Schmerz an, als sie sagte: »Ihr Männer, ihr könnt euch nur über Schmerzen spüren. Ja, wenn es wehtut, spürt ihr, dass ihr noch am Leben seid. Immer müsst ihr über eure Grenzen gehen – ihr definiert euch durch rohe Gewalt und stumpft gegen sensible Dinge ab.«

Damit mag sie im Einzelfall recht haben – es gibt tatsächlich viele Schmerzmasochisten – aber das Pauschalurteil ist völlig fehl am Platz.

Ich halte dagegen: Wer seine Wahrnehmung schult, der schult auch seine Sensibilität für Schmerz. Aber das Schmerzgefühl ist nicht negativ behaftet, sondern selbstverständlicher Teil unseres Trainings. Ich würde sogar so weit gehen, dass ich nicht zwischen körperlichen und psychischen Schmerzen unterscheide. Abgesehen davon, dass so manch seelischer oder psychischer Schmerz kaum auszuhalten ist, wandelt er sich häufig in psychosomatische Symptome und manifestiert sich dann wirklich als körperlicher Schmerz.

Da dieses Buch den Anspruch erhebt, sich allgemeiner mit dem Thema Disziplin auseinanderzusetzen, möchte ich noch einen anderen Bezug herstellen, der mit Sport nichts zu tun hat. Es kann wirklich schmerzhaft sein, an einem Stückchen Kuchen vorbeizugehen. Es ist schmerzhaft, einem Gruppenzwang nachzugeben oder einen Gruppenzwang auszuhalten. Es kann körperlich schmerzhaft werden, zwischen zwei Stühlen zu sitzen, zwei unterschiedliche Ziele anzustreben oder eine unbequeme Situation einfach nur erdulden zu müssen. Sie kennen das Gefühl, einer Situation ausgeliefert zu sein, wenn es Sie innerlich zerreißt? Sie kennen das Gefühl, ungerecht behandelt zu werden? Sie kennen den Schmerz von Liebeskummer? Manchmal fragt man sich, warum dieses kleine, törichte Herz nicht aufhört zu schlagen, so weh tut es. Wie gehen wir mit dem Schmerz um, den eine abfällige Geste, ein missbilligender Ton, ein beleidigender Satz hervorrufen kann? Wird unsere emotionale Befindlichkeit oder sogar unsere Motivation dadurch beeinflusst? Verzichten wir auf ein Ziel – aus Angst vor einem seelischen Schmerz?

Sie sehen, wir alle – Kampfkünstler oder nicht – kommen an dem Thema Schmerz nicht vorbei. Patentrezepte gibt es nicht. Lediglich behutsame und sorgfältige Aufmerksamkeit uns selbst gegenüber kann uns helfen. Ich behaupte, auch seelischer Schmerz ist ein guter Lehrmeister. Er bringt uns in Bewegung. Im Folgenden einige Hinweise zum Umgang mit Schmerzen, die sowohl psychischer als auch körperlicher Natur sein können.

Fünf Methoden der psychologischen Schmerzbewältigung

1. Schmerzen sind bewusst beeinflussbar. Wir sind ihnen nicht ausgeliefert, sondern können sie gezielt lindern.
2. Wie stark wir Schmerzen empfinden, das ist in hohem Maße abhängig von unserer Psyche. Je wichtiger wir den Schmerz nehmen und je mehr wir uns auf ihn konzentrieren, als desto unangenehmer nehmen wir ihn wahr.

3. Ärger, Stress und andere negative Emotionen wirken schmerzverstärkend, weil sie die Ausschüttung körpereigener Schmerzmittel (Endorphine) unterdrücken. Gute Laune und Glücksgefühle hingegen wirken schmerzlindernd und fördern die Freisetzung körpereigener Schmerzmittel.
4. Wenn wir davon ausgehen, dass etwas wehtun wird, empfinden wir tatsächlich Schmerzen dabei.
5. Allein die Überzeugung, angeblich ein Schmerzmittel eingenommen zu haben, senkt unsere Schmerzempfindung, indem es die Ausschüttung körpereigener Schmerzmittel unterstützt.

Pragmatische Tipps zum Umgang mit Schmerz

In diesem Kapitel geht es nicht um Schmerzen, die man hat, wenn man eine Faust ins Gesicht bekommt oder sich die Finger in der Autotür einklemmt. Es geht vielmehr um körperliche Schmerzen, die scheinbar grundlos auftreten und uns quälen, ohne dass wir nachvollziehen können, warum. Es geht um Schmerzen, die entweder als Nerven- oder Gelenkentzündung erklärt werden oder als Folge von Verschleiß. Es geht um Migräne und alle Arten von Kopfschmerzen. Es geht um Nacken- und Rückenschmerzen, kurz: Es geht um die Schmerzen, die eine massive Einschränkung unserer Lebensqualität bedeuten. Wenn Ärzte mit ihrem Latein am Ende sind, pauschalisieren sie oft. Ist die Ursache für den Schmerz nicht zu finden, hört man häufig: »Das liegt am Verschleiß.«

Aber kann die Verschleiß-Theorie, die auf Radlager, Luftfilter und Scheibenwischblätter eines Autos zutrifft, auch pauschal auf unseren Körper angewendet werden? Ich wage, das zu bezweifeln. Das Radlager besteht aus totem Material, unser Körper aus etwa 70 Billionen lebenden Zellen, die sich permanent erneuern. Zwischen 10 Millionen und 50 Millionen Körperzellen pro Sekunde baut der menschliche Körper ab und ersetzt sie durch neue Zellen.

Unser Körper bildet ständig neue Haut-, Blut- oder Schleimhautzellen und sorgt für »Nachschub«. Das ist ein automatischer Prozess.

Ebenso tauchen auch manche Schmerzen plötzlich wie aus dem Nichts auf, um dann ganz von selbst wieder zu verschwinden. Einige sind morgens am stärksten, lassen nach dem Aufstehen nach, verändern sich bei Stress, Wetterumschwung oder Zugluft. Man sollte den Schmerz im Zusammenhang sehen. Jeder kennt die Regel: Höre auf deinen Schmerz, lass das, was wehtut, sein! Dieses gilt für Verletzungen und Überbeanspruchung der Muskulatur, zum Beispiel Zerrungen. Der gezerrte Muskel krampft in einer Schutzreaktion zusammen, der Körper sendet Schmerz, um die Änderung des muskulären Gleichgewichtes anzuzeigen und dadurch entstehende Fehlbelastungen zu vermeiden. Erholt sich der gezerrte Muskel, lässt der Schmerz nach, bis der Normalzustand wiederhergestellt ist. Unterlässt man nach diesem Prinzip schmerzhafte Bewegungen, gibt man seinem Körper Zeit, sich selbst zu heilen und zu erholen.

Was ist jedoch mit Schmerzen, die durch Verschleiß und Abnutzung ausgelöst werden? Der Fachbegriff für dieses Phänomen ist »degenerative Schmerzen«. Diese werden meist durch einseitige oder übermäßige Belastung ausgelöst und führen zu verkürzten Muskeln. Was zur Folge hat, dass die Betroffenen meistens aufgrund der Schmerzen jegliche Anstrengung, Belastung und Bewegung vermeiden. Dadurch setzt eine Negativspirale ein: Denn der ohnehin verkürzte und schmerzende Muskel degeneriert aufgrund mangelnder Bewegung noch stärker, und es folgen immer größere Schmerzen. Je mehr man also versucht, degenerative Schmerzen zu verhindern, desto stärker werden sie. Das bedeutet, hier funktioniert die Sprache der Schmerzen also nicht mehr.

Diese Negativspirale geht sogar so weit, dass die Schädigungen, vor denen uns unser Körper mittels Schmerzsignalen eigentlich warnen wollte, tatsächlich eintreten. So können ganze Körperteile irreversibel geschädigt werden. Die einzige ursächliche Lösung besteht in der Herstellung eines dauerhaften muskulären Gleichgewichtes. Sprich Gelenke, Muskeln, Sehnen und Bänder müssen so zusammenspielen, wie es in der Konstruktion vorgesehen ist. Und, um die Analogie mit dem Auto ein weiteres Mal zu strapazieren, das gesamte System muss gepflegt werden und sollte regelmäßig zur Inspektion, zur Pflege.

Hilfe bei körperlichen Schmerzen

1. **Entspannung**
   Schmerzzustände treten wesentlich häufiger bei großer Belastung oder Stress auf. Wenn wir entspannt sind, empfinden wir Schmerzen weniger stark. Da Entspannung das Schmerzempfinden entscheidend beeinflussen kann, macht es Sinn, verschiedene Entspannungstechniken einzusetzen, ob autogenes Training, Meditation, Massage oder progressive Muskelentspannung.

2. **Die isometrische Übung**
   Setzen oder legen Sie sich hin und machen Sie die Augen zu. Nun spannen Sie sämtliche Muskeln Ihres Körpers fünf Sekunden lang an – sodass Sie ein dezentes Ziehen empfinden. Dann lassen Sie wieder los und spüren etwa doppelt so lange (10 Sekunden) der wohligen Entspannung in Ihrem Körper nach. Am besten, Sie wiederholen diese Übung und wechseln mehrere Male zwischen An- und Entspannung ab.

3. **Bauchatmung**
   Fokussieren Sie sich auf Ihre Atmung. Atmen Sie tief ein, sodass Sie es bis in den Unterbauch spüren können. Stoßen Sie die eingeatmete Luft nun ganz langsam wieder aus. An-

schließend halten Sie Ihren Atem an und zählen währenddessen von 1001 bis 1006. Jetzt atmen Sie wieder ein, halten Ihren Atem erneut an, während Sie noch mal zählen. Wiederholen Sie das einige Male.

4. **Aufmerksamkeitslenkung**
   Und wenn es doch wehtut? Lenken Sie sich ab! Verlagern Sie Ihren Fokus und Ihre Aufmerksamkeit vom Schmerz weg auf andere (innere oder äußere) Inhalte, zum Beispiel auf nicht-schmerzende Teile des Körpers, einen Gedanken, eine Vorstellung oder äußerlich auf ein Bild, ein Gespräch, einen Menschen …
   Hilfreiche Gedanken sind zum Beispiel: »Heute ist der Schmerz weniger stark, als er schon einmal war«. Oder: »Alles ist vergänglich, auch der Schmerz.«
   Worüber können Sie so richtig herzhaft lachen? Was macht Ihnen besonders viel Spaß? Egal ob es ein Kabarett-Besuch, Ihre Lieblings-TV-Serie, ein Witz oder Purzelbäumeschlagen ist, Hauptsache es bringt Sie zum Lachen. Denn beim Lachen setzt Ihr Körper natürliche Schmerzmittel frei. Beschäftigen Sie sich mit Dingen, die Ihre Stimmung heben. Gute Laune ist die beste Medizin!

5. **Bewegung**
   Raffen Sie sich auf – auch wenn es Ihnen schwerfällt –, und bringen Sie Ihren Körper in Bewegung, sofern keine medizinischen Gründe dagegensprechen. Sie werden dadurch abgelenkt, seelische und körperliche Verspannungen lösen sich, Sie bekommen eine bessere Stimmung und Ihr Körper bleibt beweglich. Fast alle Schmerzzustände werden durch Bewegung günstig beeinflusst.

Mir fällt noch etwas Wichtiges ein: Es soll irgendwo einen Gallier geben, der einen mystischen Zaubertrank braut. Dieser Trank macht Sie schmerzunempfindlich, unverwundbar und nahezu unbesiegbar. Solange ich diesen Druiden allerdings noch nicht gefunden habe, muss ich achtsam mit mir sein. Vielleicht würde mir auch ein Trank helfen, bei dem ich fest an dessen positive Wirkung glaube? Denn die Kraft der Gedanken ist schließlich bewiesen. Was es mit den positiven Gedanken auf sich hat, lesen Sie im Folgenden …

13. Positives Denken

Techniken wie das positive Denken sind nur äußerst eingeschränkt wirksam. Warum? »Positives Denken« ist eine sehr beliebte »Lösung«, um die Widrigkeiten des Lebens zu meistern. Darüber existiert viel Literatur, in der auch meistens die richtige Idee vermittelt wird, die das Denken und Fühlen beeinflussen kann. Das positive Denken birgt aber auch Gefahren, auf die ich im Folgenden näher eingehen möchte.

> »Ich finde den perfekten Partner.«
> »Ich werde den perfekten Job bekommen!«
> »Der/die/das perfekte XY wartet schon auf mich.«

Diese Sätze klingen vielversprechend, erwecken jedoch den Eindruck, eine sehr schnelle und einfache Lösung sei ohne jegliche Anstrengung möglich. Wer wünscht sich nicht eine Lösung seiner Probleme? Und das soll tatsächlich nur mit positivem Denken klappen? Das klingt einfach großartig! Wenn einem dann noch versprochen wird, dass man alles, was man will, haben und erreichen kann – ohne sich selbst zu ändern, ohne Arbeit, ohne Leid, ohne Gong Fu (= harte Arbeit) – für wen ist das nicht eine verlockende Vorstellung?

Die meisten stellen bald fest, dass diese Technik leider irgendwie doch nicht so richtig zu funktionieren scheint. Warum? Weil die negativen Gedanken in uns selbst stärker sind als bei all den Seminarleitern und Buchautoren, die uns von ihren sensationellen Erfolgen berichten. Zweiflern wird schnell erklärt, dass sie zu viele negative Gedanken denken und diese die positiven überlagern. Zudem, so heißt es, würden negative Gedanken das Unterbewusstsein auf Misserfolg programmieren. Das klingt logisch. Der naheliegende Schluss: Wenn man durch negative Gedanken das Unbewusste auf Misserfolg und Unzufriedenheit programmiert, so ersetze man doch einfach die negativen durch positive Gedanken, und alles wird gut.

Selbst während ich dies schreibe, spüre ich die Macht dieses Ansatzes. Ein Teil in mir ist noch immer voller Hoffnung. So unglaublich einfach: Ich denke positiv, und mein Leben wird automatisch in die richtigen Bahnen gelenkt. Ich stelle mir vor, dass eine Riesenmenge negativer Gedanken von einer dünnen Schicht positiven Gedanken überdeckt wird. Positives Denken dient somit der Verschleierung unseres negativen Denkens. Es liegt gleich einer dünnen Schicht Neuschnee über einer Gletscherspalte negativer Gedanken. Ich schlussfolgere: Sie erkennen die Gefahren nicht und wiegen sich in Sicherheit. Man könnte sagen, die Spitze des Eisbergs der Gedanken ist positiver Natur und die negativen Untiefen sind unsichtbar. Der Sturz in die Gletscherspalte lauert auf Sie! Erschwerend kommt hinzu, dass sich in schwierigen Passagen automatisch Zweifel und Sorgen wie von selbst wieder einstellen.

Vielleicht kennen Sie ein ähnliches Szenario? Sie haben versucht, positiv zu denken, und es hat nicht geklappt? Nun fühlen Sie sich noch schlechter als zuvor, denn offensichtlich sind Sie ein hoffnungsloser Fall. Nicht einmal das positive Denken klappt. Zu den alten negativen Gedankengängen ist dann noch ein neuer dazugekommen. Das Ich zweifelt jetzt bei jedem positiven Gedanken, den Sie sich einzureden versuchen, und es gibt ganz, ganz leise, aber unüberhörbar, seine entmutigenden Kommentare zum Besten:

»Den Unsinn glaubst du doch selbst nicht.«
»Ausgerechnet bei dir soll das funktionieren«?
»Du klammerst dich an Strohhalme.«

Wenn Menschen, die es mit dem positiven Denken probiert haben, schließlich doch merken, dass bei ihnen die negativen Gedanken offenbar viel stärker sind als ihre positiven, geben sie den Versuch enttäuscht auf.

Man darf also spitzfindig argumentieren, dass positives Denken mehr Nachteile als Vorteile produziert. Trotzdem will ich nicht bestreiten, dass unsere Gedanken im Wesentlichen über unser Wohlbefinden und unseren Erfolg entscheiden.

Was aber läuft dann beim »positiven Denken« falsch? Warum haben die positiven Gedanken nicht gewirkt? Es könnte sein, dass die negativen Denkmuster zu tief eingegraben und zu dominant sind, als dass sie sich so einfach auslöschen oder verdrängen ließen. Man müsste also die negativen Gedankengänge und Gefühle erst beseitigen, damit sich die wahre Kraft des positiven Denkens voll entfalten kann. Viele dieser negativen Gedanken sind aber zu unbewussten Denk- und Handlungsmustern geworden. Wie sollen wir sie finden und beseitigen? Dazu kommt, dass wir für Probleme, die uns schon länger begleiten, für störende und hemmende Verhaltensweisen, denen wir immer und immer wieder ausgeliefert sind, für Sorgen und Ängste, die schon unser ganzes Leben lang entstehen, etwas mehr brauchen als das oberflächliche Überdecken von alten Gedanken.

Die negativen Gedanken haben sich meist schon seit der Kindheit im Laufe der Jahre in unser Gehirn eingepflanzt. Manchmal bemerken wir die automatisierten, negativen Gedanken nur dadurch, dass sie eine latente Form von Unbehagen, Unruhe und Angst auslösen. Zumeist achten wir nicht einmal darauf, es wird uns nicht bewusst.

Wenn das fehlende Stück also der richtige Umgang mit negativen Gedanken ist, dann ist die nächste Frage: Wie gehe ich richtig mit meinen negativen Gedanken um, damit sie mich nicht daran hindern, meine Ziele zu erreichen? Es gibt nun mal Situationen im Leben, die sind nicht positiv und einfach, und dies gilt es zu erkennen. Wer das nicht akzeptiert und in jeder Situation positiv denken will, gerät einerseits schnell in einen inneren Konflikt und wirkt andererseits nicht authentisch. Beides ist für einen ausgeglichenen Mentalzustand nicht hilfreich.

Wichtiger als positives Denken in schwierigen Situationen ist Selbstvertrauen. Und das ist schwerer zu trainieren als positives Denken. Ich würde es so formulieren: Wenn es darum geht, ein richtig großes Ziel zu erreichen, einen Meilenstein in der persönlichen Erfolgsgeschichte, dann wird positives Denken allein niemals zum Erfolg führen. Es ist zwar ein wichtiger Bestandteil, sich selbst leistungsfähiger zu machen, aber Sie können das Weltengetriebe dadurch nicht beeinflussen.

Im folgenden Beispiel wird der Unterschied deutlich: Ich habe in zwei Wochen eine schwierige Prüfung …

Positives Denken verführt mich dazu, mir zu sagen: Das wird schon gut gehen, ich werde es schaffen. Daraus könnte resultieren: Ich werde mich nur wenig vorbereiten und dadurch bei der Prüfung nicht gut abschneiden, trotz positiven Denkens.

Alternativ baue ich statt auf positives Denken auf gesundes Selbstvertrauen: Das wird eine schwierige Prüfung. Wenn ich mich gut vorbereite, werde ich diese Prüfung gut bestehen, so wie das schon oft der Fall war.

Mit hoher Wahrscheinlichkeit werde ich versuchen, mich gut vorzubereiten, und werde daher ein voraussichtlich besseres Ergebnis erzielen.

Ich möchte Ihnen noch ein weiteres Szenario beschreiben:

Ich habe morgen eine schwierige Prüfung und gar nicht gelernt.

In diesem Fall werden mir weder positives Denken noch Selbstvertrauen wirklich helfen, die Prüfung gut zu bestehen. Stattdessen wäre es hilfreich, die Realität zu erkennen und erst gar nicht zur Prüfung anzutreten. Dies erkenne ich jedoch nicht durch positives Denken, sondern nur mit gesundem Selbstvertrauen, sprich mit ehrlicher Selbsteinschätzung. Solche und ähnliche Beispiele gibt es für 100 andere Lebenssituationen auch …

Daher propagiere ich: lieber Selbstvertrauen als positives Denken!

Übrigens möchte ich an dieser Stelle ausdrücklich betonen: Ich glaube an die Macht der Gedanken. Man darf nicht alles in einen Topf werfen. Ich bin felsenfest davon überzeugt, dass wir mit der Macht unserer Gedanken nahezu alles erreichen können. Aber leider nicht durch blindes »positives Denken« und auch nicht durch ein »Standardschema F«.

Für viele ist das alles Humbug. Was sich in unseren Gedanken abspielt, ist schließlich schwer messbar. Demnach ist für viele alles, was nicht messbar ist, unglaubwürdig oder Esoterik.

Selbst die Wirkung von Akupunktur und Homöopathie wird schnell als »alles nur Einbildung« abgekanzelt. Das Kuriose ist aber: Wenn ein homöopathisches Medikament aufgrund eines Placeboeffektes hilft, dann ist es per se also die Macht der Gedanken, die damit unter Beweis gestellt wird. Man könnte somit dem Zyniker zurufen: »Richtig, alles nur Einbildung!« Ich habe viel Spaß mit diesen Gedanken!

Damit möchte ich die Homöopathie übrigens nicht auf einen Placeboeffekt reduzieren. Viele Schulmediziner und Akademiker in meinem Umfeld machen sich über den Umstand lustig, dass in der Homöopathie ein Mittel umso wirkungsvoller ist, je stärker es verdünnt wird.

Vielleicht kennen Sie die beliebte Metapher bei der D12-er-Potenz? Das Mischungsverhältnis beträgt 1 : 1.000.000.000.000 und entspricht somit einem Tropfen Wirkstoff verdünnt in 25 Olympiaschwimmbecken. Ich kann verstehen, dass Naturwissenschaftler mit Logik den Wirkungsgrad eines solchen Medikamentes anzweifeln. Allerdings möchte ich an dieser Stelle eine Lanze für alle oft belächelten alternativen Heilmethoden brechen. Mein Meister pflegt stets mit listigem Lächeln zu sagen: »Wer heilt, hat recht!«

Letztlich geht es mir allerdings um Folgendes: Unser Glaube an die Wirksamkeit eines logischen Gedankenmodells ist oft der Grund für die Wirksamkeit desselben. Das bedeutet, unsere eigenen Suggestionen und unser Optimismus (bitte nicht mit positivem Denken verwechseln) vermögen tatsächlich, Großartiges zu leisten. Wir injizieren durch positive Einstellung jede Menge Energie in unser System und machen uns auf diese Weise leistungsfähiger. Wenn wir erwarten, dass alle unsere Vorhaben von Erfolg gekrönt sein werden, eliminieren wir damit an uns nagende, zehrende und somit hinderliche Zweifel. Erinnern Sie sich daran zurück: Sorgen, Zweifel, Konflikte und Stress saugen unsere Willenskraft ab! Wir bewahren durch eine positive Einstellung also essenzielle Ressourcen zur Umsetzung unseres Aktionsplanes XY. Außerdem entfalten wir eine optimistische Grundstimmung, eine Zufriedenheit und ein Charisma, was die Menschen in unserem Umfeld als angenehm und anziehend empfinden.

Es hat in jedem Fall mehr Vorteile, positive Gedanken zu denken, als missmutig durchs Leben zu schreiten. Um es mit den Worten des unsterblichen Marc Aurel zu sagen: »Mit der Zeit bekommt die Seele die Farben der Gedanken.«

Für produktive Menschen sollte das Glas stets halb voll sein, nicht halb leer. Zu dieser Metapher gibt es übrigens eine lustige

Geschichte von Bruce Lee. Er soll gesagt haben: »It doesn't matter whether the glas is half full or half empty – as long as it quenches your thirst!« – Es ist gleichgültig, ob das Glas halb voll oder halb leer ist – Hauptsache, es stillt deinen Durst. Wie pragmatisch.

14. 改善 Kaizen und die fünf S-Bewegungen

Nach dem Training blieb ich etwas länger und kehrte den Trainingsraum. Ich hatte ein neues Wort aufgeschnappt und wollte den Meister abfangen und danach fragen.

Die Tatami-Matten zu kehren ist eine besondere Aufgabe. Ein Ritual, das immer gleich abläuft. Egal wie schmutzig oder sauber die Matten sind: Es ist stets größte Sorgfalt gefragt, damit am Ende auch der kleinste Zwischenraum wirklich sauber ist.

Ich sah den Meister kurz nachdem ich fertig war. Er nickte auffordernd und ich fragte unvermittelt:

»Meister, was ist Kaizen? Ist es echtes Zen?«

Die Antwort kam sofort:

»Übe die fünf S-Bewegungen, und du wirst verstehen.«

»Meister, wie studiere ich diese Bewegungen?«

Der Meister malte mit dem Zeigefinger ein Schriftzeichen in die Luft, und sagte:

»Studiere mit Herzblut und Shitsuke.«

»Was ist Shitsuke?«

»Disziplin!«

»Hääääää?! Ich dachte, es gibt nur Moral?«

Der Meister wandte sich ab und drehte mir seine Kehrseite zu, die Arme hinter dem Rücken verschränkt. Ich glaubte, am Zucken seines Ohres zu erkennen, dass er lächelte.

Lassen Sie mich ein wenig ausholen: Es gehört zu den Kennzeichen unserer Zeit, dass Veränderung immer rascher und immer häufiger stattfindet. Eine Beständigkeit, wie sie noch vor wenigen Jahrzehnten selbstverständlich war, existiert nicht mehr. Mein Großvater hat sein ganzes Leben an einem Ort verbracht und über 45 Jahre im gleichen Betrieb gearbeitet. Früher war das ein Kennzeichen für einen soliden Lebenswandel. Heute sind zahlreiche strategische Orts- und Jobwechsel das Salz in der Suppe eines gut geratenen Lebenslaufs. Gegen die betreffenden Veränderungen im Wandel der Zeit anzurennen, ist häufig zwecklos. Es gehört viel Disziplin dazu, sich zu sagen: »Diese oder jene Veränderungen sind nicht angenehm für mich, ich wollte, die Dinge würden anders laufen, aber ich kann es nun einmal nicht ändern. Ich will mich deshalb mit ganzem Herzen darauf einlassen und versuchen, das Beste daraus zu machen.« Das wäre die Haltung, mit der wir idealerweise Veränderungen jeder Art konstruktiv begegnen sollten.

Manchmal wird innere Veränderung von außen verordnet. Die Welt da draußen zwingt uns, uns mit Neuem auseinanderzusetzen oder unser Verhalten zu verändern. Entweder wir passen uns an oder wir zerbrechen an den veränderten Umständen. Natürlich gibt es Beispiele von Menschen, die sich weder anpassen müssen noch an Veränderungen zerbrechen – mein Großvater zum Beispiel braucht weder ein Smartphone noch einen Computer. Allerdings lebt er dadurch abgekapselt vom Rest der Welt.

Für mich gehört zum disziplinierten Umgang mit Veränderung wesentlich mehr. Manchmal begegnen wir nämlich Situationen, in denen wir gar nicht aufgefordert werden, unser Verhalten zu verändern. Wir werden lediglich von außen sanft angestoßen. Das passiert beispielsweise, wenn jemand unser Verhalten infrage stellt, uns ein negatives Feedback gibt oder eine konstruktive Kritik.

Die meisten Menschen wissen eine solche Situation nicht zu ihrem Vorteil zu nutzen. Sie halten es nicht aus, kritisiert zu werden, und nehmen sofort eine Verteidigungsposition ein. Sie rechtfertigen sich oder leiten einen Gegenangriff ein. Sie können zu ihren

Schwächen und Verletzlichkeiten nicht stehen. Sie werden aggressiv und kämpfen oder ziehen sich gekränkt zurück. Dadurch kann es passieren, dass sie niemals erfahren, wie viel Hilfe und Unterstützung sie von anderen bekommen könnten, wenn sie bereit wären, zu ihren Schwächen zu stehen und an diesen zu arbeiten.

In Japan wurde aus genau dieser Geisteshaltung heraus das Konzept Kaizen entwickelt, ein Managementkonzept.

Kai bedeutet: Handlung und Veränderung.

Zen hat sich aus der buddhistischen Religionslehre entwickelt und bedeutet im engeren Sinne, den Weg zur Erleuchtung durch Meditation und Selbstdisziplin, in Harmonie mit dem Universum und all seinen Wesen zu gehen.

Im Zusammenhang mit dem Kaizen wird der Begriff »Zen« jedoch schlicht mit dem Ausdruck »zum Guten« übersetzt.

Kaizen ist demnach das Bestreben, eine Veränderung zum Guten herbeizuführen.

Aus dieser Aufforderung zum Handeln, um etwas Besseres als das bereits Vorhandene zu schaffen, und aus der Ethik der Zen-Lehre wurde das Managementkonzept Kaizen entwickelt und dessen konkrete Umsetzung in japanischen Betrieben vorangetrieben.

Kaizen ist ein ökonomisches Prinzip. Historisch lässt sich die Geburtsstunde des Kaizen in Japan bis auf den Zweiten Weltkrieg zurückdatieren. Damals litt das Land unter einer schweren Wirtschaftskrise, was auch für die Unternehmen eine besonders große Herausforderung war. Um wirtschaftlich zu überleben waren neue Konzepte gefragt, die den täglichen Fortschritt und die Verbesserung aller Bedingungen und zusätzlich die Ethik des Zen sowie die Mentalität des japanischen Volkes berücksichtigten. Genau diese Voraussetzungen erfüllte die Idee des Kaizen. Sie wurde seither stets weiterentwickelt und optimiert.

Die Prinzipien des Kaizen

Kaizen basiert auf keinerlei Hierarchie. Es gibt keine Ausnahmen oder Sonderregelungen. Sowohl Arbeiter als auch Manager sind verpflichtet, sich daran zu halten. Eine herausstechende Besonderheit des Kaizen ist, dass auch die Führungsebene dazu aufgefordert ist, jeden Tag über die Qualität der eigenen Handlungen nachzudenken und diese stets zu verbessern. Kaizen besagt, dass das eigene Tun regelmäßig infrage gestellt, falscher Stolz abgelegt und stattdessen Optimierungsvorschläge gemacht werden sollten.

Eine Säule des Kaizen, das »betriebliche Vorschlagswesen«, bindet auch die Arbeiter stärker mit ein. Sie alle verpflichten sich zu eigenverantwortlichem Handeln sowie zum Hinterfragen der eigenen Tätigkeiten und dazu, eigene konstruktive Vorschläge zu machen. Das fördert ihr Verantwortungsbewusstsein und ihre Selbstständigkeit. Die Arbeiter treffen sich außerdem regelmäßig in abteilungsinternen oder -übergreifenden Arbeitsgruppen, in denen die Qualität der Produkte, die Produktionsabläufe und die reibungslose Logistik diskutiert werden, um das Unternehmen weiterzubringen. Das Prinzip Kaizen nutzt so das Fachwissen der Basis, die am stärksten in die Produktionsabläufe eingebunden ist.

Kaizen konzentriert sich auf die wichtigen Bereiche eines Unternehmens, dazu gehören neben der absoluten Qualitätskontrolle der Produkte, die Kundenzufriedenheit und -bindung – und damit der wirtschaftliche Erfolg und die Zukunft des Unternehmens. Kaizen ist nicht in erster Linie ergebnisorientiert, der Fokus liegt vielmehr auf den vielen kleinen Schritten zum Ziel.

Es geht außerdem um die Strukturierung der Arbeitsprozesse, um deren Systematisierung und Standardisierung. Es soll vermieden werden, Arbeitskraft, Material- und Maschineneinsätze zu verschwenden sowie Geld.

Kaizen im Arbeitsalltag

In der Praxis des täglichen Arbeitslebens wird die Vermeidung von Verschwendung umgesetzt, indem Überproduktion und zu hohe Bestände von Waren sowie Wartezeiten und nicht angemessene Verpackungen vermieden werden. Die Einführung der Just-in-time-Produktion und -Belieferung ist ein Beispiel für die praktische Umsetzung der Verschwendungsvermeidung. Dies ist nur möglich durch die andauernde Kontrolle und Dokumentation aller verfügbaren Daten und Fakten aus dem Produktionsprozess.

Die Dokumentation spielt in allen Bereichen des Kaizen eine große Rolle, denn nur dort, wo verglichen und in der Historie des Prozesses nachgeschaut werden kann, ist eine tatsächliche Kontrolle überhaupt möglich.

Es besteht eine enge Verbindung zwischen Arbeitsleistung und Arbeitsmoral. Weil die Arbeiter die Gestaltung von Produktion und Verwaltung mitlenken, identifizieren sie sich sehr mit dem Unternehmen und erbringen folglich eine höhere Leistung.

Kaizen wird im gesamten Unternehmen praktiziert. Auch von der Führung des Unternehmens wird es bei der Planung, in der Organisation und als Wegweiser für die Entscheidungsfindung genutzt.

Bei den von meinem Meister angesprochenen fünf S-Bewegungen des Kaizen handelt es sich um eine fünfstufige Vorgehensweise zur Neuplanung und Verbesserung von Arbeitsgängen. Die Idee ist, mit Klarheit, Ordnung, einem Regelwerk und Disziplin die Grundlage für den Umgang mit Veränderung zu schaffen. Was dem Einzelnen gelingt, überträgt sich auf das ganze Unternehmen und schließlich auf die Gesellschaft, so die Grundidee dahinter. Das Geheimnis der fünf S-Bewegungen liegt in ihrer Einfachheit.

Die fünf S-Bewegungen sind Willenskraft-Training am Arbeitsplatz:

Die fünf S-Bewegungen

1. Seiri 整理
Entfernen Sie Unnötiges aus Ihrem Arbeitsbereich!

2. Seiton 整頓
Ordnen Sie die Dinge, die nach Seiri geblieben sind!

3. Seiso 清掃
Halten Sie Ihren Arbeitsplatz sauber!

4. Seiketsu 清潔
Machen Sie Sauberkeit und Ordnung zu Ihrem persönlichen Anliegen!

5. Shitsuke 躾
Machen Sie die fünf S durch Festlegen von Standards zur Gewohnheit!

15. Tigerkopf und Schlangenschwanz

In China ist das Begriffspaar »Tigerkopf mit Schlangenschwanz« keine Chimäre, sondern ein feststehender Begriff. Der Tiger hat einen ungestümen Kopf, aber einen schwachen Hinterbau in Form eines Schlangenschwanzes. Damit soll gesagt werden, dass wir Menschen zwar oft voller Begeisterung mit etwas anfangen, dann aber mittendrin unseren Elan verlieren und letztlich aufgeben.

Im täglichen Kung-Fu-Training sehe ich fast alle Schüler mit Kraft und Feuereifer zum Beispiel einen Sidekick in Kopfhöhe trainieren. Der zehnte Tritt ist noch kraftvoll. Beim 20. lässt die Körperspannung nach und der Tritt wird schlampig. Irgendwann schlängelt man sich so durch und die letzten Tritte haben den Namen Kick gar nicht mehr verdient. Es ist nur noch ein Herumgeschlenze.

Dabei ermahnt uns unser Sifu stets, dass wir genau in dem Moment, in dem unsere Technik nachlässt, mehr Energie und Aufmerksamkeit in die Übung legen sollten. Der letzte Sidekick sollte höher und kraftvoller sein als der erste.

Dieses Prinzip lässt sich leicht auf unser ganzes Leben übertragen. Egal welches Projekt, egal welche Aufgabe wir meistern müssen, ob wir eine neue Sprache lernen, ein Kundenevent organisieren oder ein Dutzend Angebote schreiben müssen, keine Ausreden erlauben uns, auf halbem Wege aufzugeben. Wenn wir mit Ausreden und Entschuldigungen erst einmal anfangen, kommen wir nie zum Ziel.

Schließen Sie Frieden mit Ihrer Undiszipliniertheit. In seinem Buch »Der Prophet« erklärt Khalil Gibran: »Segne die Dunkelheit, wie du das Licht segnest.« Umarmen Sie die Schwierigkeiten Ihres Trainingsprozesses genau so, wie Sie auch Ihre Erfolge feiern würden. Es wird immer Probleme auf dem Weg dorthin geben. Akzeptieren Sie diese Tatsache. Stellen Sie sich den Schwierigkeiten, hören Sie auf, Schuldige und Ausreden zu suchen.

Wenn wir der Aufgabe nicht gewachsen sind, müssen wir mehr üben. Vor allen Dingen liegt es aber an uns, einschätzen zu können, ob wir der Aufgabe gewachsen sind. Falls nicht, müssen wir an uns arbeiten, bis wir die Sache stemmen können. Falls ja, ziehen wir es durch und teilen unsere Kräfte gut ein. So sind wir auch am Ende noch leistungsfähig.

Egal was Sie tun – hören Sie stärker auf, als Sie begonnen haben – mit einem Paukenschlag!

16. Die Kunst des Scheiterns

失败是成功之母

shībài shì chénggōng zhī mǔ

Misserfolg ist die Mutter des Erfolgs.

Es ist kein schönes Gefühl, wenn man sich eingestehen muss, dass etwas nicht funktioniert hat und man in seinem ursprünglichen Vorhaben gescheitert ist. Meistens stellen sich sofort Scham und Selbstzweifel ein. Man fühlt sich als Versager, macht sich selbst Vorwürfe und fragt sich: Was denken die anderen?

Zu meinen, dass man etwas richtig macht, ist noch keine Garantie dafür, es wirklich richtig zu machen. 10.000 Wiederholungen einer Übung machen noch keinen Meister. Die Qualität des Übens und die Phase der Reflexion zwischen den Lektionen sind meiner Meinung nach ebenso wichtig.

Wie oft haben Sie schon etwas gemacht, von dem Sie absolut überzeugt waren – und haben dann doch total danebengelegen? Das ist normal. Ob im Kung-Fu, im Yoga, im Privatleben oder Beruf – wir können uns auf Logik oder Bauchgefühl verlassen und dabei dennoch zu 100 Prozent falsch liegen.

Alter, Erfahrung, Kreativität, Fachwissen und alle möglichen Kompetenzen schützen uns nicht vor Misserfolgen und Rückschlägen. Die Konsequenzen haben wir zu tragen. Aus den Rückschlägen können wir lernen, auch wenn das schmerzhaft ist. Wie lange es dauert, bis wir das Gelernte auch umsetzen können, das kann niemand vorhersagen. Tröstlich ist: Wir sind dabei nicht alleine. Das mag uns vielleicht das nächste Mal milder stimmen, wenn wir jemand anderen bei einem Rückschlag erleben dürfen.

Zu scheitern gilt nicht unbedingt als attraktiv. Wenngleich jeder von uns immer wieder Niederlagen einstecken muss, so gibt es keiner wirklich gerne und offen zu. Dabei ist die Einschätzung, was genau als Scheitern definiert wird, sehr individuell und subjektiv.

Es gibt mehrere Faktoren, die beeinflussen, wie stark wir einen Prozess als Niederlage und Versagen einstufen. Große Enttäuschung stellt sich zum Beispiel ein, wenn wir an dem gescheiterten Projekt besonders stark hängen und uns sehr damit identifizieren. Ob das nun eine Rolle in einem Theaterstück, unser Traumjob oder Traummann beziehungsweise unsere Traumfrau ist. All das sind echte Herzensangelegenheiten, die uns nicht egal sind und uns daher nicht kalt lassen. Je mehr sich jemand mit einem Ziel identifiziert und je mehr Zeit er investiert hat, desto größer ist hinterher das Empfinden, gescheitert zu sein, wenn es nicht so, wie erwartet, gelaufen ist. Der Misserfolg trifft mitten ins Herz und nagt an unserem Selbstbewusstsein, sodass wir uns selbst infrage stellen. Natürlich trägt auch das Umfeld entscheidend zu unseren Emotionen bei. Hat keiner das Missgeschick mitbekommen, so empfinden wir selbst es als weniger schlimm. Gibt es allerdings viele Zeugen, so schämen wir uns besonders für unser Scheitern.

Wie Niederlagen die Persönlichkeit stärken

Wer lebt, scheitert – immer wieder. Gelegenheiten dazu gibt es unzählige in allen Bereichen:

- Ausgeschlossen werden aus einer Gruppe, zu der man gehören will.
- Ein Schuljahr wiederholen müssen.
- Die Hübsche aus der Parallelklasse nicht bekommen, weil sie in diesen Knallkopf verliebt ist.
- Einen Elfmeter verschießen und für die Niederlage verantwortlich sein.
- Nach dem dritten Semester merken, dass man sich für das falsche Studienfach entschieden hat.
- Sich scheiden lassen, weil man nicht mehr zueinanderfindet.

Das Leben ist mit Leid verbunden. Deshalb sind solche Erfahrungen wichtig für die Entwicklung der Persönlichkeit. Wer bereits in der Kindheit gelernt hat, mit Fehlern umzugehen, kann dies später als Erwachsener umso besser meistern.

Niederlagen wegzustecken und sich sein eigenes Versagen ehrlich einzugestehen, ist reine Übungssache. Man kann sich außerdem darin üben, aus seinen Fehlern zu lernen und aus dem Misserfolg etwas Nützliches für die eigene Zukunft zu gewinnen. Manchmal kann es auch einfach nur folgendes Fazit sein: Also so funktioniert es jedenfalls nicht! Am meisten lernt, wer sich hinterher bestimmte Fragen stellt: Was genau hat daran nicht funktioniert? Was habe ich dazu beigetragen, dass es nicht geklappt hat? Habe ich mir ein zu hohes Ziel gesetzt? Hatte ich das passende Team? War es der richtige Zeitpunkt?

Winston Churchill soll gesagt haben. »Erfolg ist die Fähigkeit, von einem Misserfolg zum anderen zu gehen, ohne seine Begeisterung zu verlieren.« Schön gesagt – aber schwer umzusetzen. Niederlagen treffen meist das Selbstwertgefühl mit aller Wucht. Nach einer Niederlage mit Begeisterung und Elan weiterzumachen, fällt den meisten von uns schwer. Misserfolg ist eine Frage der Interpretation. Wer sich Ziele setzt, riskiert, dass er das gewünschte Ergebnis verfehlt. Wenn das passiert, bezeichnet der eine das als Misserfolg, der andere sagt sich einfach: »Meine Erwartungen und Vorstellungen haben sich nicht so eingestellt wie erwartet – weiter geht's.«

Thomas Edison, der Erfinder der Glühlampe, gehörte zur zweiten Kategorie. Er brauchte rund 2.000 Anläufe, bis er den ersten Kohlefaden in einer Lampe zum Leuchten bringen konnte. Seine Fehlversuche soll er mit folgendem Satz beschrieben haben: »Ein Misserfolg war es nicht. Denn wenigstens kenne ich jetzt zweitausend Möglichkeiten, wie ein Kohlefaden nicht zum Leuchten gebracht werden kann.«

So scheitern Sie erfolgreich!

Hier die wichtigsten Tipps, wie Sie erfolgreich mit Niederlagen umgehen:

1. **Ihre Emotionen dürfen raus!** Erinnern Sie sich an eine Situation, bei der alles gehörig schiefgegangen ist? Bestimmt wissen Sie noch, was Sie in dem Moment fühlten. Fassungslosigkeit, Enttäuschung, Wut, Trauer? Alle diese Gefühle haben ihre Berechtigung und sollten keinesfalls einfach heruntergeschluckt oder unterdrückt werden. Im Gegenteil! Auch wenn es gesellschaftlich eher verpönt ist, es tut gut, hin und wieder zu schreien, zu trampeln, zu schimpfen oder sich buchstäblich auszukotzen. Halten Sie sich bei Ärger im Büro aber lieber etwas zurück und reagieren Sie sich erst alleine zu Hause ab. Gehen Sie im Grünen laufen und powern Sie sich richtig aus. Oder ziehen Sie sich zurück, wenn sie eine Auszeit brauchen.
2. **Unterscheiden Sie zwischen sich selbst und Ihren Handlungen!** Sie sind noch lange kein Versager oder eine Versagerin, nur weil Ihnen einmal etwas nicht gelingt. Differenzieren Sie zwischen sich als Person und Ihren Taten. Ihr Wert als Mensch ändert sich nicht durch eine Niederlage.
3. **Malen Sie sich das Worst-Case-Szenario aus.** Wenn Sie sich vor dem Scheitern fürchten, dann hilft und beruhigt es, sich zu fragen: Was ist das Schlimmste, was passieren könnte? Am besten stellen Sie sich eine vollkommen übertriebene Szene vor.
4. **Seien Sie gütig mit sich selbst.** Auf dem Weg zum Erfolg müssen Sie Misserfolge einkalkulieren. Sie werden Fehlern nur bedingt aus dem Weg gehen können, aber Sie können sehr viel aus ihnen lernen! Seien Sie dankbar für diese Erfahrung und verzeihen Sie sich selbst.

5. **Grollen und grübeln Sie nicht zu lange!** Es führt zu nichts, ewig über die Niederlage nachzudenken. Das bringt Sie nicht weiter. Womöglich drehen sich Ihre Gedanken im Kreis. Quälen Sie sich nicht. Lassen Sie los und nehmen Sie das Geschehene als Lernaufgabe an.
6. **Seien Sie stolz auf sich selbst!** Erst recht trotz der Niederlage. Schließlich haben Sie etwas Großes gewagt. Mutige Taten sind immer mit einem Risiko verbunden. Erfolgreiche Menschen sind nicht aus dem Grund erfolgreich, weil sie weniger scheitern als erfolglose Menschen. Sie erleben sogar mehr Misserfolge, aber Sie lassen sich davon nicht unterkriegen.
7. **Suchen Sie nicht nach Ausreden und geben Sie auch niemandem die Schuld!** Weder sich selbst noch anderen. Versuchen Sie stattdessen, Ihre eigenen Fehler zu erkennen, um aus ihnen lernen können.
8. **Machen Sie das Beste daraus.** Überlegen Sie sich, was Sie beim nächsten Mal anders machen würden und nutzen Sie Ihren Misserfolg, um daran zu wachsen.
9. **Setzen Sie sich neue Ziele!** Welche neuen Möglichkeiten haben sich durch Ihre Niederlage ergeben? Sehen Sie es positiv und schmieden Sie am besten gleich neue Pläne.

Wenn man direkt nach dem Scheitern das Geschehene analysiert und nach Gründen sucht, ist das sinnlos, weil man noch viel zu emotional und sentimental ist. Es ist wesentlich effektiver, das aus einem gewissen Abstand heraus zu tun und auf Basis der gewonnenen Erkenntnisse weiter an seinen Zielen dranzubleiben.

Scheitern als Ziel

Es ist Donnerstag – Kampftag. Ich stehe im Trainingsraum und bin schweißüberströmt. Aufwärmtraining, Technikübungen und schließlich Freikampf hatten es in sich, ich spürte nur den kalten Angstscheiß ausbrechen und hätte mich am liebsten verkrümelt. Die Anweisungen des Sifu waren einfach: Für jeden Kampf überlegt ihr euch eine zielführende Strategie, für jeden Gegner eine andere. Gegnerwechsel nach fünf Minuten. Los geht's!

Natürlich kam ich gar nicht zu einer Strategie, denn ich wusste ja nicht, wie mein Gegner sich verhalten würde, womit er schlagen würde, wie schnell er kontern konnte, wie stark er war. Wer kann schon alle Bewegungen und Gegenbewegungen gleichzeitig im Kopf haben, zur rechten Zeit abrufen und dabei auch noch schneller als der Gegner sein? Kurzum, ich war völlig blockiert, und während ich jeweils durch schnelle Reflexe oder reines Glück die Angriffe meines Gegenübers parierte, vergaß ich jedes Ziel, jede Strategie und war gefangen im Operativen. Klar, wer zum Reagieren gezwungen wird, verliert leicht den Überblick und ist ständig nur dabei, Brände zu löschen, während jemand anderes die Zügel in der Hand hält. Neben der Hektik und dem Gefühl, nicht alles gleichzeitig bewältigen zu können, war da auch noch die Angst, mein Gegner könnte mich mit einem direkten Treffer einfach aus den Schuhen hauen. Um der Wahrheit die Ehre zu geben: Siegen, gewinnen, besser sein, Vorgaben erfüllen, Ziele erreichen und dem Meister gefallen – all das zählte auf einmal nicht mehr. Irgendwie fühlte ich mich im Hier und Jetzt mit viel existenzielleren Dingen beschäftigt, denn obwohl ich mich im sicheren Rahmen eines Trainings befand, kamen all meine Urängste auf einmal in mir hoch. Letztlich weiß ich nicht mehr, wie es ausging – aber ich weiß, wie leer und kraftlos ich mich nach dem ersten Kampf fühlte. Es sollte aber nicht besser werden, denn es stand ja bereits der nächste Gegner an. Also war eine neue Strategie von mir gefordert, und sie sollte ja – um dem Anspruch des Meisters zu genügen – zielführend sein. Mit anderen Worten: Ich sollte die Schwächen meines Gegners zu meinem Vorteil nutzen und mich gegen seine Angriffe rechtzeitig wappnen. Und dann kam der bedeutungsschwere Satz des Sifu: »Sage dein Scheitern voraus!«

Mir war ja völlig klar, dass ich nur scheitern konnte. Ich würde wie immer zu hektisch sein und dadurch Kraft verbrauchen. Ich würde nach meinem Angriff sofort einen Hakenschlag kassieren, weil ich einfach immer vergaß, die Deckung hochzunehmen. Ich würde in Panik geraten und auf der Stelle stehen bleiben, statt auszuweichen oder mir Freiraum zu schaffen! Hoppla … Auf einmal, so schien es, wusste ich, wie der Kampf laufen würde. Ich sah meine Schwächen voraus und würde vielleicht meinen Gegner mit meinen eigenen Schwächen in die Falle locken können. Außerdem konnte ich vielleicht darauf achten, zumindest einen meiner klassischen Fehler zu vermeiden, und dadurch die Überhand gewinnen? Natürlich habe ich den Kampf tatsächlich verloren, und ich erinnere mich in einer Mischung aus Scham und Stolz an die Momente, in denen ich eine Zehntelsekunde zu spät erkannte, welche Fehler ich mit Treffern würde bezahlen müssen. Im Augenblick des Erkennens hat es dann auch schon saftig geklatscht.

Das Visualisieren meiner Fehler und die Überlegungen, wie ich mich schützen kann, sind mir seither ein gutes Werkzeug geworden. Ich fühle mich ein wenig besser vorbereitet, als würde ich mit plumper positiver Einstellung behaupten: Alles wird gut, ich mache das Ding klar!

Genau wie ich das Visualisieren im Kampf verwende, versuche ich, mir Fragen im Zusammenhang mit meiner Disziplin zu stellen: Wann wirst du deine Trainingseinheit ausfallen lassen? Oder: Aus welchen Gründen wirst du nicht zum Training gehen? Und: Was genau wirst du tun, wenn diese Ausreden eintreten? – Anstatt mir einzureden: »Tschakka, Sport ist gut und gesund! Gott liebt mich und die Welt braucht mich.«

Ich halte diese Methode für eine echte Geheimwaffe! Sie hat weit mehr als nur den Nutzen, dass ich mir bewusster werde, wann und aus welchen Gründen ich mich wie verhalte. Optimistisch eingestellte Menschen erlebe ich immer wieder mit deutlich weniger Leidenselastizität und Kampfgeist, wenn es mal schlecht für sie läuft. Viele geben bereits bei kleineren Rückschlägen auf, schlichtweg weil sie diese vor lauter Positiv-Denken nicht erwarten und somit nicht darauf vorbereitet sind.

Hier einige Fragen, die Sie sich stellen können, um mehr Kontrolle über das Erreichen Ihrer Ziele zu erlangen. Da ich sie aus dem Kampfkunstunterricht ableite, bezeichne ich sie als Shaolin-Techniken. Damit profitieren Sie vom Wissen um Ihre Stärken und Schwächen – das ist schonungslose Selbsterkenntnis:

1. Was ist mein Ziel?
2. Was wäre das beste Ergebnis, das ich erreichen könnte?
3. Was werde ich konkret tun, um dieses Ziel zu erreichen?
4. Was ist mein größtes Hindernis?
5. Wann und wo werde ich diesem Hindernis am wahrscheinlichsten begegnen?
6. Was kann ich tun, um mit diesem Hindernis umzugehen oder es zu vermeiden?
7. Was genau werde ich tun, wenn ich von diesem Hindernis doch aus der Bahn geworfen werden sollte?

Auf diese Weise erlangen Sie Klarheit, und Klarheit ist wichtig für Ihre Disziplin. Klare Strukturen kosten weniger Kraft. Außerdem werden Sie nicht von einem Problem überrascht, mit dem Sie ohne diese Reflexion nicht gerechnet hätten, und Sie antizipieren bereits, wie Sie im »Problem-Fall« reagieren können.

17. Glücksschmiede

犬も歩けば棒に当たる

inu mo arukeba bou ni ataru

Der herumrennende Hund wird vom Stock gefunden.

»Meister, seit Jahren übe ich mich darin, Gelegenheiten zu erkennen und diese wahrzunehmen. Manchmal gelingt es mir, die Gelegenheit in einer Situation zu erkennen oder eine Situation zu erschaffen, die zu einer Gelegenheit führt. Ich kann warten, bis mein Gegner einen Fehler macht, oder ich kann eine Technik verwenden, die ihn zu einem Fehler verleitet. Im echten Leben allerdings bieten sich solche Gelegenheiten nicht. Ständig bin ich nur am Reagieren. Meine Möglichkeiten sind zu gering und meine Kräfte sind zu klein, um Situationen zu schaffen. Abwarten und Hoffen bringt nichts. Was mache ich falsch?«

»Du machst nichts falsch, übe dich weiter darin!«

»Meister, das will ich ja, aber ich trete auf der Stelle. Ich sehe keine Entwicklung, und ich will nicht dem Schicksal vertrauen, sondern mein eigenes Glück schmieden.«

»Entwicklung braucht Zeit, Gras wächst bekanntlich nicht schneller, wenn man daran zieht.«

»Ja, aber ich könnte es doch düngen.«

Der Meister lächelte mich an und drehte sich kopfschüttelnd zum Gehen.

Kennen Sie den Spruch »Alles im Leben kommt zur rechten Zeit«? Ich kenne viele Menschen, die an diesen Satz glauben. Sie bewegen sich mit unerschütterlichem Vertrauen durch das Leben. Sie glauben daran, dass zur rechten Zeit der Traumpartner kommen wird, sie glauben, dass sie zur rechten Zeit den richtigen Job oder die schönste Wohnung finden werden. Wenn etwas misslingt, sagen sie: »Es war wohl noch nicht Zeit dafür.« Diese Einstellung hat etwas Kraftvolles, Zuversichtliches und damit Verführerisches. Ich sehe darin die Gefahr, dass wir zu passiv werden, wenn wir stets nur daran glauben, dass das »Richtige« entweder auf uns wartet oder zu uns kommen wird.

Mir gefällt dieser Spruch besser: Jeder ist seines Glückes Schmied. Irgendwie passt der zu Shaolin! Sie müssen mit innerem Feuer und ungeheurer Energie Ihr Glück in Form bringen. Dafür brauchen Sie viel Kraft und manchmal müssen Sie mit dem Hammer ordentlich Form geben.

Trotzdem kann man sein Glück nicht erzwingen und wahrscheinlich wächst Gras tatsächlich nicht schneller, wenn man daran zieht oder verzweifelt versucht, es zu düngen. Das liegt daran, dass das Leben und die Umstände zu komplex sind.

Folgende Geschichte zeigt einen interessanten Blickwinkel aus China.

Als der alte Mann von der Großen Mauer sein Pferd verlor

Vor sehr langer Zeit lebte einmal ein alter Mann ganz in der Nähe der Großen Mauer. Er war ein einfacher Bauer und besaß ein Pferd. Dieses Pferd war sehr wertvoll für ihn. Nun lief sein Pferd eines Tages davon, in das Land der Barbaren, und es gelang dem alten Mann nicht, es wieder einzufangen. Alle seine Nachbarn kamen und bedauerten ihn. Immer wieder riefen sie:

»Was für ein Unglück! Wie schrecklich!«

Alle waren aufgeregt und betrübt. Doch dann geschah etwas Unerwartetes. Der alte Mann wiegte den Kopf hin und her und sagte zur Überraschung aller Nachbarn:

»So, wie ich die Sache sehe, lässt sich doch jetzt noch gar nicht sagen, ob es ein Unglück ist oder nicht!«

Etliche Monate später kam das Pferd plötzlich zu dem alten Mann zurück. Doch es war nicht allein – nein! Es brachte noch eine ganze Herde von Wildpferden mit sich. Diese Pferde waren sehr wertvoll, da sie als sehr schnell und wendig galten.
Wieder kamen alle Nachbarn, doch dieses Mal beglückwünschten sie den Mann.
»Was für ein großes Glück, nun bist du reich. Wie wundervoll.«
Doch auch dieses Mal war der alte Mann sehr vorsichtig und sagte:
»Man weiß nicht, wie es am Ende ausgehen wird. Man kann noch nicht sagen, ob es ein Glück oder ein Unglück ist.«
Leider behielt der alte Mann mit seiner abwartenden Haltung recht. Eines Tages wollte sein Sohn eines der Wildpferde einreiten. Doch das Pferd scheute und der Sohn fiel vom Pferd und brach sich das Bein.
Natürlich kamen wieder alle Nachbarn und bedauerten den alten Mann und seinen Sohn. »Welch ein schreckliches Unglück. Was soll denn jetzt werden?« Doch der alte Mann sagte zu ihnen:
»Macht euch keine Sorgen um uns. Im Augenblick sieht es wie ein Unglück aus, aber wer weiß, wie die Dinge sich entwickeln.«
Ein Jahr später griffen plötzlich die Barbaren an und durchbrachen die Große Mauer. Alle jungen Männer aus der Gegend wurden in den Krieg einberufen und die meisten wurden getötet.
Doch der Sohn des alten Mannes wurde nicht einberufen, da sein Bein immer noch nicht wieder geheilt war. Er konnte bei seinem Vater bleiben und ihm helfen. Sie können sich denken, was die Nachbarn und dann der alte Mann sagten …

In Deutschland würde man sagen: »Wer weiß, wofür es gut ist.« Diese Aussage verändert aber den Sinn der Geschichte. Der alte Mann geht nämlich nicht davon aus, dass alles für etwas gut sein wird. Aus einem augenscheinlichen Glücksfall kann ein Unglück entstehen, aber auf der anderen Seite kann ein vermeintliches Unglück auch ein großes Glück verbergen. Der alte Mann nimmt die Dinge, wie sie sind. Er glaubt nicht, hofft nicht und vor allen Dingen: Er bewertet nicht. Er sieht die Dinge, wie sie sind, und blickt offen in die Zukunft.

Ich interpretiere das so: Sie können so fleißig trainieren, wie Sie wollen. Sie können so wach, klug, weise und stark werden wie nur irgend möglich. Trotzdem wird das Leben über Sie kommen. Manche Ereignisse werden Sie vorhersehen können, andere nicht. Das Beste, was Sie tun können, ist, sich weiterhin Mühe zugeben. Leben Sie! Vielleicht ist es das, was mir mein Meister sagen wollte.

Mir gefällt das Sprichwort »Inu mo arukeba bou ni ataru« – Der herumrennende Hund wird vom Stock gefunden.

Dieses Sprichwort ist nicht zu vergleichen mit dem von der blinden Henne, die auch einmal ein Korn findet. Es beschreibt vielmehr einen aktiven Zustand des Suchens – das Zusammentreffen bestimmen aber nicht wir.

18. Schonungslose Selbsterkenntnis

Mein Meister sagt immer, wer Menschen kennenlernen will, der studiere ihre Entschuldigungsgründe. Jeder, der seine Freizeit dem Kung-Fu oder der Kampfkunst widmet, tut dies in dem Wunsch, sich selbst etwas Gutes zu tun. Die primären Ziele sind Selbstverteidigung zu erlernen, Körpergefühl zu verbessern, mentale Leistungsfähigkeit zu steigern, lästige Pfunde zu verlieren und das Gefühl, das Bewegung im Körper auslöst, zu genießen. Es ist erstaunlich, wie viele Menschen voller Elan, Enthusiasmus und Optimismus mit der Kampfkunst beginnen, schwitzen, lächeln, stöhnen, und dann auf einmal für immer verschwinden und nie mehr wiederkommen. Ich schätze die Anzahl derer, die aufhören, auf mehr als 80 Prozent. Das ist nicht verwunderlich. Kampfkünste sind sehr komplex.

Die Erfahrung lehrt, und das gilt keineswegs nur für die Kampfkunst, dass theoretische Vorstellungen ganz häufig schnell unattraktiv werden, sobald sie mit der Praxis in Berührung kommen. Wenn es anstrengend oder zäh wird, wenn die Lernkurve nicht schnell genug steigt oder Anforderungen nicht in unser Meinungsschema passen, dann suchen viele ehemalige Enthusiasten das Weite oder wenigstens eine weniger anspruchsvolle Umgebung.

Und jetzt wird es spannend! Selbst wenn es wehtut, ich gebe es zu: Auch ich verwende als Ausrede selbst ständig dieselbe Litanei: »Ich habe keine Zeit fürs Training, ich habe einen kranken Vater, ich kann nicht so, wie ich gerne wollen würde, ich habe andere Prioritäten, ich habe nicht die richtigen Kontakte und ich bin zu alt, zu dick, zu dumm und nicht reich!« Diese Ausreden fliegen tatsächlich relativ schnell als Ausreden auf. Aber es gibt auch Dutzende, die sich unter dem Deckmantel der Vernunft tarnen.

Die großen Meister der Kampfkünste betonen immer wieder, dass tägliches Training (Arbeiten) zu nichts führt, wenn die Schüler in ihrer inneren Haltung eine Gegenposition einnehmen. In Japan habe ich eine sehr poetische Bezeichnung für solche Schüler gehört, die ganz vorzüglich passt: »Der mit viel zu viel Meinung im Gepäck.«

Die meisten Schüler haben sehr schnell eine Meinung zu diesem oder jenem und natürlich auch zur Kampfkunst, meist noch bevor sie überhaupt das erste Training absolviert haben. Sie haben auch eine Meinung zur Art und Weise, wie sie üben sollten. Sie glauben, das mit ihrer Vernunft zu erkennen. Schließlich sind sie ja nicht doof, sondern erwachsen, vielleicht sogar besonders intelligent. Oft sind sie der Meinung, so manches besser zu wissen als der alte Meister. Zu viele Meinungen mitzubringen, ist in der Kampfkunst völlig kontraproduktiv. Wenn man vor dem Training seine Hände und Füße wäscht, sollte man die Meinungen gleich mit abwaschen.

Mit der Fähigkeit, logische Schlüsse zu ziehen, vernünftige Urteile zu fällen und unseren Verstand zu gebrauchen, bewältigen wir unseren Alltag. Leider hat das Denken in Kausalzusammenhängen auch Nachteile. Wir verfallen in unbewusst ablaufende Denk- und Handlungsmuster, werden zu Sklaven der Logik. Wenn einmal ein Gedanke »zu Ende« gedacht wurde, hören wir mit dem Denken auf und erheben den Gedanken zur »unverrückbaren Wahrheit«. So behauptete Albert Einstein im Jahr 1932: »Es gibt nicht den geringsten Anhaltspunkt dafür, dass wir je in der Lage sein werden, Kernenergie zu gewinnen. Dazu müsste man ein Atom zertrümmern können.«

Gott sei Dank hat der Mensch aber auch die Eigenheit, sich niemals lange mit dem Status quo zufriedenzugeben. Was 1932 als Gewissheit galt, wurde bereits 1938 durch die Experimente von Otto Hahn widerlegt. Die Erkenntnis, dass die Erde keine Scheibe ist, hat wesentlich mehr Zeit in Anspruch genommen.

Unsere Ratio, unser Verstand, unsere grauen Zellen, unser Großhirn – all das ist in unserer Gesellschaft sehr dominant. Wir verehren den Verstand. Vernunft und Verstand gehören aber nicht auf einen Altar, sie sind schlicht nur zwei von mehreren Werkzeugen, die wir nutzen können. Wenn Marco Polo auf seinen Verstand gehört hätte, wäre er in Venedig geblieben und hätte China niemals erreicht.

Mein Meister pflegt stets zu sagen: »Gründe sind real, Ausreden sind nicht real. Sie sind lediglich dazu da, die Verantwortung abzugeben. Kein Pardon bei Ausreden.«

Hier eine Liste meiner Lieblingsausreden:

- Ich habe im Moment Wichtigeres zu tun!
- Warum kommen Sie erst jetzt mit dieser Aufgabe?
- Dafür bin ich nicht ausgebildet.
- Dafür werde ich nicht bezahlt.

- Das ist nicht mein Job.
- Was passiert, wenn das schiefgeht?
- Ich hatte keine Zeit.

Wir sollten unseren Ausreden auf die Schliche kommen. Wer seinen Feind kennt, kann ihn besser einschätzen. Neben den Ausreden, die ich gerne als »Exit-Strategien« bezeichne, gibt es oft noch andere, sanftere Widerstände. Ich nenne sie gerne »Ablenkungsmanöver«. Ich gebe Ihnen meine Lieblingsmanöver zum Besten und bin sicher, dass Sie das eine oder andere wiedererkennen:

Eine Liste der Ablenkungsmanöver:

- Aufräumen
- Putzen
- Telefonieren
- Einkaufen
- Zeitung lesen
- Kaffee trinken
- Unterlagen sortieren
- Mit dem Hund Gassi gehen
- Post durchschauen
- E-Mails checken
- Sozialkontakte pflegen

Diese Liste erhebt keinen Anspruch auf Vollständigkeit. Jeder Mensch hat seine eigene Liste an Ablenkungsmanövern – wir erinnern uns an das Prokrastinieren (siehe Seite 145f.): Manche Ablenkungsmanöver können auch zu etwas Produktivem führen.

In jedem Menschen steckt zum Glück auch ein Optimist. Dieser Optimist in uns kann mit solchen Ausreden gut umgehen. Wenn wir ehrlich sind, dürfen wir uns über diese leichtfüßige Art des

Selbstbetrugs weder wundern noch ärgern. Wir sind ja nicht der Trübsal verfallen, und außerdem sind wir selten wirklich faul. Die Ablenkungsmanöver sind oft auf ihre Art und Weise notwendig. Wir verschieben lediglich die Prioritäten und ziehen weniger wichtige Dinge vor.

Ein Pessimist allerdings findet ja bekanntlich zu jeder Lösung ein Problem und wird sich unweigerlich am liebsten geißeln wollen, nachdem er den Selbstbetrug erkannt hat.

So oder so lässt sich die Trennlinie zwischen Erfolg und Misserfolg auf vier Worte verkürzen: Ich hatte keine Zeit!

Innere Widerstände erkennen

Mit unseren Ausreden, und seien sie noch so plausibel, drücken wir indirekt unsere Widerstände aus. Meister Baklayan formuliert diese Widerstände in seinem Buch »Krieg der Bergdämonen« (Seite S. 32 und 59ff.) so:

»Sich wundersam zu entfalten, unberechenbar und spontan zu sein, das erreicht man nicht, indem man sich mit etwas nur beschäftigt. Der Meister kann einem dies auch nicht beibringen, er kann nur die Technik überliefern und die Richtung weisen. Die Reife muss ein jeder durch eigene Vertiefung erlangen. Wozu der Meister allerdings verpflichtet ist, ist, dem Schüler die aufrichtige Gesinnung und den unbeugsamen Willen zu vermitteln.« Mit Reife ist gemeint, dass der Schüler die Technik nur durch eigene Vertiefung wirklich verstehen lernt. Der Meister kann diesen Prozess nicht beschleunigen. »Aufrichtige Gesinnung und aufrichtiger Wille haben mit guten Absichten und starken Wünschen nichts zu tun.« Diese Aussage ist leicht nachvollziehbar. Ich habe bereits häufig gute Absichten und innige Wünsche gehabt – und mich dann auf die faule Haut gelegt. Absichten und Wünsche blieben zwar konstant groß – lediglich habe ich nichts getan, um diese zu erfüllen. »Unser Herz ist nicht eins. Jeder weiß, dass er selbst an ein und demselben Tag unterschiedlicher Stimmungen ist. Mal wünscht er, mal wünscht er nicht. Aber diese Unbeständigkeit ist nur die Spitze des Eisberges. Die unbewussten Erwartungen des Herzens zu spüren, ist sehr schwierig. Sie erfordert Achtsamkeit und die Tugend einer erbarmungslosen Aufrichtigkeit mit sich selbst. Bringt ein Krieger den Mut auf, sich diese nicht nur einzugestehen – was ja nur ein Lippenbekenntnis wäre –, sondern seinen Zwiespalt ständig zu erleben, ist er mit neuen Fragen konfrontiert.« Diese Stelle im »Krieg der Bergdämonen« halte ich für besonders wichtig. Es bedarf schonungsloser Selbsterkenntnis, den Bewegungen unseres Irrherzens zu folgen und aufrichtig mit sich selbst zu sein.

Es bedarf großen Mutes, ehrlich mit sich zu sein, und herkulische Kräfte, sich regelmäßig den inneren Kämpfen zu stellen. Es ist ganz einfach so, dass jeder von uns seine ganz ureigenen Widerstände hat.

Mir helfen folgende Fragen, um diese Widerstände zu erkennen:

- Welchen Grund kann es geben, dass ich diese Aufgabe nicht erledigen will?
- Habe ich etwas übersehen, das es mir unmöglich macht, diese Aufgabe zu erledigen?
- Was ist der Nutzen davon, die Aufgabe nicht zu erledigen?
- Welche Fähigkeiten fehlen mir (noch), um die Aufgabe zu erledigen?
- Welcher Teil in mir blockiert und welcher Teil will die Aufgabe erledigen (Irrherz)?

Nur wenn ich schonungslos ehrlich zu mir bin und meine Funktionsmechanismen kennenlerne, bin ich in der Lage, diese zu meinem Vorteil zu nutzen oder zu verändern.

Ein Papier falten – die Origami-Analyse

Kurz vor dem Abitur gilt es in der Kollegstufe die Fächer für die individuellen Leistungskurse auszuwählen. Ich erinnere mich daran, dass ich völlig überfordert war. Natürlich wollte ich versuchen, Mathe und Latein loszuwerden und eine Fächerkombination mit möglichst wenigen Wochenstunden zu wählen. Ich war mir jedoch nicht sicher, worin ich wirklich gut sein würde. Zu diesem Thema konsultierte ich meinen Meister.

Der Meister ließ mich ein leeres Papier zweimal falten. Dadurch entstanden vier rechteckige Felder. Ich sollte ins erste der Felder all meine positiven Eigenschaften, meine Stärken schreiben, ins zweite der Felder all meine Schwächen und Unzulänglichkeiten. So weit wäre ich bereits damals intuitiv gekommen. Nun aber ging es weiter. Ins dritte Feld sollten alle aus meinen Schwächen resultierenden Risiken eingetragen werden und in das letzte Feld die Chancen, Visionen, Ziele und Abenteuer. Damals erschien mir das Konzept unglaublich smart, bis mir später ein Kommilitone erklärte, dass dieses Modell unter Studenten der Betriebswirtschaftslehre als »SWOT-Analyse« bereits jahrzehntelang verwendet wird.

Was im Rahmen von strategischen Entscheidungen in der Wirtschaftswelt genutzt wird, um Geschäftsideen, Unternehmen oder ganze Branchen zu bewerten und Analyseergebnisse in einer übersichtlichen Struktur zusammenzufassen, lohnt sich auch für ein Training schonungsloser Selbsterkenntnis. Selbsterkenntnis ist eine essenzielle Voraussetzung für glaubwürdiges Selbstbewusstsein. Nur wer genau weiß, was er mag, was er kann und wohin er will, kann dieses Wissen auch glaubwürdig und authentisch anderen gegenüber kommunizieren. Um dabei ein möglichst »objektives« Bild zu bekommen, sollte eine solche Analyse nicht nur auf die Stärken zielen, sondern auch die Schwächen und persönliche Risikofaktoren bewusst machen und bewusst halten.

Bislang waren alle Kampfkunst-Meister, unter denen ich trainiert habe und die ich interviewen durfte, der Meinung, dass es wichtiger ist, seine Schwächen genau zu kennen als seine Stärken. Ganz im Gegensatz zur amerikanischen Doktrin, bei der es eher im Sinne einer positiven, konstruktiven und selbstbewussten Lebenseinstellung darum geht, mit den Stärken zu arbeiten (»Stärken stärken«) und Stärken zu kommunizieren. Ein zu einseitiges Fokussieren kann jedoch eine balancierte und damit auch glaubwürdige Selbsteinschätzung unterminieren und damit das nach außen getragene Selbstbewusstsein lächerlich machen.

Das Kuriose an der Persönlichkeitsentwicklung ist allerdings, dass das Wort in seiner ursprünglichen Bedeutung von »persona«, also »Maske«, kommt. Gegner der Persönlichkeitsentwicklung könnten argumentieren, die Persönlichkeitsentwicklung biete den Menschen Werkzeuge, eine perfekte oder zumindest optimierte Maske zu bauen, statt an ihrem Innersten, dem echten Kern, dem Selbst zu arbeiten. Ich bezweifle nicht, dass das auch so mancher tut … Aber wie bei allem sollte man kein Pauschalurteil daraus machen!

In Anlehnung an das wunderbare Origami-Papier hier vier Fragenfelder für Sie – in der Sprache unserer westlichen Welt:

Chancen durch Stärken	Risiko durch Stärken mindern
• Welche Stärken lassen sich mit welchen Chancen verbinden? • Wie können die eigenen Stärken genutzt werden, um Chancen zu erhöhen?	• Wie können drohende Gefahren durch eigene Stärken abgewehrt werden? • Mit dem Einsatz welcher Stärken lassen sich Risiken verkleinern?
Chancen durch Schwächen	**Schwächen und Risiko**
• In welchen Bereichen können Schwächen auch Stärken sein? • Wie lassen sich durch Nutzung von Chancen Schwächen in Stärken verwandeln?	• Was ist das Worst-Case-Szenario? • Welche Schwächen können vermindert oder abgestellt werden, um Schaden abzuwenden?

19. Ziele sind zum Zielen da

道

do/dao

Selbst wenn der Weg das Ziel ist, geh weiter.

Der Weg ist das Ziel! Jeder von uns kennt das Zitat. Ich mag den Satz, er hält mich in der Gegenwart. Wir können das Jetzt nicht richtig leben, wenn unser Blick auf das Ziel in ferner Zukunft fokussiert ist. In unserer Gesellschaft ist allerdings, so scheint es, die Weisheit in diesem Aphorismus zur Plattitüde geworden. Heute leben wir nach der Maxime »Das Ziel ist das Ziel – höher, schneller, weiter«.

Dementsprechend werden viele Menschen geneigt sein, Ziele als wichtige Pfeiler für Selbstdisziplin zu betrachten. Das Ziel gibt schließlich den Weg vor, wenn wir es erreichen, ist das die Belohnung – ein klassisches Belohnungsmodell. Hand aufs Herz: Die wenigsten Menschen haben das Problem, keine Ziele zu haben. Im Gegenteil, es sind meist viel zu viele Ziele. Bitte stellen Sie sich die Frage, ob die Anzahl Ihrer Ziele in Beziehung zu Ihrer Disziplin steht. Gehören Sie bereits zu denjenigen, die To-do-Listen schreiben, die immer länger werden und nie und nimmer abgearbeitet werden können? Irgendwann werden Sie mit dem Hinauszögern, dem Aufschieben, dem Prokrastinieren beginnen und hoffen, dass ein Wunder geschieht.

Stellen Sie sich vor, Sie erreichen im Job alle Ihre Zielvorgaben oder übertreffen diese sogar. Dann werden mit hoher Wahrscheinlichkeit Ihre nächsten Ziele um 25 Prozent angehoben werden. Auf diese Art entsteht ein Leistungsdruck, der auf Dauer in Stress ausartet oder auch in Dauerstress.

Wenn Sie diszipliniert sind, versuchen Sie vielleicht, sich für eines der Ziele zu entscheiden und mit Scheuklappen loszulegen und dafür andere Ziele zu streichen, aufzuschieben oder zu delegieren, um diszipliniert bei nur einer Sache zu bleiben.

Leider komme ich bei diesem Gedankengang in eine Sackgasse. Ich bekomme Angst, eine Entscheidung zu treffen. Die Ratio sagt mir, dass ich lediglich priorisieren sollte, aber oft sind Ziele zum einen zu komplex und zum anderen in ihrer Brisanz und Wichtigkeit völlig gleichwertig. Manchmal, bekommen wir unsere Ziele von außen – zum Beispiel aus der Chefetage – vorgegeben und wissen gar nicht, wie wichtig sie wirklich sind. Gegebenenfalls werden nähere Informationen und Zusammenhänge nicht kommuniziert.

Die Angst vor Entscheidung hat damit zu tun, dass wir uns keine Option nehmen lassen wollen. Je mehr wir beim Entscheiden aufgeben, loslassen, prokrastinieren, desto größer die Angst, dass es sich bei den aufgegebenen oder verschobenen Zielen um etwas Wichtiges handeln könnte, etwas Unwiederbringliches. Wir spüren, wie solche Entscheidungen an unserer Willenskraft zehren.

Wenn diese dann erschöpft ist, dann können wir nicht mehr klar denken. Logisch, wenn Sie den ganzen Tag über Entscheidungen treffen, sind Sie irgendwann müde und wollen Kraft sparen. Dann suchen Sie nach Entschuldigungen, eine Entscheidung zu vermeiden oder aufzuschieben. Die einzige Lösung scheint der Status quo zu sein – die Dinge bleiben so, wie sie sind.

Ich versuche mich mit einem Trick dem Thema zu nähern. Ich abstrahiere. Ich entscheide gegen das Ziel per se und für den Weg, den ich bereits gehe. Wenn ich das Ziel weglasse, ist der Weg nur ein Weg und es gelten nur die folgenden Fragen: Wie beschreite ich diesen Weg, meinen Weg? Wie gehe ich mit dem, was mir auf dem Weg begegnet um, wie werde ich damit fertig?

Bereits in der Art, wie ich meinen Weg gehe, gebe ich Auskunft über meinen Charakter, und die Erfahrungen, die ich auf dem Weg mache, wandeln oder schleifen diesen wiederum. Es zeigen sich meine inneren Einstellungen, meine Arbeitsweisen und mein Fortschritt in schönster Doppeldeutigkeit. Allerdings gibt es eher selten die Rahmenbedingungen für ein zielloses Gehen – wo führt das denn hin?

Das ist ja das reinste »Chinesisch«, werden Sie jetzt sagen. Wer soll da noch durchblicken? An dieser Stelle lohnt sich ein kleiner Exkurs in die Welt der asiatischen Schriftzeichen.

道 *Do*

Das Zeichen für Do 道 ist eine Kombination von zwei Bildern mit vielschichtigen Bedeutungen – einem Kopf 首 und dem Zeichen für »vorwärtsgehen« 辶, also einfach ausgedrückt der Vorwärtsmarsch des Kopfes. Mit westlichen Begriffen: Es ist ein Symbol für mentale Entwicklung. Es ist also viel mehr gemeint als nur eine abgemessene Strecke zwischen zwei Punkten, der Weg von A nach B.

Es gibt aber auch eine andere Interpretation, die ein wenig komplexer ist. Der Teil des Schriftzeichens, der einen Kopf symbolisiert, enthält auch das Zeichen für ein Auge. Dass das Auge als das wesentlichste Organ des Kopfes gilt, ist nicht ungewöhnlich für das östliche Denken. Auch bei uns ist es so, dass der Sehsinn für die Erfassung unserer Umwelt steht. Das Symbol für »vorwärtsgehen« oder »voranschreiten« setzt sich aus den beiden Elementen Fuß und Mensch zusammen. Genau gesagt geht es um einen Menschen, der sein Gewicht auf einen seiner beiden Füße verlagert hat. Es wird hier also ein Schritt dargestellt, der dann entsteht, wenn man seinen Schwerpunkt von einem auf den anderen Fuß verlagert, um sich fortzubewegen. Das Symbol drückt den Kontrast zwischen der Standhaftigkeit des einen Fußes als festes Pendant zum Vorangehen des anderen Fußes aus. Durch die enge Verbindung, die das Symbol zwischen dem Stehen und dem Gehen herstellt, wird angedeutet: Wenn der Mensch aufmerksamen Sinnes vorangeht, entwickelt er sich gedanklich weiter. So geht es hier auch um Umsicht, das Auge, das sieht, und den Fuß, der fest auf dem Erdboden steht. Die Darstellung symbolisiert einen Weg und ein Verharren an Ort und Stelle. Auf diese Weise wird eine Querverbindung zum Menschen hergestellt: Nicht immer kann sich seine Lebensreise flinken Fußes vollziehen, manchmal muss er auch innehalten und überlegen, wohin sein Weg ihn führen soll. Vielleicht kann der Mensch auf ein festes Lebensziel verzichten, zwangsläufig muss er jedoch eine bestimmte Laufrichtung haben, um sich bewegen zu können und sein Ziel im Lauf des Lebens zu verändern. Das Symbol des Weges beschreibt im Kern die geistige Reise des Menschen zur Vollkommenheit.

Für Menschen, die nur planen und nichts zu verwirklichen versuchen, gibt es in unterschiedlichen Kulturkreisen viele einander ähnliche Lehrsprüche. Im alten China pflegte man zu sagen: »Morgen und morgen, wie viel morgen hat ein Menschenleben?«

In Deutschland sagt man: »Morgen, morgen, nur nicht heute, sagen alle faulen Leute.« Den Faulen mag der lakonische Ausspruch – der Weg ist das Ziel – als Ausrede dienen. Der Spruch »Der Weg ist das Ziel« ist unter Umständen mit einem Betäubungsmittel vergleichbar: Es kann den Schmerz mindern, um Hindernisse zu überwinden, es kann einem aber auch das Bewusstsein benebeln. Daher ist der Weg das Ziel, aber auch kein Ziel. Ich habe einmal gehört, wie ein Zen-Meister den Spruch übersetzte: Das Dao ist das Ziel! Das klingt aus der Perspektive des Taoisten sehr vernünftig.

Man mag die vorangegangenen Zeilen so philosophisch interpretieren, wie man möchte. Wenn es um Disziplin geht, sind Ziele unersetzlich. Allerdings müssen es die richtigen Ziele sein. Solche, die uns helfen, unseren Selbstdisziplin-Muskel zu trainieren. Bruce Lee hat sehr häufig folgende Metapher aus dem Zen-Buddhismus verwendet:

»Ein Ziel ist nicht immer zum Erreichen da, oft dient es nur dem richtigen Zielen.«

Ein gut gewähltes Ziel sollte realistisch erreichbar oder zumindest in gut erreichbare Zwischenetappen unterteilt sein. Das nennt mein Meister »den Drachen in Scheiben schneiden«. Das Erreichen der Zwischenetappen macht den Fortschritt des Projektes messbar und zudem regeneriert es die Motivation. Menschen tun gerne schwierige Dinge, wenn sie wissen, dass sie sie erreichen können.

Sie sollten Ihre Ziele und Zielschritte unbedingt schriftlich terminieren und klar formulieren. Angenommen, Sie wollen abnehmen, und Sie nehmen sich vor: »Ich möchte bis zum Frühjahr wieder eine Bikinifigur haben«, dann haben Sie ein sehr schwammiges Ziel definiert. Zwar ist die Bildkraft im Wort »Bikinifigur« stark genug, Ihre Motivation zu fördern. Zielführender wäre aber die Aussage: Bis zum 1. Mai nehme ich acht Kilogramm ab, damit mein Bikini wieder großartig sitzt.

Wie steht es allerdings mit Zielen, die man nicht klar definieren kann? Was ist mit einem Ziel, das eine Eigenschaft beschreibt – wie zum Beispiel Glück?

Glück als Ziel

Ist es nicht unser aller Ziel, glücklich zu sein? Dr. Eckart von Hirschhausen, Bestsellerautor zum Thema Glück, hat es uns deutlich gemacht. Wir sind ein Volk von Glücksrittern. Was ist unser Lebensziel? Macht, Reichtum, Weisheit, Liebe, Ruhm??? Nein, die meisten Menschen im Westen wünschen sich nichts sehnlicher als ein glückliches Leben. Dabei sollte doch eigentlich jeder halbwegs vernünftige Mensch mit etwas Lebenserfahrung zu dem Schluss kommen, dass dauerhaftes Glück ähnlich wahrscheinlich ist wie die Utopie vom dauerhaften Wachstum der Wirtschaft.

Ich glaube, in Asien sieht man die Glückssucherei mit einem Augenzwinkern. Denn »es ist ein Fehler zu glauben, Glück sei das Ziel«, sagen buddhistische Meister. Die Buddhisten gehen davon aus, dass zu einem erfüllten Leben jede nur erlebbare Emotion gehört. Sozusagen von A wie Angst bis Z wie Zuversicht. Dazu gehört natürlich auch G wie Glück. Wer allerdings Glück allein als Lebensmaxime setzt, wird sicherlich unglücklich.

Auf abstrakter Ebene ist es natürlich toll, sich mit der Glücksforschung zu beschäftigen. Bereits vor über 2.000 Jahren haben sich die alten Griechen mit dem Glück auseinandergesetzt. Allen voran der große Philosoph Epikur. Ich gönne sowohl dem guten alten Epikur als auch dem jungen und wortgewandten Hirschhausen allen Ruhm und Erfolg für die geschmeidigen Gedankengänge und Glückshypothesen. Aus pragmatischen Gründen sollten wir aber der Glückssuche nicht zu viel Fokus schenken, da es sich bei Glück nicht um ein Ziel handelt, das man anstreben und als solches erreichen kann. Es ist eher eine Begleiterscheinung, die uns auf unserem Weg zum eigentlichen Ziel begegnet.

Ziele setzen Motivation frei

Selbst wenn Glück kein Ziel per se ist, geht von einem Ziel, das uns Glück verspricht, eine ungeheure Energie aus. Dabei ist es nicht allein das Glück, das ein Ziel begehrlich macht. Es macht einen riesigen Unterschied, ob wir ein Ziel »sexy« finden oder nicht. Für den einen ist die Vorstellung, auf den Gipfel des K2 zu gehen, das reinste Freudenfest, für den anderen ist das der größte Albtraum. Und natürlich macht es auch einen Unterschied, ob Sie das Ziel selbst bestimmen dürfen oder ob Sie die Zielvorgabe von jemand anderem bekommen. Allein die Arbeit, die Sie leisten müssen, bis Sie das Ziel erreicht haben, bleibt die gleiche.

Meine Empfehlung lautet: Setzen Sie sich nicht zu viele Ziele auf einmal. Am besten nur ein einziges, klar definiertes Ziel. Sie werden sich ansonsten wahrscheinlich völlig überfordert fühlen und keine Erfolge erzielen. Wenn es sich um ein anspruchsvolles Ziel handelt, sollten Sie unbedingt dafür sorgen, dass Sie sich mehr als ausreichend viel Zeit für das Erreichen des Ziels nehmen. Ich bin ein bekennender Fan von Konfuzius, von dem angeblich folgender Satz stammt: »Fürchte dich nicht vor dem langsamen Vorwärtsgehen, fürchte dich nur vor dem Stehenbleiben.«

Zusammenfassend können wir also festhalten: Der Allerwichtigste Baustein für unsere Selbstdisziplin ist ein gutes Ziel.

Ich wiederhole:

- Ziel auswählen und festlegen
- Weg zum Ziel planen und festlegen
- Den Drachen in Scheiben schneiden
- Losgehen und dranbleiben

Der Grad unserer Motivation ist entscheidend dafür, wie intensiv wir ein Ziel verfolgen. Motivation regeneriert sich durch das Erreichen von Zwischenetappen. Doch wie generiere ich die Motivation für die allererste Etappe? Schauen wir uns das Thema Motivation jetzt noch etwas näher an …

20. Motivation

»Behandle die Menschen so, als wären sie, was sie sein sollten, und du hilfst ihnen, so zu werden, wie sie sein könnten.«

Johann Wolfgang von Goethe

Motivation ist für mich schon seit langer Zeit ein Reizthema. Allzu häufig habe ich Motivations-Gurus erlebt, die mit »Tschakka-du-schaffst-es«-Methodik Menschen für kurze Zeit motiviert haben, um dann nach dem unweigerlichen Zusammenbruch des Kartenhauses mit Abwesenheit zu glänzen. Menschen zu motivieren ist einfach, aber wenig nachhaltig. Die Motivation, sei sie nun extrinsisch (von außen) oder intrinsisch (von innen), wird unweigerlich nachlassen. Genau dann brauchen wir Disziplin, um am Ball zu bleiben.

Man könnte es natürlich auch positiv formulieren und behaupten, man müsse sich einfach jeden Tag aufs Neue motivieren.

»People often say that motivation doesn't last. Well, neither does bathing – thats why we recommend it daily.«

Zitat des Motivations-Gurus Zig Ziglar

Vielleicht gibt es tatsächlich Menschen, die sich mit geradezu herkulischer Kraft täglich immer wieder motivieren können. Ich kann aber nicht glauben, dass diese Form von Selbstmotivation als Universalwerkzeug funktioniert. Sich zu motivieren kostet einfach deutlich mehr Kraft, als die Dinge zum Beispiel aus einer Gewohnheit heraus zu tun. Ein Beispiel: Irgendwann ist es uns zur Gewohnheit geworden, die Kaffeetasse in die Spülmaschine zu räumen. Wir müssen uns Gott sei Dank nicht ständig dazu motivieren à la: Ja, nimm die Tasse, Mensch, großartig, und jetzt geh zwei Schritte, du schaffst es! Ja, sehr gut. Und jetzt in die Spüle. Tschakka, du kannst es!

Wenn mich am Arbeitsplatz die Motivation verlässt, verspreche ich mir ein Nutellabrot als Belohnung. Ganz unabhängig von dem Vorsatz, sich ein wenig gesünder zu ernähren und etwas schlanker zu werden, haben wir hier ein Reizreaktionsmuster, das immer funktioniert. Essen, Trinken, Liebesspiel, Lustwandeln und Faulenzen. Darauf haben wir Menschen immer Lust. Das erinnert an die Lehren von Epikur. Doch seine Lehre wurde oft fehlgedeutet. Mit dem, was üblicherweise Hedonismus genannt wird, hat Epikurs Lehre nicht viel zu tun. Hedonisten im Sinne der üblichen Wortbedeutung streben nämlich nach der Befriedigung von Lust. Epikureer streben hingegen danach, Unlust zu vermeiden. Epikureer trennt von den Hedonisten das Ziel, die Begierde zu überwinden. Hedonismus im üblichen Sinne hat Ähnlichkeit zur Philosophie Nietzsches, die Habgier sowie Bejahung und das Ausleben des Willens als Tugenden des Übermenschen beschreibt. Die Gedankenwelt Epikurs findet sich wiederum in der vom Buddhismus inspirierten Philosophie Schopenhauers wieder, der die Ablösung vom Willen als Weg zur Leidvermeidung beschreibt. Nach buddhistischem Ideal wäre allerdings eine generelle Bedürfnislosigkeit die Lebensmaxime. Ich für meinen Teil halte das für eine wenig erstrebenswerte Utopie.

Die Quelle unserer Motivation ist das, was wir wollen und was wir glauben!

Immer dieser Ärger mit der Motivation

Wie oft habe ich voller Elan ein Ziel formuliert, einen Aktionsplan erstellt, voller Motivation begonnen und dann auf halbem Weg Lust, Energie und Motivation verloren? Wie oft habe ich bereits eine Tätigkeit aufgeschoben, weil ich keine Motivation verspürte? Dazu habe ich jetzt keine Lust. Ich bin heute so unmotiviert. Das muss doch heute nicht sein.

Es ist wirklich kurios mit der Motivation. Sie scheint sehr wankelmütig zu sein. Entweder ist sie von Anfang an da, zieht sich dann aber wie eine vornehme Dame dezent zurück, oder aber sie ist nicht da und wir hoffen, dass sie noch kommt. Im Geheimen gestehe ich mir ein, dass ich sehr oft auf die Motivation warte, um mit einer Aktion zu beginnen. Bei Dingen, die wir machen müssen oder die uns unbequem sind, wird sie aber nicht kommen, jedenfalls nicht von alleine. Manchmal hilft es, einfach anzufangen.

Der Coach Dr. Stefan Frädrich beschreibt in seinem Buch »Günter der innere Schweinehund« die Gleichgewichtszustände, die uns Menschen fesseln: Wenn wir morgens im Bett liegen, befinden wir uns in einem Gleichgewichtszustand. Wir fühlen uns wohl, geborgen und sicher. Und diesen Zustand wollen wir halten, hinauszögern, bewahren. Prinzipiell ist Aufstehen kein unüberwindbares Hindernis. Wir könnten, wenn wir wollten – das wissen wir. Wenn wir schließlich aufgestanden sind, dann sind wir bereits in einem neuen Gleichgewichtszustand oder zumindest auf dem Weg dorthin. Seien wir ehrlich. Wer unter der Dusche steht und dieses wunderbare warme Wasser über seinen Körper fließen spürt, den Geschmack frisch geputzter Zähne im Mund, der möchte doch gar nicht mehr zurück ins Bett. Vielleicht freuen Sie sich schon auf das nächste Mal Aufstehen? Den frischen Orangensaft, den Kaffee zur Zeitung oder das Hörbuch, das Ihnen den

Weg zur Arbeit versüßt? Selbst das Arbeiten ist im Grunde nicht so anstrengend, das wissen wir ja. Aber es ist anstrengend, damit anzufangen! Ganz offensichtlich besteht die eigentliche Hürde im Übergang zwischen zwei Tätigkeiten.

Wie komme ich von einem Zustand in den anderen? Denn selbst das Geschirrspülen ist eigentlich gar nicht so schlimm, wenn man erst einmal damit angefangen hat, und wer von uns würde mitten im Geschirrspülen aufgeben? Ich muss immer wieder an die Sirenen denken, mit denen jeden Morgen 15.000 Kung-Fu-Schüler aus dem Bett getrieben werden. Wenn der Druck groß ist, wenn Geschwindigkeit gefragt ist, dann wechseln Sie schneller von einem Zustand in den nächsten, als Sie je für möglich gehalten hätten.

Jeder kennt die Geschichte von Engelchen und Teufelchen, die jeweils auf einer Schulter sitzen. Von meinem Meister kenne ich eine ähnliche Geschichte, die aus Asien stammt. Sinngemäß lautet sie wie folgt:

> »Meister, ich weiß genau, was ich tun sollte, um besser zu trainieren und mein Kung-Fu voranzutreiben. Eine innere Stimme sagt es mir. Sie ist weise und sagt, sie meint es gut mit mir. Aber es gibt auch eine andere Stimme. Sie rät stets das Gegenteil, und auch sie meint es gut mit mir. Was geschieht da?«
> »Das ist der Kampf zwischen dem weißen und dem schwarzen Drachen in dir. Einer meint es gut, der andere will dich zerstören. Sie ringen miteinander um deine Seele.«
> »Meister, welcher Drache ist stärker?«
> »Der, dem du am meisten Futter gibst.«

Dieses Gleichnis geht mir immer wieder unter die Haut. Zum einen müssen wir erkennen, dass wir es sind, die die Entscheidung treffen. Wir erliegen nicht einfach dem Bösen, sondern sind aktiv beteiligt. Mit jeder Entscheidung, die wir treffen, mit jeder Erfahrung, die wir machen, stärken wir den einen oder den anderen Pol. Tag für Tag. Wer fünfmal hintereinander das morgendliche Jogging aufgeschoben hat, hat fünfmal den Drachen der Bequemlichkeit gefüttert und ihn mächtig gemacht.

Wie bereits gesagt, wenn man einmal am Geschirrspülen ist, hört man erst auf, wenn der letzte Teller sauber ist. Ist das nicht genau die Motivation, die vorher gar nicht da war? Wir fangen also mit einer Handlung unmotiviert an und erleben, dass die Motivation sich währenddessen einstellt.

Ich bin sehr schnell zu begeistern und habe bereits häufig, bis unter die Haarspitzen motiviert, mit einem neuen Projekt begonnen. Dank meiner Begeisterungsfähigkeit und der anfänglichen Motivation fällt mir der Start immer sehr leicht. Mittendrin lässt die Motivation jedoch auf einmal nach oder verschwindet ganz und dann, ja, dann brauche ich Disziplin und Willenskraft.

Wer seine Willenskraft schonen will, hat aber auch die Möglichkeit, auf klassische Modelle zurückzugreifen oder in die Schatzkiste der Shaolin zu greifen. Jeder sucht sich die für ihn passenden Werkzeuge (siehe auf den Seiten 107 bis 212). Ich bin der festen Überzeugung, dass ein geeignetes Belohnungssystem in jedem Fall dazugehören sollte.

Motivation durch Belohnung

Eine Belohnung für selbstdiszipliniertes Verhalten? Wir kennen Belohnung als ein nützliches Tool. Immerhin haben wir das noch von unseren Eltern im Kopf: »Wenn du deine Hausaufgaben gemacht hast, darfst du eine halbe Stunde fernsehen.« Mit dem Versprechen. »Wenn du brav deine Hausaufgaben gemacht hast, darfst du eine Stunde Geschirr spülen«, hätten uns unsere Eltern sicherlich nicht hinter dem Ofen hervorlocken können. Wir müssen also die richtige Belohnung wählen, sonst geht der Schuss nach hinten los und das Werkzeug wird nutzlos.

Die wichtigste Erkenntnis in diesem Zusammenhang gleich vorweg: Vorschussbelohnen funktioniert nicht! Belohnung sollte es immer nachher geben.

»Ab morgen esse ich keine Schokolade mehr – aber heute brauch ich das noch einmal für die Nerven.«

»Ich genieße diese Packung Zigaretten jetzt noch in vollen Zügen, und dann höre ich mit dem Rauchen auf.«

Vielleicht kommen Ihnen diese oder ähnliche Sätze bekannt vor. Es gibt eine Tendenz, sich vor einer schwierigen Phase noch einmal belohnen zu wollen. Es ist verführerisch, sich vorzunehmen, heute noch einmal zu genießen und ab morgen dann Diät zu halten. Aber das ist ein Selbstbetrug. Es funktioniert nicht. Auftanken vor der Durststrecke klappt nicht, wir sind keine Kamele.

Ich teste zurzeit an meinem Patenkind Stella ein bewehrtes Belohnungssystem. Sie lernt gerade Laufen. Ich stelle mich also in drei Schritten Entfernung mit einem Schokoladeneis in Position. Während Stella lachend und sabbernd auf mich zuwankt, die kleinen Ärmchen nach dem Eis ausgestreckt, weiche ich einige Meter zurück.

Sie kennen den Trick vom listigen Bauern, der auf seinem Eselskarren sitzt und dem Esel mithilfe einer Angel ein Karotte vor das Maul hält? Tatsächlich kann uns die sprichwörtliche Karotte am Stöckchen in Schwung bringen und halten. Wir müssen die Karotte aber mit Bedacht wählen. Zu viele Karotten der gleichen Sorte haben eine inflationäre Wirkung. »Bäh, schon wieder Karotte.« Oder: »Hey, nächstes Mal mach ich's nur noch für zwei Karotten!«

Generell muss man aufpassen, dass die Erwartungshaltung an ein Belohnungssystem nicht zu sehr einschleift, sonst geschieht nämlich ohne Belohnung gar nichts mehr. Wir alle kennen Menschen, die für den kleinsten Aufwand bereits eine Gratifikation erwarten. Das untergräbt nicht nur ihre Disziplin, sondern auch ihre Moral.

Motivation durch Lob

Sifu Baklayan lobt nie. Er betrachtet jede Übung und Anstrengung mit gleichmütigem Blick und verbessert konzentriert jeden Fehler. Wer sich ein Augenzwinkern, ein Kopfnicken, ein Lob erhofft, wird stets enttäuscht. Wie oft war ich einer dieser enttäuschten Schüler. Wie oft habe ich mir von meinen Lehrern und Ausbildern, Meistern und Mitmenschen, Geliebten und Freunden für meine Taten ehrliches Lob gewünscht. Ich glaube fest daran, dass mich Lob und positive Zuwendung motivieren, mein Selbstwertgefühl aufbessern und meine generellen Versagensängste reduzieren. Ganz offensichtlich sieht die Schule der Shaolin das ganz anders.

Häufig übte ich meine Bewegungsabläufe inmitten meiner Kung-Fu-Brüder und während Meister Baklayan allen anderen geduldig einige Feinheiten zeigte, streifte er mich nur mit seinem Blick und ging ohne ein Wort an mir vorbei. Nicht nur, dass ich mein Vertrauen in meine Fähigkeiten verlor, ich fühlte mich zudem ungeliebt und missachtet. Da mein Sifu anderen etwas Neues beibrachte und mir nicht, fühlte ich mich ungerecht behandelt und musste regelmäßig meinen Ärger und meine Enttäuschung herunterschlucken. Daraus resultierte über Wochen hinweg eine regelrechte Arbeitsverweigerung. Ich kam nicht damit zurecht, dass ich gedemütigt wurde. Immerhin zahlte ich viel Geld für den Unterricht und wollte etwas lernen. Außerdem erschien es mir albern, Machtspiele erdulden zu müssen. Natürlich war mir klar, dass ich das Kung Fu nur für mich allein übte, dass mir kindlicher Trotz und Nachlässigkeit, Phlegma und Depression nicht helfen würden. Mit Sicherheit könnte ich an den bereits erlernten Bewegungen noch lange feilen und hätte immer noch nicht alles gelernt. Trotzdem demotivierte mich das Training ohne Feedback, es untergrub meine Trainingsmoral.

Ich glaube, die Beziehung zwischen Einsicht und Handeln ist sehr kompliziert, weil sich an die Einsicht immer die Erwartung einer Belohnung koppelt. Wir fragen uns bewusst oder unbewusst: Was habe ich davon, dass ich der Einsicht folge? Das sind Dinge, die wir oft nicht genau beschreiben können. Und dann wundern wir uns und finden Ausreden, beginnen, uns selbst zu sabotieren. Viele Gründe erleben wir nicht rational.

Ich bin zu dem Schluss gekommen, dass es mir guttut, weiterhin zu trainieren. Auch wenn es ohne Lob manchmal sehr hart ist. Ich übe also in mehrfacher Hinsicht meinen Willenskraft-Muskel. Mit Willen, Demut, Verzicht und einer kleinen Portion Fatalismus. Kung-Fu mache ich schließlich nicht für ein Lob, sondern ausschließlich für mich selbst.

In einer Zeit, in der jedes Handbuch über erfolgreiche Kindererziehung die Macht des Lobes anpreist, kam mir das Verhalten des Meisters völlig veraltet vor. Bei jeder Herausforderung, jedem Gefallen und jedem Auftrag investieren wir einen Teil unserer Energie. Wir versuchen, die Dinge möglichst gut zu lösen und den geforderten Ansprüchen gerecht zu werden, ungewiss, ob wir diese Ansprüche erfüllen können. Mal schafft man es, mal nicht. Doch ganz egal, ob man erfolgreich war oder nicht, wenn man sich wirklich Mühe gegeben hat, verdient man ein Lob. Eltern bekommen suggeriert, dass das Beste, was sie für ihr Kind tun können, der Aufbau seiner Selbstachtung ist. Indem man dem Kind Komplimente macht. Sagt den Kindern, wie intelligent sie sind, wenn sie eine Prüfung bestanden haben, wie künstlerisch begabt sie sind, wenn sie malen, und wie athletisch, wenn sie ein Tor schießen.

Ich würde sogar so weit gehen, diese psychologischen Kniffe in der Arbeitswelt anzuwenden. Komplimente und positives Feedback für meine Mitarbeiter, meine Kunden, meine Geschäftspartner. Ich lobe den Style, den Scharfsinn, die Offenheit, den Ideenreichtum und natürlich auch die Intelligenz aller Menschen in meinem Umfeld. Dadurch generiere ich ein Arbeitsklima voller motivierter, selbstbewusster und glücklicher Menschen. Wenn ich auch das amerikanische Gedankenmodell des »Stärken stärken« nur bedingt gut finde, in Bezug auf aufrichtiges Lob sehe ich keinen Selbstbetrug, keine Schattenseite. Diese Orientierung an der Belohnung darf man sich allerdings nicht so vorstellen, als hätten wir da ein rationales Kalkül.

Und dennoch, warum damals kein Lob von meinem Meister? Warum? Weil mein Meister ein alter Stinkstiefel ist? Nein, weil er recht hatte!!!

Nirgendwo in Asien werden die Eleven mit Floskeln wie »Du bist so ein Genie, wie klug du bist, wie unglaublich intelligent« überschüttet. Mein Meister behauptet, Schüler, die für ihre Intelligenz gelobt würden, scheuten anspruchsvolle Aufgaben. Wenn man einmal als intelligent ausgerufen wurde und sich dann aufs Neue beweisen muss, könnte ja ein Mangel an Schlauheit deutlich werden. Dann hat man Angst vor Fehlern, und sobald man auf Schwierigkeiten trifft, verliert man seine Zuversicht.

Der Gedanke, dass bei uns in Deutschland, in Europa, in Amerika eine Generation heranwächst, die im Erwachsenenalter wenig lernbereit und frustrationstolerant ist und die den ständigen Applaus für ihre Großartigkeit braucht, macht ein mulmiges Gefühl. Meiner Erfahrung nach wird in asiatischen Kulturen viel weniger oder überhaupt nicht gelobt. Ob dies in der westlichen Kultur jedoch so einfach zu übernehmen ist?

Trotz allem kann ich mir nicht vorstellen, dass alles Lob nur Blendwerk ist. Ich glaube, es hat auch viel mit Kultur zu tun. Für die einen ist sie die buddhistische Achtsamkeit, für andere die christliche Nächstenliebe oder eine humanistische Ethik. Stets aber scheinen Menschen, denen in der Erziehung, der Partnerschaft oder im Beruf das Loben glückt, einige Grundregeln zu beherzigen. Egal ob Sie Lehrer, Chef, Vater, Mutter oder Führungspersönlichkeit sind: Sie helfen anderen, disziplinierter zu werden, wenn Sie sie strategisch geschickt loben.

So loben Sie »richtig«:

1. **Loben Sie aufrichtig:** Ein Lob kann nur seine Wirkung entfalten, wenn es von Herzen kommt. Jedes Lob sollte ehrlich sein. Durch geheuchelte Schmeichelei oder falsche Komplimente machen Sie sich nur Feinde.
2. **Loben Sie Besonderes:** Wer aufmerksam ist, findet immer etwas, das er loben kann. Halten Sie Ausschau nach positiven Verhaltensmerkmalen, die eher selten vorkommen, insbesondere Motivation, Ehrgeiz oder große Überwindung.
3. **Loben Sie die Mühe, nicht das Ergebnis:** Auch wenn das Ergebnis am Ende nicht so fantastisch ist, sollten Sie sich klarmachen, dass die Person sich vermutlich viel Mühe gegeben hat, um es zu erreichen. Das ist wirklich lobenswert!

Folgende Anregung gab mir mein Si Hin (chinesisch für »älterer Bruder«), Johannes Florin. Er ist ein Coach und Regisseur, der seine Techniken in Führungskräfte-Seminaren weitergibt.

Als ich ihm von meinen Gedanken zum Loben erzählte, sah er mich schelmisch lächelnd an: »Okay, Großer, was meinst du, wie oft sollte man loben?«

1. Ständig und so oft es geht?
2. Jedes dritte oder vierte Mal?
3. Nach dem Zufallsprinzip?

Ich dachte zunächst an meinen Meister und hätte mich beinahe dazu hinreißen lassen, zu sagen: Man lobt nicht. Aber selbst die

Shaolin haben ja bekanntlich nicht die unwandelbare Weisheit mit dem berühmten Löffel gefressen. Zur Frage nach der Häufigkeit des Lobens erschien mir die Idee des Zufallsprinzips charmant. Einfach mal was Neues ausprobieren, scheinbar ganz ohne Konzept. Johannes lachte glucksend und schüttelte den Kopf. Ich hatte es offensichtlich nicht verstanden.

Die richtige Antwort wäre gewesen: 1, 2 und 3. Allerdings zu verschiedenen Phasen. Wenn es um das Erlernen eines neuen Verhaltens geht, sollte man anfangs ständig loben.

Zum Festigen des erlernten Verhaltens sollte man in regelmäßigen Abständen loben, sprich jedes dritte oder gar vierte Mal. Der Schüler hat bereits genug Selbstvertrauen, ist auf dem richtigen Weg, erfährt allein schon durch sein Tun regelmäßig genug Bestätigung, um den Weg zu festigen.

Wenn dann schließlich das Verhalten etabliert ist, wird nur noch sporadisch, spontan und nach dem Zufallsprinzip gelobt.

Motivation durch Druck

Egal, ob durch den Taktgeber auf der Sklaven-Galeere, ob durch den strengen Chef oder die Deadline des Verlages: Es ist allgemein bekannt, dass wir Menschen unter Druck in die Puschen kommen. Manchmal machen wir uns selbst den Druck. Manchmal kommt der Druck von außen. Aber Druck bleibt immer Druck – je länger wir warten, desto größer wird der Druck.

Wenn ich beispielsweise eine Deadline habe, kann ich absichtlich so lange warten, bis der Druck mich zwingt, in Bewegung zu kommen. Meist sorgt auch irgendeine Form von Angst für den Druck. Was wird mit mir passieren, wenn ich es nicht schaffe, wenn ich versage? Wird dann nichts aus der Beförderung? Werden meine Kollegen enttäuscht von mir sein? Werde ich vielleicht sogar gefeuert?

Manchmal stehe ich im Trainingsraum vor dem Spiegel und mache lustlos meine Kung-Fu-Bewegungen. Ich will mich nicht anstrengen, bin mit dem Kopf woanders, bin irgendwie passiv. Oft ändert sich das schlagartig, sobald der Meister den Raum betritt. Nicht nur, dass er diesen strengen Blick hat, er hat auch oft einen Stock in der Hand. Auf einmal versorgen mich meine Ängste und eine Portion Adrenalin mit ausreichender Kraft für weitere Minuten des Schwitzens. Im Shaolin-Kung-Fu ist das Schlagen als Motivationsspritze noch immer Mittel zum Zweck. Selbstverständlich sind die Ausbilder, Trainer, Meister keine sadistischen Tyrannen. Sie haben erkannt, dass Menschen ihre Leistungsbereitschaft steigern, um unbequemen Konsequenzen aus dem Weg zu gehen. Das Ganze funktioniert übrigens auch, wenn eine hübsche Frau den Raum betritt. In diesem Fall sogar ohne Stock und Peitsche.

Könnte man sein Wissen um diese scheinbar absurden Funktionsmechanismen nicht nutzen? Warum stellen wir meinen Meister nicht an jeden Arbeitsplatz in Deutschland? Vielleicht wäre es wahnsinnig clever, vor dem Schlafengehen nichts zu essen, aber zwei Liter Tee zu trinken? Dann würde mich in der Früh der Druck der Blase aus dem Bett treiben und mein leerer Magen würde mich in die Küche knurren. Das ist doch ein gangbarer Weg, oder? Während man im Abendland von Zuckerbrot und Peitsche spricht, formulieren die Asiaten die Kernbotschaft vom Druck sehr unverblümt:

打是亲，骂是爱.

dǎ shì qīn, mà shì ài

Schlagen ist Liebkosen, Schimpfen ist Liebhaben.

In vielen Bereichen bewundere ich die Asiaten. In diesem Punkt allerdings gehe ich auf Distanz und habe Mühe, tolerant zu sein.

Mein Meister hat mir einmal erklärt, dass wir Menschen mehr Motivation und mehr Willenskraft generieren, um Unangenehmes zu vermeiden, als Angenehmes zu bekommen. Ich behaupte, dass das auf den Bereich ankommt. Geht es darum, im Kreis zu rennen, mag mich ein Mann mit Stock zum Laufen bringen. Wenn ich allerdings für eine komplexe oder kreative Aufgabe meinen Kopf benutzen muss, dann ist der Chef mit dem Rohrstock hinter mir eher hinderlich. Ich würde vor lauter Angst und Druck nicht mehr denken können, lethargisch werden, weniger fähig zu Leistung.

Letztlich geht es darum, Prinzipien und Wirkungsmechanismen zu verstehen und sie dann zu seinem Vorteil zu nutzen. Das Minimax-Prinzip. Minimaler Aufwand, maximaler Erfolg.

Die Erkenntnis des Berg-See-Wechsels

»Denkt der Feind an Berge, greife wie ein See an; und wenn er an einen See denkt, greife gleich dem Berge an.«

Miyamoto Musashi, japanischer Schwertmeister (1585–1645)

Während eines Kampfkunst-Seminares in Tokio sprachen wir über dieses bekannte Gleichnis von Miyamoto Musashi: den Berg-See-Wechsel. Der Berg-See-Wechsel hat eine unglaubliche Kraft. Ich erörtere es Ihnen:

Die Berg-See-Metapher bedeutet, dass es schlecht ist, die gleiche Technik häufig zu wiederholen, wenn man mit einem Feind kämpft. Wenn Sie eine Technik benutzen, die bereits vorher versagt hat, müssen Sie Ihre Angriffsmethode ändern. Was für den Kampf mit einem Feind gilt, ist leicht auf den Kampf mit dem inneren Schweinehund zu übertragen. Die »Technik« ist analog mit den Methoden aus der Schatzkiste der Shaolin zu vergleichen. Haben wir unser Ziel mit einer bestimmten Technik bereits einmal verfehlt, kann das an zweierlei liegen:

1. Diese Technik ist zu diesem Zeitpunkt ungeeignet. Wir erinnern uns an Wu Wei: Vielleicht haben wir für unsere Bemühungen den falschen Zeitpunkt gewählt.
2. Die ausgewählte und angewandte Technik ist noch nicht in Fleisch und Blut übergegangen. Somit ist sie noch nicht effektiv genug, denn der Feind erkennt die Technik und wappnet sich – ebenso wie unser Gegner in uns.

Wir müssen die Techniken der Schatzkiste wechseln, um zum Ziel zu kommen. Im Training dürfen wir üben, wiederholen, verbessern und nochmals üben. Wenn es aber wirklich ernst wird, muss es in Fleisch und Blut übergegangen sein. Nicht umsonst sagt ein asiatisches Sprichwort:

十三敵に因って転化せよ

teki ni yotte tenka seyo

Wandle dich abhängig von deinem Gegner.

自己お知れ而して他お知れ

mazu shiko o shire shikoshite hoka o shire

Erkenne zuerst dich selbst, dann den anderen.

BALANCE – RUHENDE DRACHEN UND FLEISSIGE BIENCHEN

Herzlich willkommen im Balance-Teil dieses Buches. Es ist der Spa-Bereich zum Entspannen, Wohlfühlen und zum Aufladen Ihres Akkus. Nachdem Sie erkannt haben, dass Disziplin ein Leistungssport ist, mache ich Sie nun mit dem Stundenplan für Ihre Erholung vertraut.

Wie im Sport, wie bei allen körperlichen Übungen, brauchen die Muskeln Ruhephasen, um zu regenerieren und zu wachsen. Genauso verhält es sich mit Ihrem Willenskraft-Muskel. Hier gilt es zu beachten, auf die richtige Weise zu entspannen. Dazu gibt es ein paar Übungen für ein Schnellaufladen des Willenskraft-Muskels.

Mentaler Stress mit einer Endlosschleife im Denken und Grübeln führt nach chinesischer Vorstellung zu einer negativen Leere im Schwerkraftzentrum des menschlichen Körpers, dem Dantian. Stress, Überforderung, Leistungsabfall sind die drei Phasen, die eine Abwärtsspirale bis hin zum Burn-out kennzeichnen. Hier geht es darum, eine Aufwärtsspirale einzuleiten. Willkommen bei dieser vergnüglichen Beschäftigung!

Wir werden die Bereiche Entspannung, Ernährung, Meditation, Spiel, Spaß und Abenteuer streifen. Ich möchte vorwegnehmen, dass Schlaf und Sex wesentliche Bestandteile Ihrer Erholungsphasen sein sollten. Bitte kosten Sie beides nach Herzenslust aus – ich verzichte allerdings freiwillig darauf, Sie in diesen Punkten anzuleiten.

Das Erfolgsgeheimnis liegt in der Fähigkeit des Drachens, die perfekte Balance in sein Leben zu bringen. Der Drache setzt auf seine Stärken und Leidenschaften. Er macht, was er kann – und er brennt dabei. Der Drache generiert sein Qi, wenn er ruht – in vollständiger Entspannung (chinesisch: »Fangsong«).

Diese Art vollständiger und tiefer Entspannung ist aber anders zu verstehen als im Westen üblich. Fangsong ist nicht das totale Abschlaffen und dämmrige Dahindösen in einem Liegestuhl an einem tropischen Strand, ohne jegliche Bewusstheit und Agilität. Fangsong beschreibt eine gewisse Einstellung während aller aktiven Übungen, die ein Zurückführen der aufgewandten Kräfte zu ihrem Ursprung gewährleistet.

Entschleunigen Sie!

Machen Sie langsam. Der Wettlauf gegen die Uhr scheint im 21. Jahrhundert so etwas wie eine Modeerscheinung geworden zu sein. Wie viel Zeit nehmen Sie sich für sich selbst und Ihre Liebsten? Ich glaube, dass Zeit heutzutage höher geschätzt wird als der Wunsch nach materiellen Statussymbolen. Die wenigsten Menschen träumen davon, Millionäre zu sein. Okay, ich muss diesen Satz erweitern. Die wenigsten Menschen wünschen sich eine Million Euro auf dem Konto, sie wollen nur das auskosten, was man damit tun könnte. Im Grunde wollen sie also den Lifestyle eines Millionärs. Wenn man das alles auch mit ein paar lumpigen Kröten erreichen könnte, bräuchte man gar kein Millionär zu sein. Es geht also vor allen Dingen darum, Freizeit zu haben und auf anregende Art und Weise zu nutzen. Das spiegelt unseren Zeitgeist wider.

Viele Menschen im Westen haben bereits genug materielle Sicherheit, um ein solides Leben führen zu können. Das Verreisen, das Kennenlernen der Welt, ist so einfach, günstig und sicher wie nie zuvor. Die Globalisierung macht es möglich. Wir können dezentral arbeiten, sind trotzdem immer mit der Welt vernetzt, wir reisen in unglaublicher Geschwindigkeit von Ort zu Ort und können heute das erleben, was einst nur Millionären vorbehalten war.

Ausgerechnet der schlichte Wunsch nach Muße gerät am häufigsten in Konflikt mit unseren anderen Zielen. Es scheint, als jagten wir so rastlos dem Glück hinterher, dass wir am Ende keine Zeit mehr haben, es zu genießen.

Oder aber wir »merken«, dass uns die Zeit wegläuft, und dann laufen, rennen, hecheln wir dieser hinterher – bis wir nicht mehr können. Das nennt sich dann Stress. Und da Stress der Hauptauslöser für etliche Erkrankungen ist, sind immer mehr Menschen krank. Ärzte, Psychologen, Medien warnen seit Jahren schon vor Burn-out als neuer Volkskrankheit Nummer eins.

Nun mag man sich wundern, woher das kommt. Schließlich arbeiten die meisten von uns deutlich weniger als früher. Ich bin mir fast sicher, dass es noch niemals in der Geschichte der westlichen Welt eine Zeit gab, in der weniger gearbeitet wurde als heute. Im Gegensatz zur Wohlstandsgesellschaft sind andernorts 16 Stunden Arbeit pro Tag völlig normal.

Trotzdem nimmt bei uns der Zeitdruck zu und damit die innere Nervosität. Ständig will jemand etwas von uns, wir ersticken in der Mail-Flut, wir arbeiten noch nach Feierabend an Präsentationen oder feilen am Social-Media-Network-Marketing, um uns als Perlen der Gesellschaft zu positionieren. Wir wollen gleichzeitig ideale Ehepartner, gute Eltern und exzellente Mitarbeiter sein und noch dazu mit dem stetig wachsenden Konkurrenzdruck unserer globalisierten Geschäftswelt mithalten. Viele von uns haben das Problem schon lange erkannt – und belächeln es. Andere würden gerne anders handeln, können es aber nicht. Wir hetzen uns ab von einem Termin zum nächsten, rennen im Hamsterrad bis uns schwindelig wird, geben uns als eierlegende Wollmilchsäue alle Mühe in allem perfekt zu sein und wundern uns dann, wenn die Entschleunigung auf Knopfdruck – ob beim Yoga oder auf dem Jakobsweg – sich einfach nicht dauerhaft einstellen will.

Und hier haben wir den Konflikt. Es wird unglaublich schwer, alles zu vereinen. Früher – und damit meine ich das Zeitalter der Antike – war Müßiggang sehr angesehen. Denn man musste sich den Müßiggang leisten können. Somit war er allein den hochgestellten Gesellschaftsschichten vorbehalten.

Im Mittelalter hingegen wurde der Müßiggänger als Faulenzer verachtet. Er galt als unproduktiv, weil sich der gottgefällige Fleiß als neues Ideal durchsetzte. Ein Modetrend. Und was noch im Mittelalter gottgefälliger Fleiß war, wurde durch die Industrialisierung zum Überlebenskampf. Wir mussten den Kampf Mensch gegen Maschine aufnehmen. Wir erinnern uns an den scheußlichen Verdrängungskampf unter der menschenverachtenden Peitsche des Taylorismus – dem Prinzip der Prozesssteuerung von Arbeitsabläufen.

Heute, im Zeitalter von Industrie 4.0, werden wir weniger von den Maschinen verdrängt, als dass wir bereit sind, mit ihnen zu verschmelzen. Das Internet ermöglicht, was früher unmöglich war. Maschinen übernehmen körperliche Schwerstarbeit und monotone, hirntötende und nervenaufreibende Fließbandarbeit, während der Mensch die Maschinen entweder bedient, wartet oder erfindet.

Trotzdem gilt es heute als Auszeichnung, Workaholic zu sein. Wer nachts um 3.00 Uhr noch Mails versendet, demonstriert sich und anderen, wie wichtig er ist, wie belastbar, voller körperlicher und geistiger Energie.

»Oh, ich habe ja so viel Stress«, wird heute von vielen Leuten mit stolzgeschwellter Brust herausposaunt, um später im stillen Kämmerlein zusammenzubrechen oder der Depression zu erliegen.

Die wirtschaftlichen Säulen Wachstum und Produktivität scheinen um jeden Preis mit Konsum und Leistungsmaximierung aufrechterhalten werden zu müssen. Wer in dieser Gesellschaft Zeit hat, sollte sich mal was schämen! Nur Loser haben Zeit!

Ich empfinde es als zynischen Zug der Zeit, dass sich aus diesem Konflikt eine ganze Industrie entwickelt hat. Gleichzeitig boomt die Ratgeber-Literatur mit Tipps zum richtigen Entspannen, zur Work-Life-Balance. Es gibt 1.000 Konzepte zum richtigen Entschleunigen, zum Downshifting. Coaches trainieren nicht nur nach dem Motto »Gesund und Fit«, sondern bieten auch »Slow-Food«-Seminare, »Business-Qigong«, Zeitlupentraining und Ayurveda-Kurse an. Fast möchte ich von Gerhard Polt inspiriert hinzufügen: Ladys und Gentlemen, kommen Sie nur zu uns, bei uns gibt es hochmoderne Programme wie Fresh-Air-Snapping, Mushroom-Searching und Candle-Light-Brotzeiting …

Nur, hilft das? Und was genau wovon hilft wem? Und woher bitte schön soll der, der es bisher nicht konnte, die Gelassenheit nehmen, einen ganzen Tag lang nichts zu tun und sich die Sonne auf den Pelz brennen zu lassen? Wir haben doch das Innehalten gänzlich verlernt. Nicht nur in der Arbeit – generell.

Ich gestehe aufrichtig: Wenn ich heute zwei Stunden Zeit habe, versuche ich meine 20 Kilometer zu laufen, zu trainieren oder zumindest einige meiner gefühlt 748.000 Facebook-Freunde zum gepflegten Nachmittagskaffee zu treffen, um dann am frühen Abend gleich wieder im Flieger zu sitzen. Wir müssen uns fragen, ab wann die Entschleunigung selbst zum Stress wird.

Leben Sie!

Wir leben in einer Gesellschaft, die sehr tolerant mit dem Wort »Erfolg« umgeht. Es ist unserem Umfeld im Grunde egal, ob wir als Philosoph, Schreiber, Vertriebler, Entrepreneur oder Künstler erfolgreich werden. Allein, so scheint es, müssen wir einer Maxime entsprechen: Leistung. Wer sich der Leistungsnorm beugt, erhält Bestätigung in der Gesellschaft und wird akzeptiert.

Was aber bedeutet Ihnen wirklich etwas? Welche Aufgaben haben Sie zu erfüllen? Welche Prioritäten müssen Sie setzen? Welches sind Ihre Fähigkeiten und Potenziale? Das sind die wichtigsten Fragen in Ihrem Leben.

Durch das, was ich von den Shaolin und meinen Meistern gelernt habe, gelange ich zu der Überzeugung, dass wir durch unsere Arbeit ständig unser Innerstes ausdrücken. Die Art und Weise, wie wir unsere Arbeit verrichten, sagt viel über uns selbst.

Anders gesagt: Unser Geist findet immer Ausdruck in unserem Tun, in unserem Handeln. Wenn wir etwas konzentriert tun, ist auch unser Geist konzentriert. Wenn wir etwas oberflächlich tun, ist auch unser Geist oberflächlich, und wenn wir frustriert sind, wehrt sich unser Geist gegen etwas.

Noch nie war es so wichtig wie heute zu lernen, wie wir unseren Akku wiederaufladen können, wie wir in Balance geraten.

Auch dafür benötigen wir Selbstdisziplin. Zunächst aber bedarf es der Erkenntnis, dass wir mit Willenskraft-Training nur dann weiterkommen, wenn wir in der richtigen Balance bleiben. Wir dürfen unsere Flasche mit Energie nicht völlig leeren – sonst droht das Burn-out.

Es gibt keine Standardstrategie für Stressbewältigung – auch wenn viele Ratgeber das vorgaukeln. Wie wir entspannen und was wir nach der Arbeit tun, ist teilweise durch unsere persönlichen Neigungen und Hobbys, teilweise durch unser Umfeld und unsere Kultur bestimmt.

Viele Männer, die ich kenne, können sich am besten beim Fußballschauen mit einem Bier in der Hand entspannen. Viele Frauen präferieren eine ausgiebige Shoppingtour.

Manchmal tut es auch gut, das innere Kind auszuleben. Mir persönlich tut es unendlich gut, Lausbub bleiben zu dürfen, kleine Abenteuer zu erleben, ein wenig Peter Pan zu sein. Selbst Aufgaben, die Disziplin benötigen, werden durch ein wenig Spieltrieb erträglicher. Auf diese Weise gelingt es, in Erholung die Pflicht zu bringen, statt sich nach der Pflicht separat erholen zu müssen. Eine Aufgabe als Spiel zu betrachten, ist ein fast in Vergessenheit geratener Geheimtipp. Als wir Kinder waren, war das der Normalzustand. Alles war Spiel.

Eine Geschichte aus meinem Tagebuch:

Peking

… Ich springe, noch von den Ereignissen des Vortages beseelt und fröhlich, aber mit rumpelndem Magen aus dem Bett (es ist 5.00 Uhr morgens). Mir ist ein wenig schlecht und ich beschließe, statt einer üblichen Trainingseinheit lediglich die Treppe des Hochhauses einige Male hoch- und runterzurennen. Ich habe Lust auf Frische und werfe mir im Vorbeigehen eine Handvoll Kaugummis ein. Jetzt habe ich zwar den erfrischenden Geschmack von Minze im Mund, allerdings kämpfe ich gegen einen schier nicht enden wollenden Speichelfluss. Stockwerke hoch- und runterzurennen, ist heute definitiv das kleinere Übel. Aber bevor ich gar nicht trainiere, mache ich lieber ein bisschen was. Es geht also die 38 Stockwerke hoch und runter, während mir allmählich die Kaumuskulatur mehr wehtut, als die vom Treppensteigen belasteten Waden. Während der Kaugummiklumpen langsam immer härter wird, kommt mir der kindische Einfall, ihn aus vom 37. Stock den Treppenschacht hinunterplumpsen lassen zu können. Gesagt, getan.

Die Übelkeit ist zwar noch immer da, aber der Lausbubenstreich hebt meine Stimmung. Ein durchaus amüsantes Bild, diesen klebrigen Klumpen fliegen und trudeln zu sehen.

Die Vorstellung, ihn mit einem schlüpfrigen »Flatsch« auf dem kahlen Schädel eines Passanten aufkommen zu hören, ist hinreißend teuflisch.

Allerdings komme ich nicht wirklich in Schwung und muss das ohnehin verkürzte Training abkürzen. Egal, Hauptsache, ich habe ein wenig Sport gemacht und mich an das Ritual gehalten.

Ich muss an die Rache Montezumas denken. Irgendwas in meinem Bauch fühlt sich nicht gut an, und ich habe Angst, mich zu überlasten. Immerhin werden die kommenden Tage richtig hart werden.

Also ab unter die Dusche. Nach einem kurzen Frühstück, es ist bereits sieben Uhr, muss ich los. Bei meinem Sprint das Treppenhaus hinab komme ich an zwei mit Funkgerät ausgestatteten Typen vorbei, die mit einem Spachtel in der Hand irgendeine Substanz vom Boden abziehen. Ich erkenne die Substanz, nicht aber die beiden Herren.

Natürlich sind es Chinesen. Sie sehen aus wie hochrangige Offiziere, in Uniform mit Schulterpolstern und Ordenbehang wirken sie wie Kriegsveteranen. Hier haben unglaublich viele Männer Uniformen für den Dienst, vom Parkplatzwächter bis hin zum Postboten. Immer stecken sie in Uniformen. Diese beiden wirken aber mit den Gummihandschuhen und dem Spachtel in der Hand irgendwie fehl am Platz. Mit leicht schlechtem Gewissen werfe ich ihnen einen fragenden Blick zu, während ich in schlechtem Chinesisch »Guten Tag, alles gut?« sage.

Die gereizte Antwort verstehe ich nicht ganz. Wahrscheinlich haben sie gesagt: »Irgendein Idiot hat hier Kaugummi auf dem

Boden verteilt«. Zumindest befassen sich die beiden mit meinem Kaugummi.

Das englische Wort »littering« habe ich mir entweder eingebildet oder tatsächlich gehört! Bei diesem Stichwort fällt mir ein, dass »littering« – also das Verunreinigen von öffentlichen Orten – in Amerika und China sehr streng bestraft wird. Ich habe etwas von 1.000 Dollar Strafe und bis zu 60 Tagen Haft im Gedächtnis und bekomme nun tatsächlich ein mulmiges Gefühl. Der eine der beiden schaut etwas argwöhnisch vom Kaugummi zu mir und dann wieder zum Kaugummi, dann zieht er mit Schwung den letzten Rest vom Boden ab. Offenbar hält er den Gedanken, dass ich etwas mit der Sache zu tun haben könnte, dann doch für zu abwegig.

Ich verabschiede mich, nicke anerkennend, wünsche viel Glück bei der Problembehandlung und außerdem einen »great day«.

Damit mache ich mich auf den Weg, in der Vermutung, dass mir nichts passieren kann. Was sollen die mir schon beweisen? Wollen Sie den Kaugummi nach Speichelspuren untersuchen und einen DNA-Test machen? Für ein paar Sekunden überlege ich, ob das vielleicht sogar ein gangbarer Weg wäre. Wer weiß, auf was für kranke Ideen die hier in Peking kommen.

Egal womit wir Spaß und Balance in unser Leben bringen – das mit dem Kaugummi ist wohl eher eine fragliche Methode –, es ist gut, die Augen aufzumachen und keinen Schaden anzurichten.

Ich halte es ebenso für fraglich, ob die After-Work-Party, das Feierabendbier oder die Shoppingtour wirklich nachhaltig geeignet sind, unseren Akku aufzuladen. Wir sollten in der für uns frei verfügbaren Zeit nach Techniken suchen, die uns einerseits Freude bereiten und zum anderen unseren Akku wirklich schnell aufladen.

Wenn Sie auf den Meister in sich hören, werden Sie die richtige Entscheidung treffen!

Leben ist Bewegung

Zu Beginn des Trainings sagt so mancher Meister: Leben ist Bewegung – bewegt euch!

In solchen Augenblicken treibt mich meist mehr der in diesem Satz verborgene Imperativ an als die darin enthaltene Erkenntnis.

Jetzt ist das nicht viel anders! Verzichten Sie auf Erkenntnis – Sie wissen es bereits! Zur Balance gehört, dass Sie regelmäßig Sport treiben. Die Betonung liegt auf »regelmäßig«. Finden Sie am besten ein paar sportliche Aktivitäten, dann ist es abwechslungsreicher.

Halt! Das ist jetzt keines dieser Kapitel, wie Sie sie bereits kennen. Natürlich wissen Sie bereits fast alles zum Thema Bewegung und Sport aus zahlreichen Büchern, Zeitschriften, Beiträgen und mehr. Das Dumme ist nur: Mein Sifu sagt mir auch schon seit vielen Jahre immer wieder Dinge, die ich eigentlich bereits weiß. Solange ich mich allerdings nicht verbessere, wird er es eben immer wieder sagen müssen.

Das Problem mit dem Training ist, dass wir alle das Gefühl haben, wir seien durch regelmäßiges Training nur noch mehr Stress ausgesetzt.

Kennen Sie folgendes Selbstgespräch?

»Ich habe so viel um die Ohren, und nun soll ich auch noch die Zeit, Energie und Überwindung finden, zu trainieren oder Sport zu treiben? Und dann ist es mit dem reinen Training ja noch nicht getan, ich muss die Sachen packen, hinfahren, dann wieder zurück, ich muss mich umziehen, duschen und danach das Zeug waschen etc., pp. …« – Das ist Stress! Bevor Sport zum reinen Stress wird, sollten wir es besser bleiben lassen.

Ich wünschte, ich könnte Ihnen beweisen, dass das körperliche Training die Geheimwaffe zur Stressbewältigung ist: Wenn der Körper arbeitet, kann der Geist endlich zur Ruhe kommen. Der Hormonspiegel und der ganze Organismus werden stimuliert. Die

Muskeln werden voll durchblutet, der gesamte Körper wird aus seinem kläglichen Dämmerzustand geweckt und beginnt wieder, richtig zu leben. Können Sie beim Lesen dieser Zeilen spüren, dass Ihr Körper reagiert und sich regt?

Innerhalb kürzester Zeit beginnt nicht nur der Körper, sondern der ganze Mensch aufzublühen. Wir fühlen förmlich, wie das Qi durch die Adern fließt und das reine Leben durch unsere Glieder strömt. Es ist ein Kribbeln vor Glück und Wohlgefühl. In China, so scheint es, holen sich alle – egal ob jung oder alt – jeden Tag ein Stück davon in den Körper, während sie in den Parks ihre Tai-Chi-Übungen praktizieren.

Auch für uns gilt: Eine kleine Runde körperliche Ertüchtigung lässt die Arbeit und das Leben in einer völlig anderen, angenehmeren, frischeren und zuversichtlicheren Perspektive erscheinen. Gesund sein ist ein natürlicher Zustand. Die Mittel, diesen Zustand zu erreichen, hat jeder von uns.

Wer hingegen immer seinen Stress als Ausrede vorhält, wird irgendwann in eine Negativspirale geraten. Wir müssen uns Freiräume schaffen und sorgfältig auf unsere innere Stimme achten. Alles, wonach diese innere Stimme verlangt, hat Bedeutung für unser inneres Gleichgewicht. Wenn sich der innere Widerstand meldet, teilt er uns etwas Wichtiges über unsere Bedürfnisse mit. Er hilft uns beispielsweise, auf sinnvolle Grenzen zu achten, uns nicht zu überfordern, Grundbedürfnisse zu befriedigen. Somit ist er eine wertvolle Hilfe zur Orientierung. Die Fähigkeit, bewusst Balance herzustellen, ermöglicht uns ein erfülltes Leben.

Zen-Meditation: Das Geheimnis des Sitzens

»Nichtstun ist die allerschwierigste Beschäftigung und zugleich diejenige, die am meisten Geist voraussetzt.«
Laotse

Im Laufe des Lebens haben wir durch viele Erfahrungen immer festere Vorstellungen von den Dingen gewonnen. Wir haben Muster entwickelt, mit denen wir auf bestimmte Impulse von außen oder von innen reagieren. Diese Reaktionen haben immer emotionale, mentale, körperliche und verhaltensspezifische Konsequenzen, doch selten sind wir uns bewusst, was in uns vorgeht. Oft reagieren wir automatisch und laufen wie auf »Autopilot«, anstatt angemessen oder zumindest so, wie wir es eigentlich möchten, auf die Impulse zu antworten. In anderen Worten: Auf einen Stimulus folgt sofort eine Reaktion. Dieser automatische Prozess kann zur Folge haben, dass wir uns oft nicht wohlfühlen, dass wir sogar unglücklich oder verzweifelt sind, dass wir gestresst und überfordert sind, dass wir unser Herz vor unseren eigenen Gefühlen verschließen. Um besser mit diesem Autopiloten umzugehen, gibt es einen Trick: Mit den Reaktionen warten! Zwischen Stimulus und Response gibt es einen Moment. In diesem Moment liegt unsere Freiheit. Wir können innehalten und die Art der Reaktion wählen.

In der Art des Reagierens liegt unser Glück. Gelassenheit und Ruhe vergrößern diesen Zeitraum. Man kann das Trainieren. Mit Zen. Zen per se ist ganz einfach. Es durchzuhalten ist allerdings sehr schwer. Man kann Zen als Meditationsform bezeichnen. Als Schulung des Geistes. Oder man kann es als Methode sehen, unsere Wahrnehmung zu verfeinern und damit die subtileren Zusammenhänge des Lebens zu erkennen. Das klingt fast schon wieder wie ein Satz aus dem Marketing, eine wohltuende Lügengeschichte. Ich für meinen Teil bin immer wieder gerne versucht, auf so etwas hereinzufallen, auf das Versprechen, ich könne bei dem weltweit anerkannten, berühmt-berüchtigten Meister-Guru-Sifu-Klaus-Horst-Eugen Schmidt mittels einer einzigen Übung wieder energiegeladen in der Welt ankommen. Akku voll, leistungsbereit wie nie zuvor. Das klingt einfach großartig. Tatsächlich gibt es Angebote dieser Art. Verkauft wird hier ein spiritueller Quickie. Man kann das Meditieren wie ein Quacksalber feilbieten. Dann ist es nicht mehr wert als heiße Luft. Man kann es aber auch zu ernst nehmen. Dann läuft man Gefahr, engstirnig zu werden und sich mit pseudo-elitären Gleichgesinnten aus der restlichen Gesellschaft zu isolieren. Ja, auch im Zen gibt es fundamentalistische Fanatiker.

Im Grunde aber ist Zen die beste Weise, für einen gewissen Teil des Tages einfach nichts zu tun. Der Kern des Zen ist Meditation. Aus dieser ergeben sich garantiert erstaunliche und ungeahnte Möglichkeiten. Meditation ist eine Übung, die unser Leben von Grund auf verändern kann. (Vorsicht, das klingt nach Werbung). Ich kann Ihnen aber keinen spirituellen Quickie anbieten, denn ich selbst praktiziere nur Zazen (stilles Sitzen) – sonst nichts. Immer wieder stilles Sitzen. Handlungsanweisung, Gebrauchsanleitung? Einfach sitzen, einfach tun, einfach atmen, einfach sein. Mundhalten und das Flehen des jämmerlichen, jammernden, schwachen Fleisches mit liebevoller Geduld überhören. Und wie es jammert, das Fleisch!

Meine Einstellung zu dieser Art des Sitzens war stets kritisch. Zu viele Meister und Gurus versuchen, der Meditation ein esoterisches, übernatürliches Pathos zu verleihen. Ich will allen gerne die besten Absichten bescheinigen. Der Anspruch allerdings, mit den zu erlangenden Fähigkeiten die völlige Erleuchtung zu finden, ist etwas für Übermenschen. Nichts für mich. Selbst für den Buddhismus eigne ich mich nicht. Wer von uns glaubt schon tief in seinem Herzen daran, dass Bedürfnislosigkeit der Schlüssel zum Ziel ist? Wer von uns ist bereit, auf sein Ego zu verzichten?

Mein Verständnis von Zen ist ein ganz wunderbarer Widerspruch: Es ist außergewöhnlich, gleichzeitig alltäglich und pragmatisch. Das wichtigste Werkzeug für Zen im Alltag ist Achtsamkeit. Meditation ist im Grunde nichts anderes als Geistesübung oder Mentaltraining. Es bedeutet: Augen auf und achtsam sein. Mitdenken, mitspüren, mitfühlen. Es ist gar nicht esoterisch. Der Schlüssel zur Meditation liegt in der Aufmerksamkeit. Durch die achtsame Haltung kann man jedem Problem, jeder Herausforderung mit mehr Gleichmut begegnen und findet so neue Freude am Leben.

Ein kleines Experiment

Richten Sie Ihre gesamte Aufmerksamkeit auf Ihren Atem – für zwei Minuten. Sie können damit beginnen, während Sie diesen Text lesen. Beobachten Sie sich beim Atmen. Das ist es bereits. Einatmen – ausatmen. Wenn Sie das einige Atemzüge gemacht haben, legen Sie das Buch für zwei Minuten weg – aber lesen Sie bitte vorher diesen Absatz fertig, sonst wissen Sie ja nicht, was Sie tun sollen.

Jedes Mal, wenn Ihre Aufmerksamkeit abschweift, bringen Sie sie sanft zum Atmen zurück. Oder aber Sie achten auf gar nichts und sitzen ohne irgendeinen Handlungsauftrag zwei Minuten rum! Das geht genauso, und Sie haben eine Sorge weniger!

Das Leben ist manchmal so unglaublich einfach. Die Idee dahinter ist, vom Tun zum Sein zu gelangen. Für genau zwei Minuten. Diese Übung ist einfach großartig. Ich habe fast zehn Jahre gebraucht, um zu erkennen, wie wichtig diese unendlich einfache Übung ist. Mit dieser Übung trainieren Sie viele Dinge gleichzeitig: Achtsamkeit, Gelassenheit, Klarheit des Geistes, Im-Jetzt-Sein, und außerdem laden Sie Ihre Qi-Speicher im Schnellverfahren auf, also Ihre Kraftreserven. Ich würde mich für Sie freuen, wenn

Sie diese zwei Minuten pro Tag irgendwie ritualisieren könnten. Ein kleiner Hinweis: Während des Zähneputzens klappt es nicht.

Wer also mit dem Meditieren anfangen möchte, muss im Grunde nur seinem Atem folgen. Machen Sie nichts, achten Sie nur auf Ihren Atem – das ist es bereits. Wenn Sie sich auf Ihren Atem konzentrieren, wird Ihr Geist ruhig und konzentriert. Entweder für eine sehr lange Zeit oder nur für Augenblicke. Dann kommt die Ablenkung. Im Zustand der Ablenkung denken wir an vieles. Wir werden von unseren Sorgen eingeholt, wir tauchen in sexuelle Fantasien ab, wir gehen unsere To-do-Liste durch. Nach einer gewissen Zeit werden wir uns der Ablenkung gewahr und reagieren mit Selbstkritik. Wir sagen uns sofort, wie schlecht wir sind. Richtige Versager – nicht nur als Meditierende, sondern überhaupt als Menschen. Ich habe mit dieser Form der Selbstkritik viel Zeit verloren.

Zum Glück gibt es eine einfache Technik zur Gegenmaßnahme. Versuchen Sie, sofort wieder Ihren Fokus zu finden und Ihre Aufmerksamkeit zurück auf den Atem zu richten. Als Nächstes gilt es, sich daran zu erinnern, dass das Zurückholen der Aufmerksamkeit eine Art Trainingseinheit für den Mental-Muskel ist. Das Abschweifen ist also kein Fehler, sondern Bestandteil des Trainings.

Und zu guter Letzt sollten Sie sich nun Ihrer Einstellung sich selbst gegenüber gewahr werden. Ich glaube, wir machen uns viel zu häufig schlecht. Vielleicht ist das typisch deutsch? Diese Haltung tut uns nicht gut. Wir sollten uns selbst mit Wohlwollen und Neugier begegnen – statt uns ständig selbst zu geißeln. Mein Si Hing hat mir beigebracht, dass wir uns – während wir denken und fühlen – selbst betrachten können. Es ist, als könnten wir unseren Geist teilen. Ein Teil von uns denkt, handelt und fühlt, während ein anderer Teil observiert. Dieser Teil ist ein Meta-Beobachter, der nicht direkt ins Geschehen eingreift. Allerdings können wir auf diese Weise besser abstrahieren. Man könnte auch sagen, wir generieren Aufmerksamkeit über die Aufmerksamkeit. Wir haben die Fähigkeit zu überwachen, ob wir aufmerksam sind. In gewisser Weise ist dies die Fähigkeit, die über unsere Konzentrationsfähigkeit bestimmt.

Vielleicht kennen Sie folgende Übung, ich habe sie auf einem Meditationsseminar gelernt:

Stellen Sie sich vor, Sie stehen auf einem Bein – oder noch besser: Nehmen Sie dieses Buch in die Hand und lesen Sie auf einem Bein weiter. Wenn Sie auf Ihren Knöchel achten, wird Ihnen nicht entgehen, dass dort ständig Muskeln und Sehnen am Arbeiten sind. Ein inneres Programm ist ständig dabei, Ihr Schwanken auszugleichen, Muskeln zu betätigen, um Sie wieder in Balance zu bringen. Eigentlich stehen Sie fast nie still auf einem Bein, sondern schwanken ständig von einer Seite auf die andere. Wenn Sie ein wenig kippen, gleichen Ihre Muskeln diese Bewegung aus.

Genauso verhält es sich mit der Aufmerksamkeit. Mit etwas Übung fangen wir eine abschweifende Aufmerksamkeit wieder ein. Je häufiger Sie diesen Vorgang üben, desto besser und schneller gelingt es Ihnen. Wenn Sie einen Zustand der permanenten Aufmerksamkeit erreicht haben, dürfen Sie das als Konzentration bezeichnen. So einfach ist das! Entspannt und alert, also hellwach, zur gleichen Zeit. Das soll auch Ihre Geisteshaltung sein. Wissen Sie, wie Sie sich fühlen, wenn es klappt? Sie fühlen sich unglaublich entspannt und gleichzeitig zum Bäume-Ausreißen stark.

Das kurze Gleichnis der Stille

Das folgende Gleichnis ist so alt, dass sich die Suche nach seiner Herkunft erübrigt. Ich habe nie ein stärkeres Bild gefunden: Nehmen Sie ein Glas und geben etwas Erde hinein. Jetzt schütteln Sie das Wasserglas, bringen Sie es in Bewegung, hüpfen Sie damit herum, und das Wasser wird schlammig, trübe, undurchsichtig. Wenn Sie aber still sind und sich nicht bewegen, wird das Wasser ruhig und die Erde sinkt langsam ab. Dann ist das Wasser ruhig und wieder klar.

Dieses alte Gleichnis beschreibt den Geisteszustand perfekt. Wir sind den ganzen Tag in Bewegung und unser Geist bekommt zu selten die Möglichkeit, sich zu beruhigen.

Wie beim Willenskraft-Training gilt: Meditation muss man üben! Meditation ist also Training für den Geist. Durch Training können Sie üben, eine bessere Wahrnehmung zu bekommen, sich stärker oder länger zu konzentrieren und mehr. Jedes Mal, wenn Ihre Aufmerksamkeit abschweift und Sie sie wieder einfangen, ist es so, als würden Sie einen Klimmzug machen – Sie trainieren Ihre Geistesmuskeln und programmieren sie auf Wachstum. Das geht zwar nicht von heute auf morgen, Sie müssen schon ein paar Wochen oder Monate investieren. Aber das Großartige ist: Sie müssen dabei nicht schwitzen und Sie müssen nicht einmal besonders talentiert sein. Alles, was Sie brauchen, ist den Wunsch, es ausprobieren zu wollen.

Es ist übrigens unglaublich, welche Anziehungskraft meditierende Menschen auf andere Menschen ausüben. Es ist so, als würde das Meditieren einen inneren Magnetismus freisetzen. Menschen werden schöner. Vielleicht hat es aber auch damit zu tun, dass wir durch Meditieren unbewusst netter zu anderen Mitmenschen werden, dass wir mehr Ruhe, Zuversicht und inneres Gleichgewicht ausstrahlen. Tatsache ist: Wir werden anziehend. Meditieren Sie! Sie strahlen hinterher etwas anderes aus, etwas, das andere einlädt, näherzukommen. Durch stilles Dasitzen wird jeder attraktiver.

Black-Belt-Territory

Versuchen Sie einige Male für eine Viertelstunde einfach nur still zu sitzen. Ich behaupte, Ihre Gedanken werden abschweifen und ein Großteil wird sich um Ihre To-do-Liste drehen. Ein ruhiger Moment ist gefundenes Fressen für das Gewissen. Es wartet nur darauf, Sie daran zu erinnern, was alles noch getan werden muss, was Sie aufgeschoben oder versäumt haben – sodass Sie das Sitzen sofort beenden sollten. Wenn es ganz schlecht für Sie läuft, erinnert Sie Ihr Gewissen nicht nur, sondern eine Instanz in Ihnen fängt sogar mit dem Bewerten an. Du kannst das ja nicht! Erinnerst du dich an den Peter, den hast du damals wirklich mies behandelt. Deswegen wurdest du verlassen. Wie Peinlich war es damals, als du vor allen anderen …

Mein persönlicher Rat: Wenn Sie das einige Male erlebt haben, bereiten Sie Ihre nächste Meditation fünf Minuten lang vor. Nutzen Sie einen kleinen Trick und erleben Sie eine große Veränderung in Ihrer Fähigkeit zu meditieren. Vor Ihrer nächsten Meditation setzen Sie sich mit einer Stoppuhr, einem Stift und einem Blatt Papier für fünf Minuten hin und notieren alles, was Ihnen in den Sinn kommt. Zunächst die dringlichsten To-do's, dann Gedanken unter der Rubrik »Sonstiges«. Die Zeiteinheit fünf Minuten ist willkürlich – es darf kürzer oder länger dauern. Machen Sie Ihren Kopf leer.

Wenn Sie jetzt sitzen, werden Sie sich viel besser fühlen. Die für Ihren Geist wichtigen Themen sind zu Papier gebracht und das Unterbewusstsein kann loslassen. Nach Ihrer Meditation können Sie mit dem Papier anstellen, was Sie wollen. Ich persönlich überfliege gerne die To-do's und überlege, ob sie bereits in meinem Tagesplan enthalten sind. Falls nötig, ergänze ich Fehlendes. Manchmal hefte ich den Zettel ab, meistens werfe ich ihn weg. Er ist lediglich meine »Warm up«-Version für das Sitzen.

Die ultimative Achtsamkeitsübung

Nach buddhistischer Tradition vermittelt der Zen-Meister seinem Schüler eine Zen-Lektion durch irgendeine Abwaschmetapher. Ich bin froh, in diesem Fall meine eigene Geschichte erzählen zu können.

Als Kind war ich im Haushalt lediglich für drei Bereiche verantwortlich: Kinderzimmer, Tischdecken, Abwasch. In Sachen Kinderzimmer habe ich mich jahrelang mit den Prinzipien des Tarnens und Täuschens vor anstehender Arbeit gedrückt. Bett, Kleiderschrank und Truhe waren bereitwillige Verstecke für Aufzuräumendes und zugleich Brutstätten des Chaos.

Das Decken des Tisches war wunderbar, eine geliebte Pflicht. Das Geschirrspülen war die von mir am meisten gehasste Aufgabe. Während des Studiums in Tokio sollte sich das ändern.

Mein Lebensraum war damals sehr beschränkt. Insgesamt ein 5,5-Quadratmeter-Zimmer für umgerechnet 500 Euro pro Monat. Natürlich gab es keine Wasch- und keine Spülmaschine. Hier lernte ich den Abwasch. Ich muss mich, wie wahrscheinlich die meisten Menschen, zum Abwasch überwinden. Vor allen Dingen nach dem Essen, wenn ich satt und faul bin. Es hilft, den Abwasch als Achtsamkeitsübung begreifen zu lernen, und nichts zu tun als eben den Abwasch. Auf den ersten Blick mag das ein wenig albern klingen. Aber in dem Augenblick, in dem ich erkenne, dass ich tatsächlich hier stehe und diese Schalen abwasche, bin ich im Jetzt angekommen. In der Wirklichkeit. Ich bin ich selbst, atme und folge der Gegenwart, meinen Handlungen, meinen Gedanken. Auf einmal bekommt der ungeliebte Abwasch eine neue Bedeutung. Genau genommen gibt es zwei Arten für den Abwasch: Erstens: Abwasch, damit man danach sauberes Geschirr hat, zweitens: abwaschen um des Abwaschens willen.

Wenn wir beim Abwasch nur daran denken, schnell fertig werden zu wollen, dann wird der Abwasch etwas Obsoletes. Eigentlich leben wir gar nicht, während wir abwaschen, denn wir verbringen die Zeit bereits in der Zukunft. Wer den Abwasch als Zen-Übung begreift, wird ihn als Metapher erkennen und vielleicht mit weniger Widerständen erledigen.

Verschiedene Meditationsstellungen

Wenn man meditieren will, ist es wichtig, für eine gewisse Zeit still, alert und gleichzeitig entspannt sein zu können. Durch diese Stetigkeit im Körper kommt auch der Geist zur Ruhe, und das ist die Voraussetzung, um sich vertiefen zu können. Es gibt vier offizielle Stellungen, in denen Sie meditieren dürfen. Sie werden lachen. Die Stellungen sind: Sitzen, Stehen, Liegen, Gehen – also können Sie im Grunde immer und überall meditieren.

Achten Sie nur auf eine Kleinigkeit: Sie müssen wach und entspannt sein – für die Dauer der Meditation. Ansonsten dürfen Sie jede Position wählen, die Ihnen guttut.

Ich für meinen Teil sitze oder stehe, das hat jeweils mit Art und Dauer der Meditation zu tun. Beim Laufen klappt es auch gut – davon weiß jeder Läufer zu berichten.

Ich habe von meinen Lehrern nie eine Stellung vorgeschrieben bekommen. Natürlich schiele ich manchmal zur Seite und schaue, was die anderen machen. Dabei ist mir klar geworden, dass es eine unglaubliche Vielfalt an Stellungen gibt, die alle blumige Namen und Bezeichnungen tragen. Die Yogis unterscheiden in mannigfaltigen Asanas die Stellungen des Meditierens. Ich halte Unterscheidungen nicht für notwendig. Warum einfache Dinge künstlich komplizieren?

Alles ist erlaubt, solange man alert und entspannt sein kann.

Sogyal Rinpoche schlägt vor, die Haltung eines Berges anzunehmen. Ruhend, majestätisch, ewig.

Der Vier-Schritte-Plan, mit Ablenkungen umzugehen:

1. Akzeptieren Sie die Ablenkung.
2. Nehmen Sie wahr und werten Sie nicht.
3. Wenn möglich, reagieren Sie nicht.
4. Lassen Sie los.

Die Dauer der Meditation ist nicht vorgeschrieben. Entweder die vorhin angesprochenen zwei Minuten oder, das ist wesentlich »härter«, eine Viertelstunde. Regelmäßige Meditierer geben sich selten unter 30 Minuten zufrieden. Diese haben aber unser Kapitel bereits mit einem wohlwollenden Lächeln überflogen und befinden sich schon auf den nächsten Seiten.

Ein letzter Satz zur Aufmerksamkeit:
Aufmerksamkeit ist das größte Geschenk, dass wir einem Mitmenschen geben können! Menschen, die Sie besonders gerne mögen, geben Ihnen das Gefühl, mit Ihnen in einer »Bubble«, einer Seifenblase, zu stecken. Sie sind ganz im Moment, sind hundertprozentig konzentriert und nehmen außen herum nichts mehr wahr. In diesem Augenblick zählt nichts anderes als das Gegenüber. Schenken Sie Ihren Lieben so viel Aufmerksamkeit wie möglich!

Irgendwann kommt der Punkt, an dem die Meditation so sehr in Fleisch und Blut übergeht, dass Menschen in Ihrem Umfeld darauf aufmerksam werden. Sie entwickeln ein unwiderstehliches natürliches Charisma. Ab diesem Moment können Sie gar nicht mehr nicht meditieren. Es ist zu einer Gewohnheit geworden, die Ihnen Kraft in Hülle und Fülle spendet.

Wie schaffen Sie es, so weit zu kommen? Nun, lesen Sie den Teil über die Disziplin noch einmal und suchen Sie sich aus der Toolbox ein Werkzeug aus: Suchen Sie sich einen Gleichgesinnten oder arbeiten Sie unter Ihrem Limit. Es soll sich nicht wie eine Last anfühlen. Sitzen Sie lieber nicht so lange, sitzen Sie lieber öfter am Tag. Schaffen Sie sich eine Regel, die Sie jeden Tag anwenden, zum Beispiel: jeden Tag eine Minute oder 30 Sekunden oder einen einzigen bewussten Atemzug. Wer sich mit der Meditation angefreundet hat, bekommt automatisch Lust auf mehr. Meistens beginnen Meditierende mit Energiearbeit – Qigong. Schließlich füllt die Sitzmeditation unseren Willenskraft-Muskel wieder auf und wir fragen uns zu Recht, ob wir mit dieser neuen Energie nicht noch andere Dinge anstellen oder erlernen können. Und genau dann wird Qigong interessant!

Die Natur des Qigong 氣功

Qi 氣

Qi bedeutet »Atem« beziehungsweise »Energie« und ist ein Äquivalent zum indischen »Prana« oder zum deutschen Wort »Odem«. Es beschreibt somit eine essentielle Naturkraft, die alles durchwirkende Lebensenergie als Basis allen Lebens.

Gong 功

Gong bedeutet sowohl »geleistete Arbeit« oder »Übung« als auch »kunstfertige Geschicklichkeit«, »Kunst« (Sie erinnern sich – an das Gong-Fu?).

Dies beschreibt ein Grundprinzip des Qigong sehr treffend: Üben und dadurch erlangte Fertigkeit sind eins, das heißt, regelmäßiges Üben wird stillschweigend vorausgesetzt.

Somit erlernt und praktiziert man beim Qigong die Kunst, essentielle Lebensenergie freizusetzen. Diese zu formen, zu lenken und zu sammeln, das ist das Ziel des Qigong. Qigong ist sowohl Grundlage als auch wichtige Komponente der jahrtausendealten Traditionellen Chinesischen Medizin, die den Menschen schon seit jeher als Einheit aufgefasst hat. Höchste Bedeutung haben der Erhalt und die Pflege der Gesundheit, Augeglicheheit und Lebensfreude und das innere Lächeln. Nach modernem Sprachgebrauch beinhaltet Qigong alles, was man zur Aktivierung und Vervollkommnung des Qi, der Vitalenergie des Körpers, tun kann. Qigong ist somit ein Überbegriff für alle Übungen, die mit der Lebensenergie zu tun haben.

Asiatische »Energiearbeit« wird zuweilen nur naiv, zuweilen aber auch mit beinahe einer gewissen kriminellen Energie schamlos ausgenutzt. Allenthalben von Dilettanten oder Hochstaplern, um durch (gekonnte) Täuschung endlich mal wer zu sein oder was zu können. Hauptsächlich geht es aber darum, mit Hokuspokus Geld zu verdienen.

Wie funktioniert Qigong?

Bezeichnend für das Qigong sind langsame, gemächliche Bewegungen. Es setzt sich aus gymnastischen, meditativen und kampfsportlichen Übungen zusammen, die in Zeitlupentempo vollzogen werden. Diese tragen alle so ausdrucksstarke, poetische Namen wie »Der Kranich fliegt über das Wasser«, »Die Fingerspitzen halten den Himmel«, »Den Mond unter dem Wasser auflesen« oder enthalten bildliche Anleitungen wie »Die junge Frau schaut in den Handspiegel« oder »Das Nest suchen mit sieben Schritten«.

Die Atem- und Bewegungsformen sollen das Qi zum Fließen bringen und in richtige Bahnen leiten. Qigong-Praktizierende glauben, dass Störungen im Meridiansystem zu Leiden und

Krankheit führen. Tägliche Übungen regen den Energiefluss im Körper an.

Außerdem können Töne eine Rolle spielen. Eine der bekanntesten Übungsformen ist die Sechs-Laute-Methode von Catherine Despeux, in der die Atmung in Kombination mit sechs unterschiedlichen Lauten geübt wird. Diese Methode ist unter zahlreichen Namen bekannt und wird in unterschiedlichen Varianten praktiziert. Das Besondere an dieser Methode ist, dass durch spezifische Laut-Artikulationen bestimmte Vibrationen erzeugt werden, die mit unterschiedlichen Körperbereichen und Organen in Resonanz gehen. Meist werden diese Töne oder Artikulationen mit isometrischen Übungen verbunden. Man spannt während eines bestimmten Tones einige Muskelgruppen an und verändert dadurch die Resonanz. Die Übung soll den Qi-Fluss im Körper günstig beeinflussen.

Warum sollte ich Qigong anwenden?

Qigong ist Entschleunigung pur, Bewegungen in Zeitlupe bei voller Konzentration. Man kann gar nicht anders, als sich selbst zu spüren. Mit etwas Übung nimmt man dabei dann auch seine eigene Energie wahr.

Wer Qigong betreibt, schwört auf die heilende und vitalisierende Wirkung. Die von Bodhidharma erfundene Bewegungsfolge ist nicht tradiert. Allerdings wird dem Yi-Jin-Jing-Qigong zugesprochen, dass es dem Shaolin-Kloster entspringt. Das Yi-Jin-Jing-Qigong ist noch heute eine meditative und spirituelle Übung in der Tradition der Shaolin-Mönche. Mit ihr sollen untrainierte Mönche ihre Kondition verbessern und ihren Geist wachhalten können. Es ist eines der ältesten Qigong-Systeme. Dabei steht Yi für Transformation, Jing für die Methode und Jin für Muskeln, Sehnen und Bänder. Yi Jin Jing übersetzt man also als Muskel-

Sehnen-Transformation, Übung zur Stärkung von Sehnen und Muskeln oder als Wandlung der Muskeln und Sehnen.

Das Geheimnis ist: Zeit investieren und einfach machen, sich den Übungen hingeben.

Schaukeln als Heilmittel?

Ja, denn Schaukeln ist mobiles Sitzen! Es ist eine Technik zur Steigerung unserer inneren Balance, Lebensfreude und Gelassenheit. Und außerdem ist es auch etwas für unser inneres Kind.

Der Legende nach wurde die Schaukel in China erfunden, auch wenn ich eher zu glauben geneigt bin, dass das nicht stimmt. Schaukeln an und für sich könnte durchaus so alt sein wie die Menschheit. Immerhin ist es das, was alle Mütter dieser Erde mit Ihren Kindern als Erstes tun: in den Arm nehmen, wiegen und schaukeln.

Eine kleine Sensation ist allerdings, dass Schaukeln wirklich eine in Vergessenheit geratener Enegiespritze für uns ist. Wir sollten sie (wieder)entdecken!

Eine entscheidende Rolle spielt das Gleichgewichtsorgan (Vestibular-System): Es informiert uns über unsere Lage im Raum, über Beschleunigung, Drehen, das Auf und Ab, es sichert unser Gleichgewicht und koordiniert auch unser Sehen. Wir wissen, dass wir es haben und dass es mit unseren Ohren zu tun hat. Aber was um alles in der Welt hat es mit Schaukeln zu tun?

Offensichtlich sind leichte Anregungen, wie sanftes Schaukeln, nützlich, um die Haltung eines Menschen zu stabilisieren und seine Muskelspannung zu normalisieren. Das ist ja völlig logisch. Um aufrecht stehen zu können, müssen wir Muskeln trainieren, Körperspannung üben, unsere Haltung optimieren.

Ich habe viele alte Shaolin einen Großteil ihrer müßigen Zeit in wunderbar alten Schaukelstühlen verbringen gesehen. Das hat folgenden Grund: Die sanften Wiegebewegungen eines Schaukelstuhls haben nicht nur eine beruhigende Wirkung, sondern machen sogar Schmerzmedikamente überflüssig. Das ist kein Witz. Probieren Sie es einmal aus. Wiegen Sie sich hin und her, wenn Sie Schmerzen haben. Der Schmerz wird sofort erträglicher.

Schaukeln hat einen positiven Effekt auf unser Vestibular-System, das ist die Gleichgewichtzentrale in unserem Innenohr. Dort sitzen Rezeptoren, die sämtliche Bewegungen registrieren – wenn wir uns drehen, wenn wir tanzen, hüpfen, rennen, langsam gehen, sitzen oder liegen. Auch Vibrationen nimmt unser Gleichgewichtsorgan wahr und vermittelt diese Informationen umgehend an unser Gehirn. Obwohl es nahezu alles registriert, nehmen wir selbst die wichtige Arbeit unserer Vestibular-Rezeptoren nur dann bewusst wahr, wenn sie eine »Störung« melden und eine Art »Unwohlsein« in uns auslösen. Zum Beispiel dann, wenn wir nahezu schwerelos in einer Gondel schweben, auf einem schaukelnden Schiff sind oder uns im Looping einer Achterbahn befinden.

Ein weinendes Baby beruhigt sich durch sanftes Schaukeln, oder wenn es die Eltern hin- und herwiegen. Wir alle wissen, dass wir Kleinkinder durch leichte Bewegungen beruhigen und durch sanftes Schütteln aufwecken können. Kinder haben einen Riesenspaß dabei, sich so lange um die eigene Achse zu drehen, bis sie das Gleichgewicht verlieren und kichernd herumtorkeln. Dieses »Kinderspiel« ist sehr sinnvoll, es hat nämlich einen positiven Trainingseffekt, weil es das Gleichgewichtssystem fördert und für seine zukünftigen Aufgaben trainiert.

Sie sollten es wirklich wieder üben, bevor Sie es ganz verlernen!

Die lustspendende Wirkung des Vestibular-Organs hört nicht mit der Pubertät oder dem Erwachsenwerden auf, nur die Strategien wandeln sich. Jugendliche hüpfen und wackeln mit fliegenden Haaren in der Disco oder vergnügen sich auf waghalsigen

Achterbahnen. Erwachsene betreiben Sport zur Entspannung und Aufregung gleichermaßen: Skifahren, Reiten, Surfen, Segeln und Tennis sind Sportarten, bei denen das Gleichgewichtsorgan intensiv beansprucht wird.

Ein trauriges Szenario ist das stundenlange Hin- und Herwiegen, Schaukeln und Wackeln bei einsamen oder geistig-behinderten (Heim)Kindern, die weder Liebe noch Zuneigung bekommen und die diesen Mangel dadurch auszugleichen versuchen. Ihre monotonen Bewegungen fungieren als Ersatzgefühl für fehlende Geborgenheit.

In manchen antiken Religionen wurden schaukelnde Bewegungen zur Meditation eingesetzt. Durch die monotonen Abläufe werden im Hirn Botenstoffe freigesetzt, man fällt in eine Art Trance. Diese kleine Auszeit wirkt sich beruhigend auf den Körper aus. Glücksgefühle kommen auf. Es ist unbedingt einen Versuch wert. Dies ist einer der besten Hinweise in diesem Buch.

Schaukeln Sie zum Training!

Auch der Schaukelstuhl erfüllt den Zweck eines Entspannungs- und Trainingsgerätes.

Nahrung nährt Willenskraft

民以食为天

mín yǐ shí wéi tiān

Dem Volk ist das Essen der Himmel.

Hier sehen Sie eine der chinesischen Schreibweisen für Willenskraft 氣力 (Qi Li). In dieser Zeichenkombination steht 氣 (Qi) für Energie.

Das Zeichen 力 (Li) steht für »Kraft«. Das Schriftzeichen für 氣 (Qi) wiederum setzt sich aus zwei Teilen zusammen: Der eine Teil bedeutet »Dampf« oder »Gas«, der andere steht für »ungekochten

Reis«. Dampf kennen wir vom Kochen. Beides zusammen ergibt nährende Kraft. So setzten sich schließlich »Energie« für Qi und »Lebenskraft« für Li als die heute am meisten gebrauchte Übersetzung durch.

Das Verrückte ist, dass wir für Willenskraft tatsächlich Energie brauchen. Und Energie generieren wir unter anderem aus dem Essen.

Das bedeutet: Gutes Essen ist wie Willenskraft tanken. Nach anstrengendem Muskeltraining braucht ein Sportler eine ausgewogene Ernährung. Nachdem wir den ganzen Tag unseren Willenskraft-Muskel trainiert haben, dürfen wir also schlemmen. Jetzt gilt es nur noch herauszufinden, welche Art von Nahrung unserer Willenskraft als Energielieferant am besten dient. Prinzipiell brauchen wir Glukose.

Die gute Nachricht ist, dass unser Körper fast jede Nahrung in Glukose umwandelt. Allerdings in unterschiedlicher Geschwindigkeit. Nahrungsmittel, die schnell umgewandelt werden, besitzen einen hohen glykämischen Index (GI). Dazu gehören Kohlenhydrate wie Nudeln, Weißbrot, Kartoffeln, weißer Reis und natürlich alle Süßwaren von Chips bis Nutella. Sie geben uns einen plötzlichen Energieschub, der aber leider auch plötzlich nachlässt. Danach fehlt uns wieder Glukose und somit auch Willenskraft. Sie wissen selbst, was dann passiert: Dann stopfen wir uns mit einem Stück Kuchen voll, weil zum einen unser Körper nach Glukose schreit und zum anderen unsere Willenskraft bereits sabotiert ist.

Um also eine konstante Willenskraft und daraus folgende Selbstdisziplin zu erhalten, müssen wir uns an die Aufnahme von Lebensmitteln mit einem niedrigen glykämischen Index gewöhnen. Dazu gehören verkürzt gesagt alle Gemüse, Nüsse, Fisch, Beeren, Käse, Fleisch. (Ich bitte Sie um Vergebung für meine Oberflächlichkeit, aber dieses Buch soll ja kein Ernährungratgeber werden!)

Für eine ausgewogene Ernährung empfehle ich entsprechende Fachliteratur oder einen Personal Food Coach. Vielleicht reicht auch ein Magazin, die *Gala*, *Schöner Wohnen*, die *Freundin*, *Men's Health* oder der Ikea-Katalog. Neuerdings gibt es ja überall Ernährungstrends zum Nachlesen. Natürlich müssen wir uns darüber bewusst sein, dass es besonders in diesem Bereich etliche Meinungen und wissenschaftliche Studien gibt, die sich teilweise stark widersprechen.

Ich möchte zum Thema Nahrung lediglich einen kurzen Blick auf die Welt der Shaolin werfen, die seit Jahrhunderten gänzlich ohne wissenschaftliche Studie ein sehr ganzheitliches Ernährungskonzept verinnerlicht haben.

Das Ernährungskonzept der Shaolin basiert einerseits auf der Traditionellen Chinesischen Medizin (TCM) und andererseits auf dem pragmatischen Ansatz: Es wird nur das gegessen, was im Kloster und in der Umgebung geerntet werden kann.

Ein kleiner Einblick in die kulinarische Welt der Shaolin …

Es gibt zwei offizielle Mahlzeiten:

Frühstück um 6.30 Uhr

Mittagsmahl um 11.30 Uhr.

Hinzukommt eine kleine Mahlzeit am Abend gegen 17.30 Uhr, die sogenannte Medizin 药石 (Yaoshi = »Kräutermedizin« und »Stein«). Der Flüssigkeitsbedarf wird während der Mahlzeiten mit Suppe und Wasser abgedeckt. Wasser wird abgekocht 开水 (Kaishui) und vorzugsweise lauwarm getrunken.

Suppe, in der chinesischen Kultur weitaus beliebter als im Westen, wird sowohl zu den zwei Mahlzeiten gereicht als auch als »Medizin« am Abend eingenommen. Sie ist mal von dickerer, mal von dünnerer Konsistenz und wird von den Mönchen »Zhou« (粥) genannt. Sie kann aus Reis 大米 (Dami), Hirse 小米 (xiaomi) oder anderen Getreidearten angefertigt sein, manchmal werden auch Mungbohnen 绿豆 (lüdou) verwendet. Mitunter gibt es auch Laba-Zhou 腊八粥, ein spezieller, sehr nahrhafter Brei oder Schleim aus verschiedenen Sorten von Getreide, Hülsenfrüchten und Samen. Ich habe gehört, dass es früher jeden Tag Laba-Zhou gab, bis alle krank wurden. Offensichtlich kam es aufgrund der einseitigen Ernährung zu Grippewellen, die man mehr oder minder stolz »Shaolin-Sickness« nannte.

In Zeiten von Nahrungsnot durch Kriege oder durch schlechte Ernten wurde es den Mönchen erlaubt, auch Fleisch zu essen. Es gab sonst nicht genug Auswahl an Nahrungsmitteln. Mönche, die ihr Mönchsein ernst nehmen, essen allerdings gemeinhin kein Fleisch. Fleischessen verstößt gegen eines der elementarsten Gebote im Buddhismus – man darf Lebewesen kein Leid zufügen. Ausnahmen werden dann gemacht, wenn jemand ernste gesundheitliche Probleme hat. Mir wurde erzählt, dass selbst der Dalai Lama auf sein Dasein als reiner Vegetarier temporär verzichtet.

Letztlich geht es mir aber nicht um moralische Glaubenssätze, sondern vielmehr um gesunde und ausgewogene Ernährung, egal ob mit oder ohne Fleisch. In der Hauptsache geht es um die Zufuhr von Glukose und Proteinen, die aus Aminosäuren bestehen. Und diese sind für den Körper notwendig. Viele Aminosäuren können sogar vom Körper selbst hergestellt werden. Es gibt aber auch einige, die essenziell sind, also über die Nahrung zugeführt werden müssen. Bei einer ausgewogenen und abwechslungsreichen Ernährung kann man seinen Bedarf auch aus rein pflanzlicher Nahrung decken.

Interessant ist, dass die Shaolin auch auf Gewürze wie Knoblauch, Zwiebeln und Ingwer verzichten, weil sie glauben, dass der Geschmack dieser Gewürze Gefühle aufreizen kann, die den Geist von Kriegern verschleiern können. Leider konnte mir bislang niemand erklären, was es damit auf sich hat. Ich erwähne dies also, um dem hungrigen Geist den Anstoß zur eigenen Recherche zu geben.

Fakt ist, dass wir Essen brauchen, um Willenskraft aufzubringen. Unser Körper verbraucht für jede Aktivität Energie. Das gilt für körperliche Aktivitäten ebenso wie für geistige. Wer viel Kopfarbeit leistet, verbraucht so einiges an Energie und somit auch an Willenskraft. Bitte achten Sie also darauf, dass Sie satt sind, bevor Sie die nächste kniffelige Aufgabe angehen, sei es die unangenehme Diskussion mit dem Kunden, das Personalgespräch mit dem Chef oder der Zank mit den Kindern.

Umgekehrt gilt: Wenn Sie hungrig sind, vermeiden Sie Themen, die Ihre Selbstbeherrschung auf die Probe stellen. Treffen Sie keine Entscheidungen, die Sie nicht rückgängig machen können oder schieben Sie wichtige Entscheidungen bis nach dem Essen auf.

Desgleichen gilt auch, wenn Sie krank sind. Denken Sie bitte daran, wenn Sie sich das nächste Mal mit einer Erkältung ins Büro schleppen. Ihr Immunsystem saugt Ihnen so viel Energie ab, dass Sie weniger Willenskraft besitzen. Sie kennen den Zustand während eines grippalen Infekts, wenn Ihnen das Konzentrieren schwerfällt. Genauso ist es mit der Willenskraft. Krank im Büro ist das Risiko groß, dass Sie Mist bauen und zu allem Übel auch noch mit der Schadensbegrenzung belastet sind.

Mit diesem Wissen ausgestattet, können Sie getrost einmal einen Tag im Bett bleiben, wenn Sie krank sind. Sie werden ohnehin keine leistungsstarke Stütze für Ihr Team sein und außerdem ein Ansteckungsrisiko für andere darstellen. Seien Sie also nachsichtig mit sich! Und falls nötig, erklären Sie es auch Ihrem Chef. Und umgekehrt sollten Sie natürlich auch keine Spitzenleistungen von anderen erwarten, wenn diese mit fiebrigen Augen am Arbeitsplatz sitzen und in ihr Taschentuch schniefen.

Aber zum Thema Ernährung gibt es noch ein schreckliches Paradoxon:

Wie um alles in der Welt soll man eine Diät halten, wenn man Zucker braucht, um genug Willenskraft für eine Diät zu haben?

Ich überlasse diese Frage Ihrem findigen Geist!

Natürlich steckt die Lösung in der ausgewogenen Ernährung. Nachfolgend möchte ich eine kleine Einführung in die Ernährung nach dem Modell der Traditionellen Chinesischen Medizin geben. Für uns Westler klingen Sprache und Logik gleichermaßen blumig und holprig. Dazu fehlt uns das kulturelle Grundverständnis.

Der Weg der Mitte ist ein Grundprinzip in der Traditionellen Chinesischen Medizin. Wenn etwas zu viel oder zu wenig praktiziert wird, kommen Yin und Yang aus dem Gleichgewicht.

Das Leben ist auf die beiden Komponenten Energie und Substanz begründet. Soll die Gesundheit erhalten bleiben, so müssen sich die beiden die Waage halten. Krankheit tritt auf, wenn eines der beiden Elemente »wuchert« oder schwindet. Die yang-förmige Energie Qi gibt dem Körper Wärme und verweist auf den Geist. Das »Nicht-Sichtbare«, das essentiell im Leben ist, ist der Yang-Anteil des Körpers. Qi-Mangel kann in Ermattung und Konzentrationsschwäche zum Ausdruck kommen. Bei noch größerer Erschöpfung des Yangs treten Symptome wie Schlappheit und kalte Füße auf. Yang führt im Übermaß zu Hitzewallungen, Hyperaktivität, manchmal auch Zorn.

Der Yin-Anteil des Körpers entspricht der Substanz (wie Knochen, Blut, Muskeln, Gewebe und so weiter). Bei einem Übermaß an Yin kommt es zu Wasseransammlungen, Cellulite, Übergewicht, verschleimten Bronchien, Trägheit. Bei einem Mangel neigt man zu Unruhe, wird nervös und unausgeglichen.

Wenn ein Mensch gesund ist, sind bei ihm Yin und Yang in Balance. Leichte Schwankungen gleicht der Körper aus. Durch eine ausgewogene Ernährung unterstützt man diesen Prozess. Mit Ausgewogenheit heißt in diesem Kontext: Warme und heiße Nahrungsmittel (Yang) werden durch kalte (Yin) ergänzt. In der Hauptsache sollte die Nahrung neutral (Yin und Yang ausgewogen) sein, weil durch neutrale Nahrungsmittel Qi gebildet wird.

Im Winter sollten – neben den Neutralen – die warmen Nahrungsmittel, im Sommer die erfrischenden Nahrungsmittel überwiegen.

Es ist hilfreich, sich bei Gemüse am jahreszeitlichen Angebot zu orientieren, da es meistens die gerade benötigte Energie enthält. So spenden Tomaten und Zucchini im Sommer Säfte. Das ist gut, weil wir viel schwitzen und neben Flüssigkeit auch Mineralien benötigen. Und im Winter gibt bei uns in Deutschland zum Beispiel der Lauch Wärme.

Speisen sollten einander ausgleichen, »in die Mitte kommen«. Das heißt, Heißes muss stets durch Kaltes und Würziges durch Natürliches ergänzt werden. Zum Beispiel warmes Fleisch mit kaltem Salat oder Früchten kombiniert werden. Auch hierzu gibt es natürlich eigene Literatur und Kochbücher, falls Sie in die Thematik noch tiefer einsteigen möchten.

Bitter essen: Chiku 金发

In China ist ein Prinzip sehr weitverbreitet – das Bitteressen, Chiku. Das bedeutet dreierlei: große Anstrengungen auf sich zu nehmen, jedes Leiden zu ertragen, weiter vorwärtszuschreiten, um am Ende eine Belohnung dafür zu erhalten. Es gibt im Deutschen kein genaues Wort dafür.

Chi bedeutet jedenfalls »essen« – zum Beispiel chi fan (ein Gericht essen).

Ku bedeutet »bitter« – aber eben auch »schwierig«. Analog dazu sagt man bei uns: »Es ist schwierig, aber da beiße ich mich durch«, oder: »Daran habe ich lange gekaut.« Trotzdem ist die Deutung ein wenig anders, da die Fähigkeit »bitter essen zu können« in China tatsächlich als Überlebensprinzip geehrt wird.

Das gilt für den Bauern, der seine Felder bestellt und am Ende eine gute Ernte hat, sowie für den Schüler, der Tage und Nächte über seinen Büchern sitzt, um zur Eliteuniversität zugelassen zu werden. Schon Konfuzius hat in etwa gesagt: »Der Edle begegnet erst Schwierigkeiten, bevor er die Früchte seiner Arbeit ernten kann.«

Man könnte jetzt meinen, das sei doch normal und egal, ob wir das Überlebensinstinkt oder Ehrgeiz nennen. Ganz so einfach ist es dann aber doch nicht. Dazu muss ich ein wenig aushohlen und an dieser Stelle auch über das Wesen der Asiaten berichten. Ein wesentlicher Unterschied zur westlichen, besonders zur deutschen, Einstellung besteht darin, dass Chinesen auch bei größeren Schwierigkeiten in der Regel nicht klagen. Man denkt evolutionär und in langen Zeiträumen. Die Bewertung eines Ereignisses wird nicht überstürzt. Nicht nur das. Es gibt noch einen wesentlichen Unterschied zwischen der westlichen und der östlichen Zivilisation: Während man im Westen versucht, unangenehme Situationen zu ändern und dadurch zu überwinden, versucht man, solche im Osten zu ertragen, bis sie sich aufgelöst haben. Dabei lässt sich kaum feststellen, welche von beiden Methoden besser funktioniert.

Es ist schlicht eine andere Herangehensweise, widrige Umstände zu meistern. Die westliche zeugt von Vertrauen in die eigenen Fähigkeiten. Die östliche beruht auf der Erkenntnis, dass alles vergehen muss, das Angenehme wie das Schlechte. Durch Bitteressen (Chiku) wird ständig der Willenskraft-Muskel trainiert. Dazu eine kleine Geschichte aus meinem Leben …

Mein erster Tag im Training

Als ich in die Schule komme, sehe ich ihn. Mikah, den jungen Meisterschüler, der mich eingeladen hat. Die Beine schulterbreit durchgedrückt, die Hände hinter dem Rücken verschränkt, steht er wie eine Salzsäule im Hof der Schule und beobachtet einige spielende Kinder. In der Schule trainiert das Wu-Shu-Demonstrations-Team.

Mikah strahlt Ruhe und Autorität aus, und das, obwohl er erst Anfang 20 sein mag. Als er mich eintreten hört, dreht er sich langsam um und unsere Blicke treffen sich. Es ist ein fröhlicher Blick. Voller Neugier und Wohlwollen. Die braunen Mandelaugen funkeln und bilden einen hübschen Kontrast zu seinem blauen Adidas-Anzug.

Wir müssen beide lachen, während wir einander taxieren:

Der sportliche, drahtige Asiate mit einer Körpergröße von 1,65 Meter und der blonde Europäer mit 1,85 Meter. Er ohne Haare, ich mit Wuschelkopf. Wir sehen aus wie ungleiche Brüder und mögen uns sofort. Wie aus dem Nichts erscheint der Meister, und Mikah stellt uns vor.

Wir laufen in die Schule und kommen gerade rechtzeitig, um das Ende des morgendlichen Trainings zu erleben. Der Meister will gerade alle Schüler entlassen, als ein Lächeln über sein Gesicht huscht. Mit ausladender Geste ruft er: »Bitte heißt unseren deutschen Freund willkommen.« Die jungen Kämpfer klatschen kräftig und schauen mich an. »Unser deutscher Freund macht südliches Shaolin – findet ihr nicht, dass er uns etwas zeigen sollte?« Das Klatschen wird zu einem Orkan, und ehe ich mich versehe, sitzen alle Schüler in Reih und Glied auf dem Boden. Ich spüre, wie mir das Blut aus dem Gesicht weicht, obwohl mein Herz wie wild zu hämmern beginnt. Mir wird schlecht. Sobald ich mich wieder gefasst habe, versuche ich abzuwinken und zu deeskalieren – aber es hilft nichts. Ahnungslose Ausländer zu demütigen ist in China so eine Art Volkssport, und ich begreife, dass alle nur auf diese Chance warten. Was für ein Dilemma. Zeige ich etwas, mache ich mich vor allen zum Affen. Zeige ich nichts, verliere ich mein Gesicht und brauche sicher nicht mehr kommen.

Ich entscheide mich für Shaolin-Quan, die Südfaust – die einzige Form, die ich in einer Minute laufen kann, ohne danach zu Hyperventilieren. Ich hätte es mir denken können. Vor lauter Aufregung hyperventiliere ich danach doch und realisiere gerade noch, dass man mir Boxhandschuhe in die Hand drückt.

Einige Sekunden später kommt Mikah wie ein gut gelaunter Hurrikan über mich und schlägt mit atemberaubender Geschwindigkeit. Das mit dem Hauen liegt mir irgendwie, außerdem habe ich eine große Reichweite und definitiv mehr Kampfgewicht. Wir kämpfen und haben beide größten Spaß.

Der Meister bricht den Kampf völlig unvermittelt ab und ich glaube zu sehen, dass er mich fröhlich, neugierig, kampflustig anfunkelt. Er gibt mir die Hand, und zu meiner Verwunderung schüttelte er sie ganz behutsam. Dann fragt er mit ironischem Grinsen: »Hey Jinfa Shaolin 金发少林 (Hey blonder Shaolin), kannst du Chiku?« Alle um mich herum brechen in schallendes Gelächter aus. Lachen, Lachen, Lachen – so bin ich Schüler geworden.

Vorsicht mit dem Alkohol!

Nein, jetzt kommt kein abgedroschener Ratschlag, den Alkoholkonsum zu reduzieren. Über Alkohol müssen wir im Zusammenhang mit Selbstdisziplin nur eines wissen: Er enthemmt uns – mehr aber auch nicht! Alkohol macht uns nicht zu schlechten Menschen, die alkoholisiert zwangsläufig böse Dinge tun. Von einem Sommelier habe ich einmal folgenden Spruch gehört:

Bei Weißwein denkt man Unsinn.
Bei Rotwein sagt man Unsinn.
Bei Champagner macht man Unsinn.

Wahrscheinlich stimmt das, wenn man alle drei Trauben nacheinander in sich hineinschüttet oder wenn die Weinprobe ein wenig zu lange dauert.

Auch im Kloster der Shaolin hat Alkohol eine traditionelle Bedeutung. Es gibt den berühmten Kampfstil 醉酒拳 (zhìjiǔquán), wörtlich »Betrunkene Alkohol-Faust«. Dieser Stil ahmt einen Betrunkenen nach und besteht aus taumelnden, schwankenden, fließenden, aber explosionsartigen Bewegungen. Natürlich würde sich kein Zhi-Quan-Meister vor einem Kampf volllaufen lassen. Angeblich wird allerdings beim Einüben des Stils tatsächlich getrunken, natürlich stets aus rein akademischem Interesse.

Alkohol enthemmt und kann uns helfen, leichter in einen Flow-Zustand zu gelangen. Das kann eine Selbsttäuschung sein. Vielleicht glauben wir, durch Alkohol schneller loslassen zu können oder zu dürfen und können dann auch schneller loslassen. Das ist prinzipiell weder gut noch schlecht. Allerdings reduziert Alkohol auch unsere Selbstbeherrschung und unser Schmerzempfinden, und er trübt unsere Selbstwahrnehmung. Vor allen Dingen wirkt sich das auf die Art und Weise aus, mit der wir innere Konflikte bewältigen.

Der alte Witz über die Alkoholisierten-Aussprache: »Kannufaahn« (Ich kann noch fahren), »Eishockey« (Alles okay), »Wirsing« (Auf Wiedersehen) – genau darum geht es. Sie beginnen, neben der Artikulation auch das Gefühl für Risiko zu verlieren. Kann ich noch fahren oder nicht? Noch ein Bier oder lieber Wasser?

Je mehr Alkohol, desto schneller sind wir bereit, unreflektiert unseren Impulsen nachzugeben. Beim ersten Glas habe ich noch die Willenskraft – ich trinke es oder ich lasse es stehen –, meine Entscheidung! Nach mehreren Gläsern ist oft nicht mehr genug Willenskraft da und es wird getrunken, bis der Körper ein Warnsignal sendet. Wir alle wissen, dass das Wörtchen »willenlos« gerne im Zusammenhang mit Alkohol genannt wird …

Die besten Geschäftsabschlüsse werden ja bekanntlich nach Feierabend gemacht. Der beste Ort, jemanden kennenzulernen, ist das Oktoberfest. Das mag zwar stimmen, ist aber ein Spiel mit dem Feuer. Denn während Sie versuchen, andere mittels Alkohol gefügig zu machen, laufen Sie Gefahr, ihm selbst zu erliegen.

Angeblich haben ja Asiaten nicht das Enzym für Alkoholabbau. Ich habe davon in China allerdings nichts bemerkt. Das Spiel

»Wir saufen den blonden Ausländer unter den Tisch« erfreute sich allerorts großer Beliebtheit.

Ein paar Feierabendbiere als »Belohnung« für einen Tag voll Arbeit können schnell nach hinten losgehen. In einer Phase, in der Selbstdisziplin vonnöten ist, sollten Sie also vielleicht Ihren Alkoholkonsum stark einschränken.

Die Macht von Yin und Yang

Im Folgenden soll es nicht um den Glauben gehen, sondern um die Tatsache, dass es im ganzen Universum nur zwei Zustände gibt: Entweder ist etwas im Wachstum begriffen oder es ist dabei zu vergehen! Es gibt keinen Stillstand – zumindest lehrt das mein Sifu so.

Ich versuche immer wieder, den Gedanken zu begreifen. Was heißt das?

Wenn ich nicht trainiere und meine Muskeln nicht zum Wachstum anrege – dann bleiben sie nicht, wie sie sind, sondern sie erschlaffen. Sofort. Wenn ich nicht mehr lerne und aufhöre mich weiterzubilden – dann beginne ich zu verdummen. Sofort.

Es gibt im Universum keinen Status quo, keinen Stillstand. Alles ist im Fluss!

Da muss ich meinem Meister recht geben. Von ganzem Herzen widerwillig. Klar, hätte ich gestern erst das letzte Mal Tischtennis gespielt, so würde ich heute stolz behaupten: Das kann ich gut. Leider ist das letzte Tischtennis-Spiel bereits zehn Jahre her. Wahrscheinlich würde ich nicht einmal die Angabe spielen können.

Vor Jahren habe ich das letzte Mal Fußball gespielt. Ich bin also definitiv schlechter geworden. Mein Abitur … oh weh … würde ich es heute noch bestehen? Ich rekapituliere schnell alle afrikanischen Hauptstädte und bin mir nicht sicher, ob einige nicht mittlerweile andere Namen haben.

Was ist mit all den Dingen, die ich als Kind gelernt habe und seither nie mehr ausgeübt, gedacht, getan, gespielt habe? Wann habe ich das letzte Mal gemalt, gezeichnet, gebastelt?

Jeden Tag bewege ich mich im gleichen monotonen Trott und verlerne jede Fähigkeit, die ich nicht ausübe. Die Erkenntnis liegt mir ein wenig im Magen. Ich weiß, dass ein einziger Tag niemals genug Stunden mit sich bringt, um mir all das Schwindende zurückzuerobern. Und trotzdem will ich es versuchen! Jeden Tag ein wenig anders machen, jeden Tag ein wenig aus dem Alltag ausbrechen und dem Leben etwas mehr Leben geben.

Wenn ich mit 70 noch einen Purzelbaum machen will, sollte ich öfter mal wieder einen machen – auch solche Dinge müssen geübt werden.

Finden Sie den Weg der Resonanz

Jeder Mensch stellt sich in regelmäßigen Abständen die folgenden Fragen: Wer bin ich, wo stehe ich und wohin will ich? Der eigene Weg ist das, was Ihnen und Ihrer Individualität gerecht wird.

Egal was Sie tun und welchen Weg Sie wählen, wenn es Ihnen Kraft gibt, Ihnen guttut und Sie nicht schädigt, ist es ein gutes Zeichen. Wenn Sie Ihren Weg gefunden haben, spüren Sie eine Resonanz mit dem Weg.

Wenn Sie sich auf dem richtigen Weg befinden, bringt er irgendetwas in Ihnen zum Klingen.

Das Gefühl, auf dem richtigen Weg zu sein, ist einzigartig. Es geht dabei nicht um richtig oder falsch, es geht darum, sich mit dem Leben in Einklang zu bringen. Das Resultat ist Erfüllung.

Vorsicht: Um den »richtigen« Weg zu wählen, haben wir es uns zur Gewohnheit gemacht, unseren Verstand zu konsultieren, um die notwendigen Entscheidungen nach den Gesetzen der Logik treffen zu können. Unser Verstand wiederum ist allzu oft ein Gefangener der Manipulation, der wir jeden Tag ausgesetzt sind. Wir haben konkrete Bilder und Vorstellungen davon, wie wir zu sein haben, und – dementsprechend –, welchen Weg wir einschlagen sollten. Die Konventionen, die unser Leben prägen, indoktrinieren eine Art Masterplan. Dieser Masterplan umschließt unser Denken wie zäher Nebel und lässt uns oft den eigenen Weg nicht erkennen. Natürlich ist dieser Plan nirgendwo in Stein gemeißelt, sondern Strömungen der jeweiligen Kultur unterworfen und transformiert sich kaum merklich, aber stetig.

Mit einem süffisanten Blick auf meine Lebenswelt München erinnert mich der Lebensplan vieler Einwohner im zentraleuropäischen Kulturraum grotesk an eine Hochglanz-Marketingbroschüre: Umgeben von erfolgreichen und schönen Menschen im Anti-Aging-Wahn, forever young und voller egoistischer Selbstverwirklichung durch Raubbau an anderen – frei nach dem Motto: Heutzutage geht es nicht darum, »gottgefällig« zu leben, oder darum, die Welt verstehen zu wollen. Wir wählen den schnellen Effekt, die rasche Belohnung, die Abkürzung. Wir wollen alles haben, und zwar jetzt, und ein Leben in Saus und Braus führen. Abgerechnet wird erst am Schluss. Da fallen mir die Renaissancefürsten ein und die dekadenten Römer – hat es das nicht schon immer in Zeiten des Wohlstands gegeben?

Selbst wenn wir die Hindernisse erkennen, können wir meiner Meinung nach unseren eigenen Weg nicht durch rein analytisches Denken finden.

Glücklicherweise befassen wir uns in diesem Kapitel mit Zen. Zen ist hier und jetzt, unabhängig von gesellschaftlichen Normen und Forderungen, frei von dem, was mir sagt, wie ich zu sein habe. Den eigenen Weg zu finden bedeutet zunächst, dass wir uns selbst nicht im Wege stehen.

Das Leben ist die Summe unserer Entscheidungen – klar –, aber damit müssen wir uns nicht überfordern. Wir entscheiden uns zunächst nur dafür, uns jeden Tag einen kleinen Freiraum zu schaffen, in dem wir uns in Ruhe und Gelassenheit üben. Das ist Zazen – wir tun nichts, nur dasitzen – und lassen damit alle Gedanken, Konventionen und fixe Vorstellungen ins Leere laufen. Achtsamkeit genügt, Ruhe, Nicht-Reaktion.

In diesem Freiraum gibt es keine Konformität, keinen Erfolgsdruck, keine Entscheidungen, kein Müssen, kein Vergleichen, keine Ziele, keine Vorgaben, keine Erwartungen – einfach nur Offenheit.

Meister Song sagte immer: »Es ist alles in uns angelegt, was dafür nötig ist, unseren Weg zu erkennen und ihm zu folgen. Wir müssen nur lernen, es zu sehen.«

Alle meditativen Methoden haben nur einen Zweck – in der Ruhe zu unserer ursprünglichen Kraft vorzudringen und unser wahres Ich zu erkennen. Unsere Handlungen entstehen aus unserem Bewusstsein. Je feiner dieses Bewusstsein ist, desto klarer erkennt es sich selbst. Wir müssen ihm nur die Gelegenheit dazu geben.

Ich finde allerdings, dass an dieser Stelle ein offenes Wort angebracht ist – Meister hin oder her. Aus eigener Erfahrung weiß ich, dass der Weg zu sich selbst – was auch immer das für jeden von uns ist – leichter zu finden beziehungsweise zu sehen ist, als ihn zu gehen.

Je weiter und offener unser Bewusstsein wird, desto heftiger scheinen die Widerstände zu werden, die sich uns entgegenstemmen. Je achtsamer wir werden, desto empfindsamer, aber auch empfindlicher werden wir. Was früher der Kettenpanzer unserer Konditionierung kaum oder gar nicht wahrgenommen hat, steht nun klar vor uns. Und das, was wir da sehen, erfüllt uns nicht immer mit Jubel. Wir erleben uns, wie wir wirklich sind, und das tut weh. Selbst wenn wir unsere Konditionierung erkannt haben, bedeutet das nicht, dass wir uns gleich verändern können.

Manchmal ist es zum Aus-der-Haut-Fahren, wie lernresistent ich bin. Seit Jahren lese ich immer wieder folgende Geschichte von Sogyal Rinpoche:

1. *Ich gehe die Straße entlang.*
   Da ist ein tiefes Loch im Gehsteig.
   Ich falle hinein.
   Ich bin verloren … Ich bin ohne Hoffnung.
   Es ist nicht meine Schuld.
   Es dauert endlos, wieder herauszukommen.

2. *Ich gehe dieselbe Straße entlang.*
   Da ist ein tiefes Loch im Gehsteig.
   Ich tue so, als sähe ich es nicht.
   Ich falle wieder hinein.
   Ich kann nicht glauben, schon wieder am gleichen Ort zu sein.
   Aber es ist nicht meine Schuld.
   Immer noch dauert es sehr lange herauszukommen.

3. *Ich gehe dieselbe Straße entlang.*
   Da ist ein tiefes Loch im Gehsteig.
   Ich sehe es.
   Ich falle immer noch hinein … aus Gewohnheit.
   Meine Augen sind offen.
   Ich weiß, wo ich bin.
   Es ist meine eigene Schuld.
   Ich komme sofort heraus.

4. *Ich gehe dieselbe Straße entlang.*
   Da ist ein tiefes Loch im Gehsteig.
   Ich gehe darum herum.

5. *Ich gehe eine andere Straße entlang.*

Solche Gleichnisse erzielen bei mir widerstreitende Gefühle. Manchmal geben sie mir Kraft und motivieren mich, und manchmal machen sie mich sauer. Ein so salopp hingeschriebenes Gleichnis ist viel zu allgemein und passt nicht auf meine spezifische Situation – ich wünsche mir klare Handlungsanweisungen, am besten ein Backrezept für jede Situation!

Es gibt diese Rezepte – man nennt sie Ideologien. Das Problem an Ideologien ist, dass sie einschränken. Und ein Leben in Schablonen zu leben, wird uns nicht gerecht. Normen schränken unsere Lebendigkeit ein! Mal abgesehen davon, dass ich noch keine Ideologie gefunden habe, die zu mir passt.

Es bleibt mir, so scheint es, in Ermangelung einer besseren Idee nur, einem weiteren Grundsatz zu folgen, den ich durch mein Training gelernt habe: Konzentriere dich vor allem auf das, was du selbst tun kannst!

Damit ist gemeint, sich nicht im Außen zu verlieren und den Umständen die Schuld für Misserfolg oder Stagnation zu geben, sondern sich selbst im »Innen« zu finden und die Energie auf das eigene Tun zu richten. Nur unser eigenes Handeln kann die Dinge in unserem Sinne verändern – also konzentrieren wir uns auf genau das.

Das Universum spielt uns jeden Tag Andeutungen über uns zu, die uns mehr über uns selbst verraten. In jeder Situation und auf jeden Menschen reagieren wir auf eine bestimmte Weise, und das sagt viel über uns aus. Wie wir agieren, das sind wir – und wie wir uns dabei fühlen, das entlarvt uns vor uns selbst. Wenn wir das subtiler wahrzunehmen beginnen, entdecken wir hinter unserer Fassade den Menschen, der wir wirklich sind! Unsere spannendste Entdeckungsreise führt uns also zu uns selbst – alles, was wir brauchen, ist Achtsamkeit.

Ob wir für uns alleine üben, unbeobachtet im Büro sind, ein Krisentelefonat führen oder mit dem Chef reden – wie wir das tun, das ist im Moment unser Weg. Erledigen wir die Dinge mit Hingabe und Selbstdisziplin, wird sich unser Leben in diese Richtung entwickeln. Tun wir die Dinge oberflächlich und gelangweilt, wird auch das eine Richtung haben – wahrscheinlich die entgegengesetzte!

Das ist es, was die Shaolin meinen, wenn sie sagen: »Der Weg entsteht beim Gehen!« Der berühmte Dichter und Philosoph Laotse soll sinngemäß gesagt haben: »Wer über jeden Schritt lang nachdenkt, der steht lebenslang auf einem Bein.« Denken Sie also nicht zu sehr über Ihren Weg nach – gehen Sie einfach mit möglichst viel Freude und Achtsamkeit voran. Das ist Disziplin!

Das Rezept

Wir sind fast am Ende und ich präsentiere Ihnen das ultimative Rezept für Disziplin und Willenskraft.

Erfunden wurde dieses Backrezept vom Leibarzt des Gelben Kaisers persönlich. Es unterstützt die Selbstbeherrschung. Es enthält genug Disziplin für mehr Zucht und Ordnung, dämpft innere Widerstände, Sorgen und Konflikte. Es fördert die Tugenden, verbessert den Benimm und erhöht spürbar die Leidenselastizität. Beim Erstellen des Rezeptes sollte auf Alkohol verzichtet werden, da dieser sich ungünstig auf Ihre Disziplin auswirkt. Allerdings müssen Sie weder Erbsen zählen noch den Wirkstoff »Pedantikum« beifügen. Sie können beim Verzehr in Maßen keine Fehler machen.

Voller Stolz darf ich Ihnen nun hier das ultimative Rezept vorstellen. Bitte schön:

Vielleicht erinnert Sie das an eine vergleichbare Szene aus dem Kinderfilm »Kung Fu Panda«. Meister Oogway selbst hatte die »legendäre Drachenrolle« verfasst und verewigte in ihr die grenzenlose Macht des Kung Fus. Nur der wahre Drachenkrieger konnte das Geheimnis der legendären Rolle entschlüsseln und verstehen und deren legendäre Macht anwenden.

Als der Kung Fu Panda sich endlich den Erhalt der Schriftrolle verdient hatte, öffnete er diese und fand kein einziges Schriftzeichen darin. Er war untröstlich. Sein Vater erkannte, dass der junge Kung Fu Panda traurig war, und versuchte, ihn mit dem Geheimnis seiner Geheimzutaten-Nudelsuppe wieder aufzumuntern.

Die geheime Zutat war »nichts«, es war nur der Glaube, dass die legendäre Suppe zu etwas ganz Besonderem machte.

Analog begriff Po endlich das Rezept der Suppe sowie auch das der Drachenrolle. Es waren keine Schriften zu sehen, da es keine erforderte. Man musste nur an sich glauben, um der legendäre Drachenkrieger zu werden.

Muss ich noch deutlicher werden? Sie müssen nur an sich selbst glauben und es wirklich wollen!

Wollen Sie jetzt!

冰冻三尺非一日之寒

bīng dòng sān chǐ, fēi yī rì zhī hán

Es braucht länger als drei kalte Tage, um einen Fluss drei Fuß tief durchzufrieren.

Im Kloster der Shaolin erzählt man sich folgende Geschichte von Zhuangzi (Meister Zhuang 369–286 v. Chr.). Es ist eine Parabel mit mehreren Bedeutungen, die sich sowohl auf Kung Fu, als auch auf Disziplin im Alltag bezieht.

Der alte Wagenradhersteller

Der Beamte Han Gong war in der Lesehalle und studierte, während Lun Bian außerhalb der Halle Wagenräder anfertigte. Nach einer Weile betrat Lun Bian den Raum und fragte Han Gong: »Ist der weise Mann, der die Bücher macht, noch hier?« Han Gong antwortete ihm, dass dieser schon vor langer Zeit gestorben sei. Daraufhin sagte Lun Bian: »Nun, dann sind doch all die Bücher, die du hier liest, nur der Abfall toter Menschen und haben keinen Wert.« Als der Beamte das hörte, sprang er wie von der Wespe gestochen auf und rief erregt: »Was sagst du da? Sag mir, wie du deine frechen Worte begründen willst! Wenn du weiter solchen Unsinn redest, werde ich dich hinrichten lassen.« Lun Bian fiel sofort vor ihm auf die Knie und sagte: »Ich bin nur ein einfacher Wagenradhersteller und verstehe nicht viel. Deswegen lass mich die Wagenradherstellung als Vergleich heranziehen, um zu zeigen, dass meine Worte richtig sind. Wenn ich ein Wagenrad herstelle und sehr schnell mit Hammer und Meißel bin, dann spare ich Zeit und Energie, aber das Rad wird nicht rund sein. Wenn ich jedoch sehr langsam mit meinem Werkzeug bin, dann wird das Rad zwar eine vollkommen runde Form haben, aber ich vergeude viel Zeit und Kraft. Die beste Methode, ein Wagenrad herzustellen, ist, nicht zu langsam und nicht zu schnell zu sein und das Gefühl für den richtigen Krafteinsatz zu haben. Ich bin schon 70 Jahre alt und ich mache immer noch Wagenräder. Aber das Gefühl des richtigen Krafteinsatzes bei der Wagenradherstellung kann ich nicht an meinen Sohn weitergeben. So kann auch nicht die Weisheit und Klugheit, die ein Weiser erreicht hat, durch Bücher an uns weitergegeben werden. Ist das nicht offensichtlich? Und sind die Bücher, die du liest, denn wirklich etwas anderes als der Abfall von Toten?«

Nun, lieber Leser, sind wir an einem kritischen Punkt angelangt. Wir haben den Kopf voller Wissen. Für das Trainieren Ihres Willenskraft-Muskels brauchen Sie von heute an kein neues Wissen mehr. Sie brauchen lediglich Zeit zum Üben.

Ich kann Ihnen das Ergebnis meiner eigenen Erfahrungen als »das Gefühl des richtigen Krafteinsatzes« nicht weitergeben.

Wenn also dieses Buch Wirkung zeigen soll, muss ein wichtiger Schritt erfolgen: Sie müssen das neu erworbene Wissen leben! Jeden Tag. Denn es braucht dem Sprichwort nach »länger als drei kalte Tage, um einen Fluss drei Fuß tief durchzufrieren«.

Mein Zehn-Punkte-Plan

Zum Thema Disziplin und Willenskraft-Training erstellte ich über ein Jahr lang regelmäßig einen Zehn-Punkte-Plan und heftete ihn an meinen Badezimmerspiegel. Dort hängt er noch immer. Die zehn Punkte haben im Grunde gar nichts mit Disziplin zu tun, trotzdem haben sie mich unterstützt. Bei näherer Betrachtung ist mir aufgefallen, dass es eine Art Wǔ Dé ist, um sich dem Leben zu stellen. Ich möchte es mit Ihnen teilen.

Zehn Regeln für den Umgang mit dem Leben:

1. Sprechen Sie niemals schlecht über andere!
2. Sprechen Sie niemals schlecht über sich selbst!
3. Ermutigen Sie sich stets mit Argumenten, die Sie Ihrem Ziel näherbringen.
4. Hören Sie auf zu jammern! Jammern verlängert das Problem – solange Sie jammern, können Sie nichts lösen!
5. Lösen Sie Ihre Probleme selbst! Haben Sie jemals jemanden jammern und lächeln sehen?
6. Und glauben Sie mir – Sie werden durch Jammern bei niemandem beliebter!

7. Gegen Jammern hilft nur ein Aktionsplan. Was wollen Sie wirklich? Jammern oder planen?
8. Menschen haben Probleme – so ist das Leben!
9. Warten Sie nicht auf den richtigen Zeitpunkt – er wird nicht kommen! Handeln Sie jetzt!
10. Bleiben Sie dran. Ein chinesisches Sprichwort sagt:

一天不练天知己知道两天不内行
人知道三天不练外行人知道

yitian bu lian, tian he ziji zhidao, liang tian bu lian,
neihang ren zhidao, santian bu lian, waihang ren zhidao

Trainiert man einen Tag nicht, wissen es nur der Himmel und man selbst. Trainiert man zwei Tage nicht, wissen es die Experten. Trainiert man drei Tage nicht, wissen es auch die Laien.

DANKSAGUNG

Mein aufrichtiger und ausdrücklicher Dank gilt dem Lektorat: Birgit Reiter, Stephanie Ehrenschwendner, Bettina Traub, Isabella Kortz und Michelle Spillner.

Herzlichen Dank für ihre Professionalität, ihre Geduld, ihr Herzblut, ihre Bereitschaft zur intensiven Diskussion und ihre Sorgfalt.

Außerdem möchte ich meinen Eltern danken, die mich zu Schulzeiten lange und unermüdlich dazu angehalten haben, »mich doch bitte endlich ein wenig anzustrengen«, und mich seit einigen Jahren mit der gleichen herzlichen Ausdauer auffordern, »endlich ein wenig weniger zu arbeiten«.

DANKE!

QUELLEN- UND LITERATURVERZEICHNIS

Seite 22: Definition von »Disziplin« und »Willenskraft«. In: Der DUDEN. – http://www.duden.de/rechtschreibung/Disziplin#Bedeutung1b

Seite 28: Die Schwertheiligen. In: John Little: *The Warrior Within*. The Mc Graw-Hill Companies: New York, 1996 – S. 5.

Seite 29: Alle Lehren haben denselben Ursprung, Quelle: www.buddhismus-heute.de/archive.issue__48.position__1.de.html

Seite 62: Verweis zum Zitat: »Achte auf Deine Gedanken, …, denn er wird Dein Schicksal.«
Lange Zeit wurde dieses Zitat als aus dem Talmud stammend bezeichnet, es ist allerdings ein uraltes chinesisches Sprichwort.

Seite 66 f.: Mike Tyson, In: José Torres: *Knock out: die Mike-Tyson-Story*. Sportverlag: Berlin, 1992.

Seite 72 und Seite 95: Fight or flight, In: Walter Cannon*: wisdom of the body*. Norton and Company: New York, 1963.

Seite 78 und Seite 96: Prof. Dr. Roy Baumeister und John Tierney: *Die Macht der Disziplin.* Campus Verlag: Offenbach, 2013.

Seite 96 ff.: Ergänzungen des Gelben Kaisers, Aus dem: Huangdi Nei Jing: *Klassiker des Inneren Gelben Kaisers.* Cygnus Verlag: Berlin, 2013.

Seite 131 ff.: Marshmallow-Test, In: Baumeister, Roy und Tierney, John: *Die Macht der Disziplin.* Campus Verlag: Frankfurt am Main 2012 – S. 17.

Seite 166: D12er Potenz, Quelle: http://homoeopathie-liste.de/potenzen/

Seite 189 ff.: Krieg der Bergdämonen, In: Baklayan, Alan: *Krieg der Bergdämonen.* Goldmann Arkana: München, 2009 – S. 32 und S. 59 ff.

Seite 197: Zitat: »Ein Ziel ist nicht immer zum Erreichen da …«, Quelle: Zhi-Chang-Li/ Li Jun-fan: *Der Kleine Drache = Bruce Lee.*

Seite 238: Catherine Despeux: *Das Mark des roten Phoenix.* ML-Verlag: Kulmbach, 1995 – S. 81 ff.

Seite 238 f.: Warum sollte ich Qigong anwenden? In: yi jin jing, chinesische Gesellschaft für Gesundheit und Qigong, Verlag für Fremdsprachige Literatur: Peking, 2010.

S. 256: Sogyal Rinpoche: *Das tibetische Buch vom Leben und vom Sterben. Ein Schlüssel zum tieferen Verständnis von Leben und Tod.* Otto Wilhelm Barth Verlag: San Francisco, 1993 – S. 50.

Seite 260 f.: Der alte Wagenradhersteller, In: Albrecht, Maik und Rudolph, Frank: *Ein Deutscher bei den Meistern in China*. Palisander: Chemnitz, 2011 – S. 63 ff.

Weiterführende Literatur

Albrecht, Maik und Rudolph, Frank: *Ein Deutscher bei den Meistern in China*. Palisander: Chemnitz, 2011.

Baklayan, Alan: *Krieg der Bergdämonen*. Goldmann Arkana: München, 2009.

Baumeister, Roy und Tierney, John: *Die Macht der Disziplin*. Campus Verlag: Frankfurt am Main 2012.

Despeux, Catherine: *Das Mark des roten Phoenix*. ML-Verlag: Kulmbach, 1995.

Frädrich, Dr. Stefan: *Günter, der innere Schweinehund*. Gabal Verlag: Offenbach, 2011.

Gang, Wu Jiaming, Rou und Yinrong, Yang: *72 Consummate Arts Secrets Of The Shaolin Temple*. Fujian Science And Technology Publishing House: Beijing, 1990.

Hanh, Thich Nhat: *Das Wunder der Achtsamkeit*. Thesus Verlag: München, 1998.

Kammer, Reinhard: *Das Tengu-geijutsu-ron des Shissai Chozan*. Otto Wilhelm Barth Verlag: München, 1969.

Lemper-Pychlau, Marion: *Kinder brauchen Disziplin, was Eltern tun können.* Spektrum im Herder Verlag: Freiburg, 2003.

Little, John: *The Warrior Within*. The Mc Graw-Hill Companies: New York, 1996.

Musashi, Miyamoto: *Das Buch der fünf Ringe*. Phänomen Verlag: Sencelles, 2007.

Qigong im Überblick. In: Spezialausgabe des Taijiquan & Qigong Journals, a & o medianetwork: Hamburg, 2004.

Rinpoche, Sogyal: *Das tibetische Buch vom Leben und Sterben.* Otto Wilhelm Barth Verlag: San Franzisco, 1993.

Steiner, Peter: *Das Zen des glücklichen Arbeitens*. Thesus Verlag: Stuttgart, 2012.

Späth, Dr. Thomas und Bao, Shi Yan: *Shaolin, das Geheimnis der inneren Stärke*. Gräfe und Unzer: München, 2011.

Tolle, Eckhart: *Jetzt! Die Kraft`der Gegenwart. Ein Leitfaden zum spirituellen Erwachen.* Kamphausen Verlag: Bielefeld, 2000.

Tracey, Brian*: Keine Ausreden! Die Kraft der Selbstdisziplin*. Gabal Verlag: Offenbach, 2011.

Willmann, Hans-Georg: *Willenskraft*. Gabal Verlag: Offenbach, 2012.